列国志

GUIDE TO
THE WORLD
NATIONS

新版

刘天南 | *CÔTE D'IVOIRE*

编著

科特迪瓦

社会科学文献出版社
SOCIAL SCIENCES ACADEMIC PRESS (CHINA)

科特迪瓦国旗

科特迪瓦国徽

科特迪瓦海滩（天下溪 摄）

科特迪瓦芒市山区（天下溪 摄）

苏布雷水电站（天下溪 摄）

大巴萨姆文化中心（周昱丞 摄）

阿蒂埃族代际舞蹈（Marceline Gnéproust 摄）

塞努福族传统纺织（天下溪 摄）

塞努福族村庄（天下溪 摄）

科特迪瓦面具（天下溪 摄）

塞努福族艺术品（天下溪 摄）

出版说明

　　《列国志》编撰出版工作自 1999 年正式启动，截至目前，已出版 144 卷，涵盖世界五大洲 163 个国家和国际组织，成为中国出版史上第一套百科全书式的大型国际知识参考书。该套丛书自出版以来，受到社会各界的广泛好评，被誉为"21 世纪的《海国图志》"，中国人了解外部世界的全景式"窗口"。

　　这项凝聚着近千学人、出版人心血与期盼的工程，前后历时十多年，作为此项工作的组织实施者，我们为这皇皇 144 卷《列国志》的出版深感欣慰。与此同时，我们也深刻认识到当今国际形势风云变幻，国家发展日新月异，人们了解世界各国最新动态的需要也更为迫切。鉴于此，为使《列国志》丛书能够不断补充最新资料，更好地服务于社会各界，我们决定启动新版《列国志》编撰出版工作。

　　与已出版的 144 卷《列国志》相比，新版《列国志》无论是形式还是内容都有新的调整。国际组织卷次将单独作为一个系列编撰出版，原来合并出版的国家将独立成书，而之前尚未出版的国家都将增补齐全。新版《列国志》的封面设计、版面设计更加新颖，力求带给读者更好的阅读享受。内容上的调整主要体现在数据的更新、最新情况的增补以及章节设置的变化等方面，目的在于进一步加强该套丛书将基础研究和应用对策研究相结合，将基础研究成果应用于实践的特色。例如，增加

了各国有关资源开发、环境治理的内容；特设"社会"一章，介绍各国的国民生活情况、社会管理经验以及存在的社会问题，等等；增设"大事纪年"，方便读者在短时间内熟悉各国的发展线索；增设"索引"，便于读者根据人名、地名、关键词查找所需相关信息。

顺应时代发展的要求，新版《列国志》将以纸质书为基础，全面整合国别国际问题研究资源，构建列国志数据库。这是《列国志》在新时期发展的一个重大突破，由此形成的国别国际问题研究与知识服务平台，必将更好地服务于中央和地方政府部门应对日益繁杂的国际事务的决策需要，促进国别国际问题研究领域的学术交流，拓宽中国民众的国际视野。

新版《列国志》的编撰出版工作得到了各方的支持：国家主管部门高度重视，将其列入"'十二五'国家重点图书出版规划项目"；中国社会科学院将其列为创新工程学术出版资助项目，王伟光院长亲自担任编辑委员会主任，指导相关工作的开展；国内各高校和研究机构鼎力相助，国别国际问题研究领域的知名学者相继加入编辑委员会，提供优质的学术指导。相信在各方的通力合作之下，新版《列国志》必将更上一层楼，以崭新的面貌呈现给读者，在中国改革开放的新征程中更好地发挥其作为"知识向导"、"资政参考"和"文化桥梁"的作用！

新版《列国志》编辑委员会
2013 年 9 月

前　言

　　自 1840 年前后中国被迫开关、步入世界以来，对外国舆地政情的了解即应时而起。还在第一次鸦片战争期间，受林则徐之托，1842 年魏源编辑刊刻了近代中国首部介绍当时世界主要国家舆地政情的大型志书《海国图志》。林、魏之目的是为长期生活在闭关锁国之中、对外部世界知之甚少的国人"睁眼看世界"，提供一部基本的参考资料，尤其是让当时中国的各级统治者知道"天朝上国"之外的天地，学习西方的科学技术，"师夷之长技以制夷"。这部著作，在当时乃至其后相当长一段时间内，产生过巨大影响，对国人了解外部世界起到了积极的作用。

　　自那时起中国认识世界、融入世界的步伐就再也没有停止过。中华人民共和国成立以后，尤其是 1978 年改革开放以来，中国更以主动的自信自强的积极姿态，加速融入世界的步伐。与之相适应，不同时期先后出版过相当数量的不同层次的有关国际问题、列国政情、异域风俗等方面的著作，数量之多，可谓汗牛充栋。它们对时人了解外部世界起到了积极的作用。

　　当今世界，资本与现代科技正以前所未有的速度与广度在国际流动和传播，"全球化"浪潮席卷世界各地，极大地影响着世界历史进程，对中国的发展也产生极其深刻的影响。面临不同以往的"大变局"，中国已经并将继续以更开放的姿态、更快的步伐全面步入世界，迎接时代的挑战。不同的是，我们所面临的已不是林则徐、魏源时代要不要"睁眼看世界"、要不要"开放"的问题，而是在新的历史条件下，在新的世界发展大势下，如何更好地步入世界，如何在融入世界的进程中更好地维护民族国家的主权与独立，积极参与国际事务，为维护世界和平，促进世界与人类共同发展做出贡献。这就要求我们对外部世界有比以往更深切、全面的了解，我们只有更全面、更深入地了解世界，才能在更高的层次上融入世界，也才能在融入世界的进程中不迷失方向，保持自我。

与此时代要求相比，已有的种种有关介绍、论述各国史地政情的著述，无论就规模还是内容来看，已远远不能适应我们了解外部世界的要求。人们期盼有更新、更系统、更权威的著作问世。

中国社会科学院作为国家哲学社会科学的最高研究机构和国际问题综合研究中心，有11个专门研究国际问题和外国问题的研究所，学科门类齐全，研究力量雄厚，有能力也有责任担当这一重任。早在20世纪90年代初，中国社会科学院的领导和中国社会科学出版社就提出编撰"简明国际百科全书"的设想。1993年3月11日，时任中国社会科学院院长的胡绳先生在科研局的一份报告上批示："我想，国际片各所可考虑出一套列国志，体例类似几年前出的《简明中国百科全书》，以一国（美、日、英、法等）或几个国家（北欧各国、印支各国）为一册，请考虑可行否。"

中国社会科学院科研局根据胡绳院长的批示，在调查研究的基础上，于1994年2月28日发出《关于编纂〈简明国际百科全书〉和〈列国志〉立项的通报》。《列国志》和《简明国际百科全书》一起被列为中国社会科学院重点项目。按照当时的计划，首先编写《简明国际百科全书》，待这一项目完成后，再着手编写《列国志》。

1998 年，率先完成《简明国际百科全书》有关卷编写任务的研究所开始了《列国志》的编写工作。随后，其他研究所也陆续启动这一项目。为了保证《列国志》这套大型丛书的高质量，科研局和社会科学文献出版社于 1999 年 1 月 27 日召开国际学科片各研究所及世界历史研究所负责人会议，讨论了这套大型丛书的编写大纲及基本要求。根据会议精神，科研局随后印发了《关于〈列国志〉编写工作有关事项的通知》，陆续为启动项目拨付研究经费。

为了加强对《列国志》项目编撰出版工作的组织协调，根据时任中国社会科学院院长的李铁映同志的提议，2002 年 8 月，成立了由分管国际学科片的陈佳贵副院长为主任的《列国志》编辑委员会。编委会成员包括国际片各研究所、科研局、研究生院及社会科学文献出版社等部门的主要领导及有关同志。科研局和社会科学文献出版社组成《列国志》项目工作组，社会科学文献出版社成立了《列国志》工作室。同年，《列国志》项目被批准为中国社会科学院重大课题，新闻出版总署将《列国志》项目列入国家重点图书出版计划。

在《列国志》编辑委员会的领导下，《列国志》各承担单位尤其是各位学者加快了编撰进度。作为一项大型研究项目和大型丛书，编委会对《列国志》提出的基本要求是：资料翔实、准确、最新，文笔流畅，学术性和可读性兼备。《列国志》之所以强调学术性，是因为这套丛书不是一般的"手册""概览"，而是在尽可能吸收前人成果的基础上，体现专家学者们的研究所得和个人见解。正因为如此，《列国志》在强调基本要求的同

时，本着文责自负的原则，没有对各卷的具体内容及学术观点强行统一。应当指出，参加这一浩繁工程的，除了中国社会科学院的专业科研人员以外，还有院外的一些在该领域颇有研究的专家学者。

现在凝聚着数百位专家学者心血，共计 141 卷，涵盖了当今世界 151 个国家和地区以及数十个主要国际组织的《列国志》丛书，将陆续出版与广大读者见面。我们希望这样一套大型丛书，能为各级干部了解、认识当代世界各国及主要国际组织的情况，了解世界发展趋势，把握时代发展脉络，提供有益的帮助；希望它能成为我国外交外事工作者、国际经贸企业及日渐增多的广大出国公民和旅游者走向世界的忠实"向导"，引领其步入更广阔的世界；希望它在帮助中国人民认识世界的同时，也能够架起世界各国人民认识中国的一座"桥梁"，一座中国走向世界、世界走向中国的"桥梁"。

《列国志》编辑委员会
2003 年 6 月

CONTENTS

目　录

CONTENTS

目　录

CONTENTS

目 录

CONTENTS
目　录

CONTENTS

目 录

CONTENTS
目 录

CONTENTS
目 录

CONTENTS
目　录

第一章

概　况

第一节　国土与人口

一　国土

科特迪瓦（Côte d'Ivoire）全称为"科特迪瓦共和国"（République de Côte d'Ivoire）。"科特迪瓦"的名字起源于 15 世纪后半叶，葡萄牙、荷兰、法国殖民者相继入侵非洲，掠夺象牙和奴隶，并在西非沿海一带形成著名的象牙市场。1475 年，葡萄牙殖民者首次将该地命名为"科特迪瓦"，意为"象牙海岸"。"Côte d'Ivoire"的中文译名在 1986 年以前采用"象牙海岸"意译名，1986 年 1 月 1 日起改为音译名"科特迪瓦"。

科特迪瓦的国土总面积为 322462 平方千米，其中陆地面积占 98.62%，水域面积占 1.38%。科特迪瓦是一个多邻国国家，西与利比里亚、几内亚交界，北与马里、布基纳法索为邻，东连加纳，南濒几内亚湾。科特迪瓦的海岸线长约 550 千米；陆地国境线长 3110 千米，其中与邻国利比里亚共享国境线 716 千米，与加纳共享国境线 668 千米，与几内亚共享国境线 610 千米，与布基纳法索共享国境线 584 千米，与马里共享国境线 532 千米。

科特迪瓦位于非洲大陆西部，濒临几内亚湾，北纬 4°30′至 10°30′，西经 2°30′至 8°30′。优越的地理位置及相对活跃的经济，使科特迪瓦一度成为西非地区的中枢，旅游业居地区首位。经济首都阿比让有西非第一大

港口，这里不但是科特迪瓦的重要门户，也是内陆国家马里和布基纳法索的重要口岸。

二 地形与气候

（一）地形

科特迪瓦地形多样。西部多山区，其他大部分地方主要由平原和高原组成。地形大致可以分为西部和西北部山区，北部和中部为海拔 200～500 米的高原，南部由海拔 0～200 米的低矮平原或台地组成。

科特迪瓦西部与几内亚接壤之处是一片险峻的山脉，其中大部分海拔超过 1000 米，最高的为宁巴山脉，海拔 1752 米。在宁巴山脉的东侧，为马恩中央高原，再往北为图巴省，分布着 800～1000 米海拔的平坦高地，在图巴省和奥迭内省之间则是一大片海拔为 400～500 米的高原。而西南和西部偏东地区则是高原海拔逐渐降至 200 米高的残余地势，这里能看见整齐的山丘或田野。

从中部到北部地势连绵起伏。中部平均海拔 300 米，北部平均海拔 600 米。以布瓦夫莱市为中轴线，其东侧是由雅乌雷山脉构成的台地、丘陵及低矮隆起的高地；其北边为海拔 300～400 米的小山岗。流经此处的邦达马河的右侧稍远处是一片高地，部分地区有高耸的岩坝。稍偏南的地区是一片相对低矮、绵延的邦杜库群山组成的高地，中间被一排丘陵隔断。

科特迪瓦南部临海，由海拔 0～200 米的平原或台地组成。沿海平原海拔低，多为沼泽地，西边窄，东边相对宽敞，并且在东边的海岸形成多片潟湖。海滨由西向东地形多样。从与利比里亚的交界处到弗雷斯科港口的附近由一系列海岬构成多个大西洋海岸的港湾，如大贝雷比港湾、莫诺加加港湾。弗雷斯科港口处有绝壁。往东一直到与加纳的交界处的海滨是一片沙滩，由此形成的滨外洲将大海与众多的潟湖隔开。

科特迪瓦境内有四大重要河流：邦达马河、科莫埃河、萨桑德拉河、卡瓦利河。邦达马河是唯一一条全线都在科特迪瓦境内的河流，全长1050 千米，面积 97500 平方千米，在马拉韦区和恩济区有两条支流，在大拉乌省汇合。科莫埃河的源头在布基纳法索西南部城市邦福拉境内，全长 1160 千米，面积达 78000 平方千米。萨桑德河的水源来自几内亚的贝拉省，全长 650 千米，面积为 75000 平方千米。卡瓦利河全长 600 千米，水源来自几内亚，在科特迪瓦的覆盖面积为 28800 平方千米。

此外，科特迪瓦还有众多小的沿海河流、堰塞湖、潟湖等。从西向东的主要沿海河流有：圣佩德罗河，全长 112 千米，蓄水面积 3310 平方千米；布波河，全长 250 千米，蓄水面积 5100 平方千米；阿涅比河，全长 250 千米，蓄水面积 8900 平方千米；梅河，全长 140 千米，蓄水面积 4300 平方千米；比亚河源于加纳，全长 290 千米。科特迪瓦主要的堰塞湖有科苏湖、比尤湖、塔波湖、阿亚梅湖。科特迪瓦的潟湖占海滨总面积的 60%，潟湖总面积达 1200 平方千米，全长 305 千米。从东到西，科特迪瓦的主要潟湖有埃潟湖、唐多潟湖、阿比潟湖、克杰欧布埃潟湖、波图潟湖、阿吉恩潟湖、埃布里埃潟湖、大拉乌潟湖。其中埃布里埃是科特迪瓦最为重要的一个潟湖，它占据了阿比让大片面积并延伸至海滨城市大巴萨姆。

（二）气候

科特迪瓦横跨北纬 5°~10°，属于热带气候，介于热带湿热气候与热带干燥气候之间，全年气候温差变化很小，但可以根据降水量的变化区分季节和地区。北纬 7° 以南为热带雨林气候，年平均气温 25℃；北纬 7° 以北为热带草原气候，年平均气温略高于南部。按区域划分，科特迪瓦南部地区全年分为四个季节：4~7 月中旬为大雨季，7 月中旬至 9 月为小旱季，9~11 月为小雨季，12 月至次年 3 月为大旱季；在中部和北部地区，5~9 月为大雨季，11 月至次年 3 月为大旱季。

科特迪瓦受两种气团和热带辐合带的影响。在热带辐合带北边，科特迪瓦每年 12 月至次年 2 月会有一股哈麦丹风，即来自东北方向的大陆风，其特点是干燥、充满灰尘颗粒，一直吹到海滨，有时可以持续一周到两周的时间。在热带辐合带的南边，科特迪瓦受一股来自大西洋的潮湿季风的影响。这股季风来自西南方向，有时可以到达较高的纬度地带。当 7~9 月撒哈拉低气压朝高纬度方向移动时，这个低气压将产生一股季风，使热

带辐合带往北移;反之,当撒哈拉低气压往赤道地带移动时,热带辐合带则往南移。季风一般5月到达海滨,在大陆气团的压力下向北入侵。因此,科特迪瓦整个7月处于雨季,8月待季风相对稳定时,南部海滨地区进入相对短暂的干燥季节,但同时北方进入一年降水量最大的季节。9月,季风往回移动,北部和中部雨量减少。而南方将在9月中旬至12月初受季风回落的影响重新迎来雨季,气候相对潮湿。11~12月,根据不同的纬度,科特迪瓦全国各地进入相对干燥的时期:北部和中部迎来哈麦丹风,南部海滨在12月末或次年1月初送走相对舒适柔和的潮湿海风,但同样也被哈麦丹风控制。

总体上,科特迪瓦受四种气候影响。第一种是赤道气候。赤道气候覆盖南部丛林地带,并形成双峰气候模式:大雨季(3~7月)、小旱季(8~9月)、小雨季(10~12月)和大旱季(12月至次年2月)。受大西洋的影响,温差变化极小(3℃),常年空气潮湿,随时可能降雨。第二种为赤道缓冲带气候,主要出现在科特迪瓦中部,雨量明显比南部少,仅6月和9月的雨量达到全年最大值;11月至次年3月为旱季,7月和8月也会有较大降水;12月至次年2月为哈麦丹风季节,昼夜温差达12~153℃。第三种是热带气候,单峰模式,即5~10月为雨季,其中8月雨量达到最大;12月至次年2月,受哈麦丹风的影响,空气干燥,湿度小于50%,昼夜温差可达20℃。第四种为大陆气候,在科特迪瓦东部山区的马恩,这种气候相对明显。

三　行政区划

根据民族特点和资源分布状况,为促进地方经济的发展,缩小地区的发展差异,科特迪瓦采取地方分权体制。科特迪瓦地方分权制度的发展经历了三个阶段:1978~1980年,实行中央集权,中央直接统领管辖各级市镇;1980~1985年着手加快建立新的市镇,1985年之后市镇数量增加;在经历了2001~2012年的"省合并浪潮"之后,2013年开始"大区合并浪潮",即将县、市合并成大区,中央将权力下放给地方。

在地方分权制体制下,科特迪瓦国家行政区划分为五级。从2013年开始，科特迪瓦按照级别高低依次分为 2 个自治专区和 12 个专区、31 个大区、108 个省、510 个省辖专区、197 个乡镇和超过 8000 个乡村。其中，自治专区、专区和大区为国家一级行政区划，省为二级行政区划，以此类推。

表 1-1　科特迪瓦行政区划及对应首府

专区	专区首府	大区	大区首府
阿比让（自治专区）	—	—	—
亚穆苏克罗（自治专区）	—	—	—
湖泊专区 （Lacs）	丁博克罗 （Dimbokro）	恩济大区（N'Zi）	丁博克罗
		伊夫大区（Iffou）	达乌克罗（Daoukro）
		贝里埃大区（Bélier）	图莫迪（Toumodi）
		莫鲁努大区（Moronou）	邦瓜努（Bongouanou）
科莫埃专区 （Comoé）	阿本古鲁 （Abengourou）	因德尼埃－朱阿布林大区 （Indénié-Djuablin）	阿本古鲁
		南科莫埃区 （Sud-Comoé）	阿博伊索（Aboisso）
登盖莱专区 （Denguélé）	奥迭内 （Odienné）	福隆（Folon）	米尼尼昂（Minignan）
		卡巴杜古大区 （Kabadougou）	奥迭内（Odienné）
戈吉布阿专区 （Gôh-Djiboua）	加尼奥阿 （Gagnoa）	戈大区（Gôh）	加尼奥阿
		洛－吉布阿 （Lôh-Djiboua）	迪沃（Divo）
潟湖专区 （Lagunes）	达布 （Dabou）	阿涅比－蒂亚萨区 （Agnéby-Tiassa）	阿博维尔（Agboville）
		梅（Mé）	阿佐佩（Adzopé）
		大桥大区 （Grands Ponts）	达布
山区专区 （Montagnes）	马恩 （Man）	通科皮大区（Tonkpi）	马恩
		卡瓦利大区（Cavally）	吉格洛（Guiglo）
		盖蒙大区（Guémon）	迪埃奎（Duékoué）
萨桑德拉－马拉韦专区 （Sassandra-Marahoué）	达洛亚 （Daloa）	上萨桑德拉大区 （Haut Sassandra）	达洛亚
		马拉韦大区（Marahoué）	布瓦夫莱（Bouaflé）

续表

专区	专区首府	大区	大区首府
萨瓦纳专区 (Savanes)	科霍戈 (Korhogo)	波罗大区 (Poro)	科霍戈
		乔罗戈大区 (Tchologo)	费尔凯塞杜古 (Ferkessédougou)
		巴古埃大区 (Bagoué)	本贾利 (Boundiali)
下萨桑德拉区 (Bas-Sassandra)	圣佩德罗 (San-Pédro)	纳瓦大区 (Nawa)	苏布雷 (Soubré)
		圣佩德罗区	圣佩德罗
		博科雷 (Gbôklé)	萨桑德拉 (Sassandra)
邦达马河谷专区 (Vallée du Bandama)	布瓦凯 (Bouaké)	汉博尔 (Hambol)	卡蒂奥拉 (Katiola)
		贝克 (Gbêkê)	布瓦凯
沃罗巴专区 (Woroba)	塞盖拉 (Séguéla)	贝雷 (Béré)	芒科诺 (Mankono)
		巴芬区 (Bafing)	图巴 (Touba)
		沃罗杜古区 (Worodougou)	塞盖拉
赞赞专区 (Zanzan)	邦杜库 (Bondoukou)	本卡尼 (Bounkani)	布纳 (Bouna)
		贡图戈 (Gontougo)	邦杜库

资料来源：科特迪瓦政府官网。

2011 年科特迪瓦新设立专区。专区的功能在于引导大区之间共同部署规划，挖掘整个地区的经济和文化发展潜力。因此，目前设立的 12 个专区中，每个专区下辖 2~4 个大区。阿比让和亚穆苏克罗是自治专区。早在 1960 年，科特迪瓦只被划分为 4 个省[①]。1991 年先后将 4 个省划分为 10 个大区，2000 年划分为 19 个大区，2013 年又重新划分成 31 个大区。省的划分进展比大区更快。在独立初期只有 4 个省，到 2000 年已经有 58 个省，2009 年增至 90 个，2013 年增加到 108 个。

四 人口、民族、语言

(一) 人口

科特迪瓦自独立以来，在 1975 年、1988 年、1998 年、2014 年先后

---

① 省 (Département)，一词多义，此处是延续了殖民时代的法国的"海外省"的概念。

做了 4 次全国人口大普查。根据最近的一次人口大普查数据，至 2014 年
5 月，科特迪瓦全国人口总数约为 2267 万人，较 1998 年的人口普查结果
1536 万人有大幅增加。科特迪瓦的人口一直处于规律的增长趋势。其中
1922～1955 年为人口第一次翻倍，从 182.5 万人增长到 305.5 万人；1955～
1975 年又第二次翻番，这次的人口增长主要归功于三个因素：高出生率、
明显的低死亡率以及从 1960 年以来大量的移民。1955～1985 年，人口年
平均增长率达 3.8%，这一增长态势一直持续至 20 世纪 90 年代中后期。
从 1998 年开始，由于经济下跌和城市化进展，人口增长率略微下降，
1998 年为 3.5%，2006 年为 2.8%。1998～2014 年，科特迪瓦人口年平均
增长率为 2.6%，较 1988～1998 年的 3.3% 有所回落。根据世界银行的统
计数据，2018 年科特迪瓦人口约为 2408 万人，人口增长率为 2.4%。

表 1 - 2　科特迪瓦的人口统计数据

普查时间	人口数量（人）
至 1998 年 12 月 20 日	15366671
至 2014 年 5 月 15 日	男性：11708244（51.7%） 女性：10963087（48.3%） 总数：22671331
至 2016 年底	23695919*
至 2016 年底人口密度（人/平方千米）	74.5*

注：＊世界银行预估数据。
资料来源：联合国 2015 年修订版《世界人口展望》报告。

　　从空间分布来看，至 2014 年 5 月，科特迪瓦全国 75.5% 的人口（约
1710 万人）生活在占其领土总面积 48% 的丛林地带，人口密度为 70.3 人/
平方千米；城市人口总数约为 1140 万人，占总人口的 49.7%。总体上，
1975～2014 年，科特迪瓦的城市人口增长了约 4.3 倍，城市化进程由 1975
年的 32% 上升至 2014 年的 50%，2017 年为 51.6%。各主要城市中，阿比
让的人口总数位居全国第 1，约 439.5 万人，占全部城市人口的 39%；阿比
让、布瓦凯、达洛亚、亚穆苏克罗、科霍戈、圣佩德罗、加尼奥阿、马恩、

阿尼亚马和迪沃是科特迪瓦人口十大城市。总体上,人口分布北边稀疏、南边稠密。北边疆域占国土面积的53%,但人口只有全国的22%;相反,南方土地占国土面积的47%,但聚集了全国78%的人口。

表1-3 1975~2014年科特迪瓦人口指数变化

项目	1975年	1988年	1998年	2014年
人口密度(人/平方千米)	20.8	33.5	47.7	70.3
城市人口比例(%)	32.0	39.0	42.5	50.3
男性比例(%)	107.4	104.5	104.3	106.8
社会整体抚养比(%)	88.1	95.7	83.2	79.8

注:1975~1988年人口增长率为3.8%,1988~1998年人口增长率为3.3%,1998~2014年人口增长率为2.6%。

资料来源:科特迪瓦国家统计院,Recensement Général de la Population et de l'Habitat(RGPH 2014)。

表1-4 科特迪瓦人口的空间分布(2014年)

单位:人,%

项目	人口数量	占总人口比重
总人口	22671331	100.0
丛林地带人口	17107086	75.5
热带稀树草原地带人口	5564245	24.5
乡村人口	11262918	49.7
城市人口	11408412	50.3
人口密度(人/平方千米)	70.3	

资料来源:科特迪瓦国家统计院,Recensement Général de la Population et de l'Habitat(RGPH 2014)。

表1-5 科特迪瓦各地区人口分布(2014年)

单位:人

专区名称	人口数量
阿比让(自治专区)	4707404
下萨桑德拉专区	2280548
科莫埃专区	1203052

续表

专区名称	人口数量
登盖莱专区	289779
戈吉布阿专区	1605286
湖泊专区	1258604
潟湖专区	1478047
山区专区	2371920
萨桑德拉－马拉韦专区	2293304
萨瓦纳专区	1607497
邦达马河谷专区	1440826
沃罗巴专区	845139
亚穆苏克罗（自治专区）	355573
赞赞专区	934352
总计	22671331

资料来源：科特迪瓦国家统计院，Recensement Général de la Population et de l'Habitat（RGPH 2014）。

表 1 - 6 科特迪瓦主要城市人口数量（2014 年）

单位：人

城市	人口	城市	人口
阿比让	4395243	科霍戈	281735
布瓦凯	608138	圣佩德罗	261616
达洛亚	319427	加尼奥阿	213918
亚穆苏克罗	286071	马恩	188704

资料来源：联合国 2015 年修订版《世界人口展望》报告。

从人口结构来看，根据联合国《世界人口展望》报告，截至 2014 年中期，预计科特迪瓦总人口中男性占 51.7%、女性占 48.3%，男女比例约为 1.07。全国人口中，0～14 岁占比 41.8%；15～34 岁的青年人口占比 36.2%，但与 1988 年的 47% 相比，15 岁以下的人口呈减少趋势；35 岁以下人口占比 77.7%。人口结构年轻化趋势明显，社会整体抚养比约为 79.8%。2014 年的人口普查结果显示 18 岁及以上的科特迪瓦籍成年人总数约为 902 万人。

表 1-7　科特迪瓦人口年龄分布（2014 年）

项目	人口总数(人)	占总人口比例(%)
0～14 岁	9481351	41.8
15～64 岁	12609533	55.7
65 岁及以上	575987	2.5
社会整体抚养比(%)	79.8	

资料来源：科特迪瓦国家统计院，Recensement Général de la Population et de l'Habitat（RGPH 2014）。

　　从妇女生育率综合指标[①]看，从 1988 年开始，科特迪瓦的妇女生育率综合指标略微下降，从 1978 年的 6.4 下降到 1988 年的 6.3，接下来又从 1994 年的 5.7 降到 1998 年的 5.2，至今仍在下降，其中 2000 年为 5.9，2010 年为 5.2，2016 年为 4.9。农村的生育率综合指标明显较高。另外，根据世界银行世界发展指数统计数据，2013 年，科特迪瓦的预期寿命为 50.8 岁，其中男性 50 岁、女性 51.6 岁；2014 年、2015 年的人均预期寿命略有提高，男性为 51.16 岁、女性为 51.92 岁；2017 年的人均预期寿命为 56.4 岁。

表 1-8　科特迪瓦年均出生率与死亡率（官方估算数据）

项目	2007 年	2008 年	2009 年	2014 年	2016 年
出生率(‰)	37.5	37.1	36.7	36.4	35.1
死亡率(‰)	13.8	13.6	13.3	14.0	10.4

资料来源：联合国 2015 年修订版《世界人口展望》报告，非洲发展银行统计数据，科特迪瓦国家统计院。

　　科特迪瓦是一个移民国家。历史上，为了种植可可和咖啡等，殖民当局从法属西非国家征募劳动力，之前的移民主要来自今天的布基纳法索。独立以后，移民来源国变得多样，但主要来自西非国家经济共同

---

①　生育率综合指标（Indice Synthétique de Fécondité，ISF）指 1 名育龄妇女的平均育儿数量。

体。总体上，今天在科特迪瓦境内生活着 400 万～500 万名外国人。在这些外国移民中，人数最多的依然来自布基纳法索（约 300 万人），其次是加纳人（约 50 万人）、利比里亚人（约 10 万人）、欧洲人（约 2 万名法国人，其中 1/3 具有法国－科特迪瓦双重国籍，另外还有部分来自德国、比利时等国的欧洲人），约 10 万人来自美国、叙利亚、黎巴嫩等国。从外国人口比例来看，根据 1975 年、1988 年、1998 年和 2014 年 4 次人口大普查数据，外国人口占科特迪瓦总人口的比例分别为 22%、28%、26% 和 24%。其中，2014 年的人口大普查统计数据显示，本国国民占 75.8%，非本国国民占 24.2%。外来人口多集中于下萨桑德拉专区（43%）、科莫埃专区（39.1%）、戈吉布阿专区（34.1%）、萨桑德拉－马拉韦专区（29.6%）、山区专区（26%）等科特迪瓦南部的森林覆盖区；中部、北部区域的外来人口则较少，外来人口比例，如登盖莱专区为 8.2%、赞赞专区为 9.4%、湖泊专区为 9.7%、邦达马河谷专区为 10.1%、亚穆苏克罗自治专区为 12.7%、萨瓦纳专区为 13.2%、沃罗巴专区为 17.5%。

科特迪瓦移民到其他国家的人口数量以前还相对较少，但今天越来越多，而移民国外的原因除了子女的教育以外，还有国家经济和社会政治危机等方面的原因。今天预计约有 24 万名科特迪瓦人移居国外，其中移居欧洲占 69.71%，移居北美占 22%，移居非洲其他国家的非常少，仅占 7.53%。

预计科特迪瓦人口的增长将会持续到 2050 年，如果以年均 2.6% 的涨幅计算，预计到 2050 年科特迪瓦总人口将达 5712 万人，届时人口可能达到相对稳定的状态，出生率和死亡率也将趋于稳定。科特迪瓦人口问题来自年轻人口，一方面，从短期就业方面来看，给国家带来较大压力；另一方面，49% 的女性都有低龄生育的经历。此外，近几年来国内政治因素的影响也在一定程度上导致南北人口分布不均的情况进一步加剧。北方越来越多的人口向南迁移，因为南部相对更为安全。今天，科特迪瓦丛林地带的人口仍然持续增长，但是位于中部的布瓦凯——仅次于阿比让的全国第二大城市，由于 2002 年的内战，其人口出现大规模迁徙，一直持续到

2010 年。科特迪瓦农业经济也面临耕地减少的挑战，食品安全依然脆弱，对出口型农业和外国劳动力的依赖仍然较强。至今外来移民仍然是科特迪瓦国内民族矛盾的主要因素之一，从长期来看，科特迪瓦还将继续面对这一问题。

表 1-9　科特迪瓦就业在岗人口统计

单位：千人

项目	2013 年	2014 年	2015 年
农业人口	2715	2719	2720
劳动力总计	7802	8047	8296

资料来源：联合国粮食及农业组织。

（二）民族

科特迪瓦以多民族、多文化著称。科特迪瓦共有 69 个民族，属于不同的族群。科特迪瓦有四大族群，包括阿肯族群、曼迪族群、沃尔特族群、克鲁族群。

表 1-10　科特迪瓦各族群人口数量统计（2014 年）

单位：万人

时间 ＼ 族群	阿肯族群	克鲁族群	北曼迪族群	南曼迪族群	沃尔特族群
1998 年	480	140	300	300	140
2014 年	654	192	328	157	366

资料来源：科特迪瓦国家统计院，*Recensement Général de la Population et de l'Habitat* (2014)；*Atelas de l'Afrique*，*Côte d'Ivoire*，p. 90。

阿肯族群为母系氏族，方言及社会组织多种多样，按地域主要分为三大片区：与加纳交界的阿肯族群、中部阿肯族群以及潟湖阿肯族群。阿肯族群人数最多，主要由鲍勒族、阿尼族、阿蒂埃族组成。这些民族有非常严谨的社会等级，分为贵族、自由人、奴隶与俘虏，村庄的酋长世袭。在潟湖地区的阿肯族群，埃布里埃族（亦称"查门族"）、阿居克鲁族和阿布雷族的人数居多，社会和政治权力等级与年龄有关。

曼迪族群主要分布于西部和西北部、邦达马河流域。该族群又分为北曼迪族群和南曼迪族群。其中，北曼迪族群也称"唐曼迪"，主要由科特迪瓦境内的马林克人（或马林克族）组成，还有迪亚鲁族、马乌族、科亚卡族和班族（也称"加固族"）等；南曼迪族群也称"夫曼迪族"，包括当族（雅库巴族）、图拉族、古罗族（奎尼族）、班族、万族和莫纳斯族。其中，马林克人主要信奉伊斯兰教，部分村落的马林克人信奉拜物教。南曼迪族群的所有民族都是面具文化社会，尤其在当族和图拉族中，面具是社会政治与权力组织的核心。

沃尔特族群也称"古尔族群"。人口主要分布在北部和东北部地区，主要有三个民族：塞努福族、库兰戈族和洛比族，每个民族又有规模不一的系族。除了上述三大族外，还有人口相对较少的塔格巴纳族和吉米尼族等。塞努福族是沃尔特族群中最为重要的一个民族，该民族与洛比族是科特迪瓦最为古老的两个民族。除本贾利族外，塞努福族的其他所有民族都是母系氏族制。

克鲁族群主要集中在中西部地区。这个族群下主要有贝特族、迪达族、高迪埃族、巴克威族、内尤族、克鲁门族和韦族。韦族又可以细分为盖雷族和沃贝族。贝特族、盖雷族、迪达族是克鲁族群最主要的三个民族。克鲁门族的传统社会组织形式是无"政权"。

在所有科特迪瓦的民族中，根据人口比重，最为重要的民族依次为塞努福族（9.7%）、马林克人（8.5%）、鲍勒族（6.6%）、当族（5.9%）、贝特族（5.7%）、阿尼族（4.5%）、古罗族（3.6%）、迪乌拉族（3.4%）、盖雷族（3.4%）、迪达族（2.1%）、洛比族（1.8%）、沃贝族（1.7%）、阿贝族（1.4%）、阿居克鲁族（1%）、埃布里埃族（0.7%）等。

科特迪瓦的人口社会形态受到国内人口迁移以及自国外移民的影响。一些族群融入另一些族群，如曼迪族群的马克林人融入沃尔特族群，阿肯族群的埃加族融入克鲁门族中，还有阿肯族群的鲍勒族及阿亚乌族迁徙到

曼迪族群聚居地区，一部分来自前上沃尔特①地区的莫西人分散到古罗族地区的鲍勒族中从事农业劳作等。

（三） 语言

法语是科特迪瓦唯一的官方语言，全国约有2/3的6岁及以上的人口能够使用规范法语，另有超过100万人口仅能使用蹩脚法语，有时俗称"小黑法语"（le français "petit-nègre"），因为只有科特迪瓦人之间才能听懂。各民族均有自己的语言，四大族群也有自己的族群语言：阿肯语、古尔语、克鲁语和曼迪语。再加上四大族群之下的60种其他民族的语言，全国共有约70种地方语言，几乎全部民族的地方语言都属于尼日尔－刚果语系，但只有17种地方语言的使用人数超过10万人，如鲍勒族、贝特族、塞努福族、迪亚鲁族、阿尼族、古罗族、韦族、当族等民族的语言。除了法语以外，科特迪瓦大部分地区通用迪乌拉语（无文字），它也是全国通行的商贸交流用语。另外，阿尼语的使用也很广泛。近年来，来自布基纳法索、加纳、几内亚、马里和利比里亚等国的外国侨民人数增长较快，目前约占科特迪瓦人口总数的26%，这在一定程度上给科特迪瓦地方语言的发展带来了影响。

五　国家象征

科特迪瓦的国家象征主要有国旗、国歌、共和国纹章、国家格言和大象等。

（一） 国旗

根据科特迪瓦宪法第29条的规定，国旗为三色国旗，依次是橙色、白色和绿色，三色均匀竖排列。这是根据1959年12月3日第59～240号

---

① 上沃尔特，成立于1919年，是法属西非殖民地的组成部分，具体包括科特迪瓦北部、上塞内加尔－尼日尔的部分地区。1932年，法属上沃尔特殖民行政机构被解散，其领土分别被划归科特迪瓦、法属苏丹和尼日尔。1947年，上沃尔特殖民行政依照1919年的疆土被重新恢复为殖民地，成为法兰西联盟的一部分。1958年，上沃尔特共和国成立，成为法兰西共同体成员。1960年，上沃尔特共和国获得彻底独立，并改名"布基纳法索"。

法令正式创立的国家象征。当年时任国务部长让·德拉福斯在立法委员会上对国旗的国家象征意义进行了界定：橙色象征了科特迪瓦肥沃多样的土地颜色；白色是和平的象征，也是合法争取和平的象征；绿色象征了希望，预示着一个更美好的未来。国旗是国家主权和民族情感的象征。所有的官方建筑上应悬挂国旗，普通公民的办公室也以张挂国旗。

（二）国歌

1960 年 7 月 20 日，根据第 60~207 号法令创作国歌《阿比让之歌》，作曲人为皮埃尔·米歇尔·庞戈。《阿比让之歌》是一首庄严的歌唱祖国的歌曲，歌词是一首抒情诗歌，可以激发国民的爱国情怀。国歌颂扬了科特迪瓦是一片充满希望的土地，一个洋溢着热情、和平与尊严的国度。国歌激励国民一起努力，使祖国成为一个真正团结友爱的国家。歌曲体现了科特迪瓦人热情好客、团结一致和仁慈友爱的特点，同时也体现了费利克斯·乌弗埃-博瓦尼总统在国家独立以来的国家开放与包容。

表 1-11　《阿比让之歌》中法文对照

L'Abidjanaise	《阿比让之歌》
Salut ô terre d'espérance	嗨！你好，希望的大地
Pays de l'hospitalité	热情好客的国家
Tes légions remplies de vaillance ont relevé ta dignité	你骁勇的军团提升了你的尊严
Tes fils chère Côte d'Ivoire	你科特迪瓦亲爱的儿女们
Fiers artisans de ta grandeur	心灵手巧的他们对你的伟大深感自豪
Tous rassemblés pour ta gloire	为了你的荣誉，所有人团结一致
Te bâtiront dans le bonheur	在幸福中建设祖国
Fiers ivoiriens, le pays nous appelle	亲爱的科特迪瓦同胞，祖国在召唤我们
Si nous avons, dans la paix ramené la liberté	如果我们曾和平地赢得解放
Notre devoir sera d'être un modèle	我们有责任做个好榜样
De l'espérance promise à l'humanité	心中以仁爱为理想
En forgeant unis dans la foi nouvelle	怀抱着新的信念结成一体
La patrie de la vraie fraternité	使祖国实现四海皆兄弟

（三）共和国纹章

从定义来看，纹章是指用于区分一个团体或家庭的一系列标志，在大

多数情况下，展现着不同团体的特色。1960年2月8日第60~78号法令首次界定了科特迪瓦共和国的纹章，1964年6月26日第64~237号法令对1960年的法令进行了修订。修订后的法令明确了科特迪瓦的纹章由以下六个元素组成：银色的大象、升起的金色太阳、两棵金棕榈、绿色的盾形牌、盾形牌外缘金色的装饰带、装饰带上银色的刻字"République de Côte d'Ivoire"（科特迪瓦共和国）。这六大元素的具体组合格局如下：中间为大象头部，底色为绿色的盾形牌，上面是欲升起的半个太阳，九束太阳光闪耀着金币之光；盾形牌左右两侧各有一棵金色的棕榈树，在纹章外缘的带状上刻着银色的"科特迪瓦共和国"法文字样。

纹章是共和国的象征。在邮票上若使用纹章，纹章必须位于邮票的正中间或者右侧。在国家应对困难的时候，纹章象征着国民的团结。历史上，这些纹章的设计者受到殖民时代的反对党派的主要标志元素的启发，比如科特迪瓦民主党的大象以及科特迪瓦进步党的棕榈树。

（四）国家格言

科特迪瓦的国家格言由三个词组成："联合"（union）、"纪律"（discipline）和"工作"（travail），体现了科特迪瓦人共同的理想和建设国家的意愿。

（五）大象

大象是科特迪瓦的国家性动物象征。国名"科特迪瓦"（Côte d'Ivoire）也是受到大象身体的重要组成部分"象牙"（Ivoire）的启发而创设。科特迪瓦共和国纹章上也有大象的侧脸。大象还是科特迪瓦国父博瓦尼在独立初期所创立的非洲民主联盟的党派象征。科特迪瓦国家足球队的别称也是"大象"（Les éléphants）。

第二节　宗教与民俗

一　宗教信仰

宗教信仰是科特迪瓦人极为重要的文化特质和身份象征之一。在科特迪瓦，没有绝对的主导宗教，主要的宗教信仰有伊斯兰教、基督教（包括天主教、新教、哈里斯教①和基督教其他教派）、拜物教及其他宗教。根据 2014 年人口普查统计结果，包括居住在科特迪瓦的本国人口和外国人口，42.9% 的人口信奉伊斯兰教，33.9% 的人口信奉基督教，3.6% 的人口信奉泛灵论和其他原始宗教，另外还有 19.1% 的人口无宗教信仰。伊斯兰教在科特迪瓦的传播最早是由科特迪瓦西北部的迪乌拉人和马克林人先后带来的，教化了众多信徒，甚至曾经长时间抵制马克林人的塞努福族人最终也皈依了伊斯兰教。今天，在绝大部分大城市，尤其是北部和中部的城市，清真寺的数量都非常多。基督教到达科特迪瓦的时间比伊斯兰教晚了好几个世纪，并且主要集中在南方。科特迪瓦的基督教徒主要是天主教徒，但也有新教徒。传统宗教方面，除了马克林人和迪乌拉族从 17 世纪开始全部皈依伊斯兰教外，其他所有民族均有自己独特的宇宙起源论、礼仪和社会体系，近 17% 的人口仍然完全信奉传统的本土宗教。近几年来，国内经济社会危机在一定程度上推动了各类宗教场所、建筑数量的增长，尤其是清真寺、寺庙、大小宗教堂等。

实际上，在科特迪瓦，神教信徒与传统宗教信徒者之间并没有非常明确的界限。比如，基督教徒为解决具体的生活问题会私下咨询伊斯兰教传教士，而同样，伊斯兰教徒也有可能向圣母玛利亚祈祷，试图寻求他们当下所担忧的问题的解决办法。最为重要的是当今宗教在科特迪瓦已经成为一种重要的压力集团，例如，如果要顺利实现仕途或职业的理想，那么必须得有宗教信仰。大部分科特迪瓦人既有在公众场合的正式的宗教信仰，同时在自己的小圈子里也仍然保留传统的宗教信仰。此外，近些年来，出现了一些其他宗教性质的行会如共济会、蔷薇十字会等神秘结社，一些来自亚洲的慈善团体也悄然兴起，尤其在科特迪瓦年轻人、高等院校以及企业中十分活跃。

---

① 哈里斯教起源于 19 世纪末，主要出现在科特迪瓦、利比里亚、加纳的基督教新教的一个衍生教派。创始人是威廉·韦德·哈里斯（1860～1929），1 名来自利比里亚的福音传播者。

 科特迪瓦

表 1-12　科特迪瓦各宗教信仰人口比例（2014 年）

单位：%

宗教信仰	科特迪瓦籍	非科特迪瓦籍	全部人口
天主教	18.5	13.0	17.2
循道宗	2.1	0.4	1.7
福音主义者	14.5	3.3	11.8
天主教	0.5	0.2	0.4
哈里斯教	0.7	0.0	0.5
基督教其他教派	2.7	0.8	2.2
基督教所有教派	39.1	17.7	33.9
伊斯兰教	33.7	72.7	42.9
拜物教	4.4	0.9	3.6
其他原始宗教	0.6	0.2	0.5
无宗教信仰者	22.2	8.5	19.1

资料来源：科特迪瓦国家统计院，Recensement Général de la Population et de l'Habitat（RGPH 2014）。

二　节　日

科特迪瓦的节日可以分为法定节假日和传统节日两种。

（一）法定节假日

科特迪瓦的法定节假日主要有元旦（1 月 1 日）、瓦加杜古历史协议日（3 月 4 日）、国际三八妇女节（3 月 8 日）、国际法语节（3 月 20 日）、世界防治疟疾日（4 月 25 日）、国际劳动节（5 月 1 日）、音乐节（6 月 21 日）、独立日（8 月 7 日）、纪念《贩卖黑人协议》取缔日（8 月 23 日）、国际和平日（9 月 21 日）、国际消除贫困日（10 月 17 日）、国际非洲作家日（11 月 7 日）、非洲工业化纪念日（11 月 20 日）、世界防治艾滋病日（12 月 1 日）以及圣诞节（12 月 25 日）。

（二）传统节日

一年中，科特迪瓦每个月都有不同的传统节日，大大小小共计 76 个。昆顿节、波波狂欢节、木薯节、波罗成人礼、代际节日是科特迪瓦最负盛名的传统节日。

昆顿节是海滨城市大巴萨姆的著名节日。相传一名祖先当年经过这片杂草丛生的地带时，遇见了一群死神舞骷髅队。回到村子里之后，这名祖先受到启发，延续了这种舞蹈，并以此悼念死者。昆顿节是聚居于阿比让市东部的恩济马族的文化身份象征。这个节日在每年的 10 月底 11 月初进行，为期 7 天，吸引成千上万的表演者和游客，同时也成为吸引本地和恩济马族周边 7 个民族的年轻男女的盛会。盛会的主题是"随心所欲"，主要内容首先是对本地区的年度总结，民众利用这个机会批评当局，参与者之间没有社会地位的界限。7 天盛会均有铜管乐演奏。第 7 天，在墓地冥思片刻之后，达姆达姆鼓击起，节日在一场化装舞会后结束。

波波狂欢节起源于博努阿市的埃维族。波波狂欢节也称"面具狂欢节"，一年举办一次，是阿比让东部香蕉产区的文化表演活动。活动种类丰富，包括狂欢游行、商业集会、波波小姐选美、爱贝年轻男士选美、阿乌拉巴中年妇女选美等。选美活动的名称来源于博努阿族对各年龄阶段最美人士的不同称呼：最美的年轻女士称为"波波"（popo），最美的年轻男士称为"爱贝"（êbè），最美的中年妇女称为"阿乌拉巴"（Awoulaba）。狂欢节的主要目的在于弘扬博努阿市埃维族的文化和艺术。

木薯节是科特迪瓦东部地区的传统节日，在阿肯族群中尤其流行。不同的民族对"木薯节"有不同的称呼，但是仪式和象征物基本相同。木薯与当地人的历史是紧密联系在一起的。根据历史传说，阿肯族群当年从加纳迁移到科特迪瓦途中，途经森林地带时，木薯挽救了迁徙途中饥饿的移民。这也是隆重举办木薯节的原因。木薯节是一个辞旧迎新的节日，它预示着旧的一年结束，新的一年即将到来，同时也是对新丰收的庆祝。阿肯族群的所有民族都庆祝这个节日。此外，西部山区部分民族也有木薯节传统，尤其是图拉族。根据木薯不同的成熟季节，一般可以选择在 8 月至次年 2 月的某个日期或时段庆祝木薯节。值得一提的是，木薯节是禁止吃

木薯的。根据传说，木薯在历史上只有酋长及酋长家的成员才能享用。节日当天音乐节奏感强，酋长亲自击鼓，还有象牙或者其他号角等乐器演奏。因而这也是一场祭奠祖先、英雄和神灵的节日。

波罗成人礼是科特迪瓦北部塞努福族一个历史悠久的神秘成人礼仪式。塞努福族的未成年人在进入社会之前必须经历波罗成人礼，进行精神、智力、信仰等方面的历练。正式的成人礼仪式分为三个阶段，共 7 年时间。塞努福族认为这个仪式只有通过波罗面具才能实现。

代际节日主要盛行于埃布里埃族、阿居克鲁族、阿克耶族和阿布雷族，很多地方的代际节日非常神秘。埃布里埃族的祖先早在 18 世纪就移民到加纳，因而这个节日至今有 3 个多世纪的历史。在各民族中，代际为 15 岁左右。在同一代人之间，把彼此看作自己的兄弟姐妹。在不同代际，埃布里埃族人根据年龄分为四代：老年（blessoué）、中年（gnando）、青年（dougbo）、青少年（tchagba）；在同一代人中，根据年龄又分为长子（djéhou）、次子（dongba）、幼子（agban）、老幺（assoukrous）。4 个代际的年龄之和为 60 岁。代际关系被严格制度化。每个个体在权利和义务面前都是平等的，他们都有权利管理村庄的事务。每年以不同的代际为中心举办欢庆节日。同时在这个节日中，较老的一代向较年轻的一代传授经验，由上一任掌管村中事务的一代人将手中的火炬转交给下一代际，同时也意味着接受火炬的一代人将代替他们的长辈开始掌管村里的事务。代际节日主要在每年的夏季举行，并且可以持续好几个月。这个为期较长的盛大节日分为几个阶段：首先是对一代人的 4 个不同年龄等级的介绍，其次是战舞、女性游行、神秘仪式、祭祖等。

三　民俗

除了传统的节日以外，由于殖民历史，科特迪瓦既保留了自己的传统，同时也深受殖民文化的影响，民风、民俗丰富多样。

（一）姓名

在科特迪瓦的众多民族中，每个民族都有自己独特的取名方式，但总体上有一定的相似性。以鲍勒族人的取名方式为例，鲍勒族人名字的第一个词来自父亲的名字；第二个词一般来自婴儿出生日所对应的罗马天主教圣人历中的圣人名字，比如，根据这个圣人历，在周一出生的男婴将取名"Kouassi"，女婴叫"Akissi"；名字中的第三个词，如果是基督教徒家庭则为孩子取一个基督教传统名字，如果没有新的想法，则仅保留前两个名字。需要指出的是，罗马天主教圣人日历中的名字今天看来都是一些非常古老的名字，在欧洲已经很少有人会用这些名字，但是在科特迪瓦仍被广泛使用。

因此，如果一个鲍勒族人 A 出生于周一，那么他的名字将由"其父亲姓氏＋Kouassi＋基督教常用名字"三部分构成。如果将来他的儿子 B 出生在星期五（圣人历上对应的圣人名字是 Yao），基督教姓名将选择"Jean-Luc"，这时 B 的完整名字是"Kouassi Yao Jean-Luc"；如果 A 在某个周二（圣人历上对应的圣人名字是 Adjoua）还有一个女儿 C 诞生，并选择宗教名字"Gertrude"，那么 C 的完整名字将是"Kouassi Adjoua Gertrude"。在将来的某个周六（圣人历上对应的圣人名字是 Koffi）B 的一个儿子 D 出生，同时选择宗教名字"Alfred"，那么 D 的完整名字是"Yao Koffi Alfred"。如果儿子与父亲是在一周内的同一天出生，那么只需在名字中重复使用圣人历中对应的圣人名字，如常见的"Kouassi Kouassi Alphonse""Kouakou Kouakou Jean"。

另外一种命名的方法是根据出生顺序、环境、状态或者宗教信仰等命名。比如一个叫"N'Guessan"的孩子，从姓名可以看出他在家中排行第三。

科特迪瓦常见的具有特定含义的名字有如下几个方面。

一是罗马天主教圣人历周一至周日所对应的圣人名字（根据鲍勒语翻译，括号中第一个为男孩名字，第二个为女孩名字）。周一，Kissié（Kouassi，Akissi）；周二，Djolai（Kouadio，Adjoua）；周三，Mlan（Konan，Amenan）；周四，Wé（Kouakou，Ahou）；周五，Yah（Yao，Aya）；周六，Foué（Koffi，Affoué）；周日，Mon-nin（Kouamé，Amoin）。

二是根据孩子出生顺序取名。例如，家中同一性别第三个出生的孩子取名"N'Guessan"，家中同一性别第四个出生的孩子取名"N'dri"，同一

母亲生的第二个孩子取名"Brou"，同一母亲生的第九个孩子取名"N'goran"。

三是根据出生时的具体情境取名。例如，出生时母亲在外劳作，取名"Atoumgbré"；出生时脸朝地面，取名"Ahoutou"；双胞胎，取名"N'da"；出生排在双胞胎（兄弟姐妹）之后，取名"Amani"；出生时头发为红棕色，取名"Djaha"；因早产而非常瘦小的孩子，取名"Béhiblo"。

四是与自然相关的名字。例如，Yobouet，石头；Akpoué，岩石；Allah，消除氯仿气味的棕竹；Kondro，一种树皮很厚并且可以入药的树；Bla，泉水；Zougou，"毛虫"，给身上汗毛浓密的孩子取名；Oka，山、丘陵或小岗，鲍勒族人主要生活在高原或者平原地带；Gnamien，上帝、上天；Assié，大地。

五是来源于宗教的名字。例如，Botiwa，面具保护神；Bolaty 或 Baulaty，无主森林；Djè，面具保护神；M'bra，护神舞蹈；Doh，女性专属吉祥物；Allou，战争吉祥物；Allangba，护身符；Tanou、Tanoh，吉祥物；Djézou，吉祥物；Kra，吉祥物。

（二）礼仪

科特迪瓦人生性乐观、纯朴、热情好客、注重礼仪。他们对人对事都非常直接，经常表现得很放松，见到朋友会主动打招呼。和朋友见面时他们会询问对方的健康、家庭和工作状况。在生意场上，常常以互相寒暄开始。科特迪瓦男人间见面时互相握手示好，男人和女人之间以及女人之间则实行贴面礼，一般从左边开始，两边交替共贴三次，离开时需要实行同样的礼节，并说一些友好和祝福的话语。如果遇到非常熟悉的朋友，他们会用右手握手问候，同时左手搂住对方的腰，直到谈话结束才松手道别。科特迪瓦人从来不吝啬寒暄的时间，有时候寒暄时间长达 10 ~ 20 分钟，而后才开始进入主题。但是他们见面时会尽量避免凝视对方，尤其是在父亲和孩子之间，因为对视被视为一种不礼貌的行为。科特迪瓦人也有很浓厚的送礼习惯，尤其是访问那些备受尊敬的人。

科特迪瓦人十分重视尊敬长者和老者，这也是衡量一个人教养的基本标准。当遇见年长者时，科特迪瓦人彬彬有礼，常以"爸爸"或者"妈妈"称呼。在一个家族中，最年长者为家长，具有至高无上的决定权。任何子女，无论官职大小，回到家中的第一件事情应该是向长者请安和汇报，聆听长者的教诲。在科特迪瓦，冒犯长者被视为大逆不道。晚辈如果在公众场合受到长者的责骂，一般也无法获得旁人的袒护或者辩解。

科特迪瓦是一个讲究称谓的国家，得体的称谓既可以体现一个人的良好教养，也可以给人留下好印象。受西方文化的影响，在科特迪瓦，一般称呼男士为"先生"（Monsieur），称呼已婚女士为"夫人"（Madame），未婚女子统称"小姐"（Mademoiselle），对婚姻状况不明的女士尊称"女士"（Madame）。上述称谓可以同姓名、职务、职称、头衔等连起来称呼，如"吉耶女士""秘书小姐""经理先生"等。对部长以上的政府高级官员一般称"阁下"（Votre Excellence）。

在科特迪瓦，约会或者出门办事一般需要提前预约，确定会面的时间和地点，并准时赴约。一般重要的公事双方都会守时，但熟悉的朋友之间，时间观念往往较淡薄，会早到或者晚到。应邀到科特迪瓦人家中做客，主人都会在家中或者门外恭候。应约赴宴者一般会带一些礼品。科特迪瓦人常用咖啡、茶水、果汁等饮品招待客人。如果需要加冰块，主人会吩咐添加，客人不必自己动手。若客人自己动手，则被视为一种失礼的行为。

认真聆听对方的言谈、不轻易打断对方的话题、不贸然评论对方的谈话内容在科特迪瓦被认为是一种重要的交谈礼貌。如果对对方的谈话内容有不明白的地方，可以适时有礼貌地提出来，这样可以更好地赢得对方的好感，取得对方的信任。幽默是科特迪瓦人交谈中的重要特点，交谈中他们常常放松大笑，但是对初次见面的人或者长辈尽量慎用幽默风趣的语言，以免被认为要小聪明或者不诚实。另外，在交谈中，科特迪瓦人一般避免谈论对方的工资、年龄、夫人的情况以及男女之间的特殊关系等话题。

（三）饮食和宴请

在科特迪瓦日常食物方面，主要有小米、玉米、大米和块茎食物如薯

蓣、木薯等。大部分家庭在室外用陶瓷或者金属锅架在用石头简单堆砌的炉灶上烹调。在就餐时，科特迪瓦人喜欢用手抓食物，餐桌上往往有一小碟辣椒酱。在北方热带稀树草原地带，著名的菜肴有胡椒花生酱拌饭，而南方沿海地区则以鱼和油炸大蕉著称。国菜是一道称为"富杜"（Foutou/Futu）的菜肴，这道菜是把大蕉或者薯蓣捣成黏稠的泥状而制成，吃的时候配上炖鱼或者肉和一小碟辣酱。科特迪瓦最流行的款待客人的菜肴是洋葱西红柿炖鸡肉或者炖鱼。在乡村比较受欢迎的饮料是棕榈酒和家庭自酿啤酒。

具体说来，科特迪瓦人的饮食因地区和宗教信仰不同而所有差异。在北部马林克人、迪乌拉人和洛比人的聚居区，主食为高粱和小米等。他们用木臼将高粱和小米等捣碎，加上一些蔬菜、花生米、青豆和辣椒等，煮成粥状，手抓而食，这种食物和北非的小米饭古斯古斯（couscous）类似。在东部和中部地区，阿肯族群和南曼迪族群居民的食物主要是大薯、木薯、山芋、大蕉，极个别地方有少量的大米。在西部，果蔬比较丰富，西部人民常用水果当粮食。中部和西部山区舌蝇猖獗，畜牧业衰落，牛羊肉极少，因此从马里进口的干鱼、熏鱼为当地百姓少见的肉食品。科特迪瓦人自古以来就比较爱吃非洲辣椒（品种多为苏格兰帽椒）、柯拉果。总体上，科特迪瓦人口味较重，习惯吃大块的牛羊肉，不爱吃肉片、肉碎、肉丁等菜肴；常用椰子油、棕榈油、香叶和苏格兰帽椒做调料；他们一般忌讳吃虾、鸡毛菜和蘑菇等。

科特迪瓦重大仪式场合的饮食风俗也别具特色。饮食在大多数族群和民族重大的仪式和宗教仪式上极为重要。成人礼仪式、宗教仪式、丧葬以及其他纪念性的仪式都会组织宴会和餐饮。在阿肯族群中，最重要的节日是木薯节，用于庆祝木薯丰收，纪念对木薯的发现。每年3月在布瓦凯市都会举行狂欢节，节日上安排了各种活动、有各种食物。穆斯林斋月也是科特迪瓦主要的节日之一。在长达一个月的斋月中，日出和日落之间是禁止进食的，在斋月结束的第二天将会准备一场盛宴。根据当地的传统，物神祭司常常用食物制作一种药汤或者护身符。另外，还有将大米抛掷到一个盒子中预测未来、某些食物被禁止食用以驱赶疾病或厄运、在祭拜祖先之前应将食物供奉上等传统。

（四）婚姻家庭

在婚姻方面，科特迪瓦政府在 1964 年废除了一夫多妻制，并规定了男子的法定结婚年龄为 18 周岁、女子为 16 周岁。科特迪瓦现行婚姻法规定男子需满 21 周岁、女子满 18 周岁方可结婚。如果男子不满 21 周岁，需征得其父母的同意；女子不满 18 周岁，则需获得共和国检察官出具的法定年龄豁免许可证明。然而，一夫多妻制至今在许多土著部落中仍然被广泛接受。但是，政府不承认包办婚姻或支付给女方家族的彩礼合法。当今科特迪瓦婚姻习俗有所变化，并且变得越来越西式，但在广大乡村绝大部分年轻人仍然采取传统的婚礼仪式。离婚虽然不常见，但在大多数民族中是被接受的。2014 年的科特迪瓦全国人口大普查统计结果显示，至2014 年 5 月，科特迪瓦共计 4141496 户家庭，平均每户 5.4 人。针对 12岁及以上人群的调查显示，已婚、事实婚姻、单身、离异和丧偶占比分别为 38.1%、11.8%、47.3%、0.6%、2.9%。

婚礼仪式方面，目前科特迪瓦有传统习俗、宗教仪式和法律公证的合法婚姻 3 种。2014 年人口普查统计结果显示，79.1% 的婚姻结合是采取传统习俗模式，宗教仪式结合占 28.4%，法律公证婚姻结合为 8.4%。很多科特迪瓦人往往选择其中的两种或三种模式举行多次仪式。但总体上，科特迪瓦传统婚姻还非常盛行。

传统婚姻习俗因族群、宗教和地域不同而各异。但随着时代的进步，现代式婚礼与传统式婚礼的结合。以鲍勒族为例，结婚不仅仅是两个人的结合，更是两个家庭的结合。未出嫁的女孩十分珍贵，受到保护，父亲有义务将保护女儿的责任传递给未来的女婿。然而，未婚夫妻不可以在婚前同居。男孩如果需要牵女孩的手，需要找家中的一位代表前去表白，这位代表通常是未婚夫的父亲。如有结婚意向，男孩必须当面向女孩的父亲正式提亲。另外，婚姻的结合必须建立在双方意愿的基础之上，女孩同意嫁给男孩两人才可以成婚，强制或者包办婚姻均不被接受。这个正式请求一旦被接受后，两个家庭才可以开始正式见面，互

相了解。两个家庭的成员均出席见面会，面对面端坐一方，各自家庭均派出一名代表阐述本家的意见。见面的次数和时间有时可能会长达几个星期甚至几个月。如果男女双方都住在科特迪瓦，那么双方家庭的见面会可以推迟一个月进行，以便在此期间再度思考是否接受。需要提出的是，双方家庭的见面会未婚夫妇都不能在场参与。如果双方家庭均接受这个婚姻，接下来将会有数次沟通，共同讨论结婚以何种形式和条件进行。谈论的焦点是彩礼和选定举办婚礼仪式的吉日，男方需要提前支付彩礼。尽管今天法律明文规定彩礼不合法，但还是需要有这个象征性的礼数。彩礼可以作为将来举办婚礼的费用。在婚礼仪式上，比较常见的是男方给女方的家庭成员赠送贵重的"帕捏"["Pagne"，法语音译，东非国家把这种服饰叫"肯加"（kanga），即非洲缠腰布］以及珠宝、酒水等。

鲍勒族的婚礼常常分几个步骤进行。第一个步骤是在市政厅进行公证；第二个步骤则是在教堂举办一场宗教仪式的婚礼；最后一个步骤是举行一个传统的仪式，新郎、新娘穿戴本村传统的帕捏，身上佩戴非常多的金子材质的首饰，这些首饰有些是家里祖父母祖传的。在举办传统婚礼仪式的过程中，新郎、新娘还可以更换几次衣服，主要在于展示不同民族的典型传统服饰。鲍勒族还喜欢邀请家庭之外的成员参加婚礼，比如那些备受尊重的酋长们。鲍勒族的婚礼场面十分盛大。

不论生活在城市还是生活在乡村，家庭都被视为社会的基本单位。不管是何种血统，男人都被视为家中的顶梁柱，而女人倾向于相夫教子。在鲍勒族的村落中，女人婚后一般与丈夫的原生家庭生活在一起；而在塞努福族中，丈夫和妻子在结婚后分开居住，丈夫住在长方形的房子中，妻子则住在圆形的房子中。女儿出嫁之后会离开其原生家庭，照顾原生家庭长辈的责任则由儿子承担。

通过血缘关系，一个家庭的背后与更大的家族群体、氏族联系在一起。父系亲属群体是最为重要的亲属群体之一。它由一代又一代的男性祖先构成。而在科特迪瓦东部，很多族群是母系社会，由一代又一代的女性祖先形成。实际上，一个家庭的夫妻不管男方还是女方，他们都同时属于母系和父系亲属群体的一员。血缘和性别是母系和父系社会的重要元素。氏族的长者常常充当解决争端、制定或者加强家规、主持婚姻礼仪、讨论本氏族事务、维护本氏族利益和加强统一性的核心人物。他们还强制并监督本氏族成员坚持本族群的习俗。村落一般由同一个血缘群体构成，多个村落构成一个部落。

继承权方面，在传统社会中，男人仍然是家族的继承人。鲍勒族和塞努福族均为母系氏族，家族的各项权利和土地都将集中到母系家族的姐姐的儿子们身上。而在贝特族和尼尤拉族中，继承权则属于父亲家族的直系儿子。在科特迪瓦大多数部落的传统社会中，女性是没有土地继承权的，只有对她们丈夫家族土地的使用权。1983 年颁布了一部法律，规定女性可以更多地管理自己的婚后财产。

（五）丧葬风俗

丧葬在科特迪瓦是一项展示社会地位和权力的传统风俗。葬礼一般分两步进行，第一步为家庭内部小范围的操持，主要在于商议祭祀、洗礼仪式、墓碑的雕刻以及下葬事宜。这些风俗主要表达对死者的留念以及对亲属的慰藉。第二步是一场面向社会的盛大葬礼。葬礼甚至可以在死者过世的几年之后进行。葬礼现场经过了精心地装饰。前来参加葬礼的人很多都是有头有脸的"大人物"，而酋长在盛大葬礼中能更充分地体现其权威。大葬礼从夜间守灵开始。每个参与者都需要捐助一部分资金，并且不能当众数钱，不交捐助金的人则可能失去在集体中说话的权利和尊严。在农村，葬礼也充分体现了个人和家庭与邻里的人际关系。一些住在城市的人往往倾向于死后埋葬在自己的家乡。在乡村，死者的墓碑需要在村口广场上摆放几天，随后才镶嵌在坟墓上。

科特迪瓦每个民族都有自己传统的丧葬礼仪。以阿肯族群及塞努福族为例，葬礼是公开的，甚至向邻近的村庄开放。村庄的传统宗教人士戴上面具向邻村的居民宣告死讯，并迎接邻里的到来。整个葬礼仪式都伴随着面具舞蹈和音乐演奏。如果逝者是一位年纪大的老人，那么葬礼更像一场节日盛会，因为老者的过世被视为圆满的回归，逝者在另一个世界将与祖先们会合。如果逝者是一位工匠或者壮年劳动力，那么年轻逝者的失去将

被视为整个村庄的重大损失。每个葬礼上均有一名丧事主持人。在阿肯族群，司仪复述一个被称为"ntam"或"誓言"的文本，讲述与逝者有关的祖先们的神奇传说、过去的历史、本族中重要的历史性事件等。所有的司仪在不同的葬礼上所展现的象征性物品、动作和念词都是一样的。参加葬礼的妇女需要回避某些面具，面具舞一结束，她们便开始哭丧，将葬礼推向高潮。整个葬礼充满浓重的宗教色彩。根据传统，逝者在葬礼过程中将与祖先汇合，祖先们也在葬礼仪式中接受奠酒。葬礼结束时刻，也是逝者被送至祖先们那里的时刻。阿肯族群的葬礼在天黑时结束。结束的时候，所有参加葬礼的人手持一块小石头或一块贝壳或一枚硬币，然后统一动作，在自己的头顶上划一圈，宣告葬礼结束。

鲍勒族的葬礼则更加古老。其中一项是送逝者上路与祖先会合前对逝者的擦洗。男人们首先将逝者抬到一个隐蔽的地方，鲍勒语叫"klaganou"，意为"大家看不到的地方"；然后，逝者家族中年纪大的女性给逝者擦洗，因为这些老妇人被视为祖先权力的受托人。老妇人们用左手为逝者擦洗。男性逝者需要先后擦洗三次，女性逝者则需要擦洗四次。擦洗完之后，老妇人们将为逝者蒙上一块遮羞布，身上除了遮羞布遮掩私密处再无其他任何衣物。这样做的用意是通过这种方式使逝者在祖先们的世界里可以更好地更换性别。擦洗过世者的水连同尸体一起葬入土里。

在塞努福族，首先在掏空的树干中为逝者进行梳妆，随后为逝者裹上帕捏，放置在床上。根据塞努福族人的传统，逝者的气息（称作"pil"）将与身体分离。这时由戴着面具的一群男性围住尸体，不停地跟尸体说话，以安抚逝者的气息。随后，戴着面具的男人们将在逝者身上放置一面鼓，一边敲打鼓，一边摇响铃铛，通过这种方式将逝者的气息全部驱逐出身体，离开身体的气息开始游离并尝试与祖先们会合。会合的过程中有可能会有魔鬼出现的危险情况。葬礼中戴面具的男人就是在帮助逝者的气息与祖先会合，驱赶恶魔。逝者生前的财产将与逝者一起下葬，一些代表家庭成员的雕塑、奠酒、祭品也一起下葬。人们还在坟前放置一些酒水以及部分生活必需品，意味着为逝者到另一个世界的旅途中再添加一些必需品，坟前的酒水和必需品还需要进行数次更换。在阿肯族群，陶瓷工匠根据逝者生前的容貌烧制一个雕塑，有时候雕塑甚至可以当作一件艺术品，平日将被妥善地珍藏在家中。每年木薯节的时候，村民们可以拿出逝者的雕塑纪念逝者。节日时围绕这些雕塑讲述一些古老的传说和故事，从而再现传统礼仪。正是这些仪式、象征物、舞蹈和音乐等丰富了葬礼的仪式。根据传统，逝者将以祖先精神的形式得到重生。正是这种"重生"的信念使逝者的亲人们减少了对死别的痛苦。

（六）服饰

科特迪瓦的服饰分为传统服饰和现代服饰。在科特迪瓦大城市以及沿海地区，政府公务人员以及在一些重要场合上，男性都西装革履，着装非常正式。年轻人喜欢赶潮流，穿着风格与西方国家的年轻人接近。而平时，大部分科特迪瓦人主要穿民族传统服饰。比较典型的传统服饰有两种，一种为"布布"（boubous），另一种为帕捏。

布布是一种宽松肥大的袍子，有短袖上衣款，但多为长裙款。布布既有男士风格也有女士风格，大人小孩都穿这种衣服。历史上，西非地区的贵族服饰已经非常接近今天布布的风格。布布一般是用大提花布料或者优质印花棉布做成，在图案上不同的民族有所差异。布布最早只是穆斯林的传统服饰，由于宽松透气，在热带受到科特迪瓦其他各民族的欢迎。今天，布布已经成为全世界知名的服装款式。

帕捏则是科特迪瓦各民族均穿戴的民族服饰。各个民族的帕捏材料和图案有所区别，但基本款式相同。例如，鲍勒族的帕捏一般采用棉质布料，用织布机织成较窄的一条长布带，并且鲍勒族一般由男人织帕捏，这是他们一代又一代祖传的技术。鲍勒族人的帕捏有20多种传统图案，并且每种图案都有一个特殊的名字。织布的线一般为蓝色，采用特殊的染色技艺制成。男女皆可以穿戴帕捏。男性的帕捏一般为菱形状，由14条10厘米宽、2米长的棉质布条缝合而成。女性一般用帕捏裹胸，长约1米，宽约2米。在科特迪瓦北方偏远的地区以及中西部的森林里，仍有一些村落里的人以树叶、树皮遮羞。另外，科特迪瓦各民族人都有佩戴饰物的传统，并且有着悠久的历史。例如贝壳做成的贝冠、西部林区的骨质和木质饰物等。

第三节　特色资源

一　名胜古迹

（一）和平圣母大教堂

和平圣母大教堂位于科特迪瓦政治首都亚穆苏克罗，目前是非洲大陆最为重要的天主教朝圣地，也使亚穆苏克罗成为朝圣之都。每年它都吸引来自世界各国的大量游客，尤其是在夏季。和平圣母大教堂由黎巴嫩－科特迪瓦籍设计师皮埃尔·法库里设计，于1985年动工，1990年竣工。竣工当年，罗马教皇若望·保禄二世于9月10日来此祝圣。这座宏伟建筑的设计受到梵蒂冈的圣伯多禄大殿的启发，整体设计采用了拉丁十字式教堂建筑风格。教堂前面是一个巨大的广场，广场周边由列柱环绕，教堂的正中间是一个高达160米的圆顶。教堂内由从意大利、西班牙和葡萄牙进口的大理石堆砌而成。教堂的玻璃彩窗面积达7000平方米，在法国南特制造，运至科特迪瓦。这座教堂也是世界上穹顶最高的朝圣教堂。该教堂可以容纳1.8万人。2001年，新任总统阿拉萨内·德拉马内·瓦塔拉的授职仪式便是在这里举行的。

（二）圣·保罗天主教堂

圣·保罗天主教堂是阿比让总主教教区大教堂，在国父博瓦尼的倡导下，由意大利建筑师阿尔多·斯皮里多设计。第一块基石在1980年5月11日由罗马教皇若望·保禄二世第一次参观拜访科特迪瓦期间奠立。1985年8月10日，教堂竣工时，教皇第二次来科特迪瓦访问。教堂的总造价为60亿西非法郎左右。

二　著名城市

（一）城市概况

科特迪瓦的城市和城市化应依据科特迪瓦官方的定义来界定。1955年，各地区的首府已经在实际上被认定为"城市"。1975年，科特迪瓦进行了第 1 次全国人口大普查，从人口角度进一步对城市概念做了界定：
"拥有 1 万以上人口或者拥有 4000～1 万人口并且其中 50% 以上的人口从
事非农业性活动。"根据这一标准，1988 年和 1998 年的第 2 次和第 3 次
全国人口大普查中，分别认定科特迪瓦 1988 年有 89 个城市、1999 年有
127 个城市，至 2010 年城市的数量已经超过 200 个。根据这个标准，还
可以将城市区分为主要城市（首都及地区首府）和次要城市（除去首都
和地区首府以外的城市）。1998 年城市又被进一步细分为 6 种类型：经济
大都市（阿比让）、大城市（10 万及以上人口）、中型城市（5 万～9.99
万人口）、中小型城市（2.5 万～4.99 万人口）、小城市（1 万～2.49 万
人口）、半城市化乡镇（4000～9999 人口）。

科特迪瓦城市人口分布不均。南方丛林地带如阿比让及周边，1988
年即集中了全国 81.5% 的城市人口，1999 年的人口占全国城市人口的
82.2%，由于内战的影响，2014 年的人口占比下降到 75.5%。2014 年的
数据显示，全国共计 12 个大城市的人口占全国城市人口总数的 57.1%。
无论规模大小，每个城市都发挥各自不同的作用。例如，圣佩德罗是一个
新兴中小型城市，在一定程度上改变了科特迪瓦西南地区闭塞的状态；政
治首都亚穆苏克罗，今天也吸引着越来越多的投资，在一定程度上缓解了
经济首都阿比让的城市压力。36.2% 的北方城市属于小型城市，它们也成
为北方城市化进程的重要牵引力。

（二）亚穆苏克罗

亚穆苏克罗于 1983 年成为科特迪瓦的政治首都和国家行政中心，位
于经济首都阿比让北边，二者相距 245 公里。亚穆苏克罗位于贝里埃大
区，处于热带雨林与稀树草原的过渡地带。地形以小山谷为主，植被稀
疏。赤道气候，一年分为大雨季、大旱季并伴有哈麦丹风、小雨季和小旱
季。全年高温炎热，相对舒适的季节在 7 月到 8 月中旬。

亚穆苏克罗是科特迪瓦国父博瓦尼的故乡，曾经是一个不起眼的小镇，
1909 年成为殖民地的一个据点。其法文"Yamoussoukro"，意思是"亚穆苏
的村庄"。亚穆苏是国父博瓦尼的婶婶——娜娜·亚穆苏的名字。1901 年，
娜娜·亚穆苏是恩戈克罗村庄的酋长，在殖民时代为和平解决殖民者与当

地人的矛盾做出了贡献。在亚穆苏去世之后，为了纪念这位女士，将该地命名为"亚穆苏克罗"。1939年，博瓦尼接替其姊姊成为村庄的酋长。1960年亚穆苏克罗成为地区副首府，1990年成为地区首府。亚穆苏克罗的城市规划设计师就是国父博瓦尼。自1970年，小镇开始进行规划和建设，目标是建成一个可以容纳50万人口的宜居大都市。城区的规划是东边为行政和住宅区，西南边为经济区，北边和东北边为大学教育区和住宅区。至1980年初，亚穆苏克罗已经成为一个拥有20万人口的大城市。亚穆苏克罗是科特迪瓦在独立后作为主权国家自己选定的首都。在此之前，可能出于对良好的环境卫生条件的追求，殖民者先后数次迁都，1893年定都于大巴萨姆（1893～1900），1900年迁都至班热维尔（1900～1934）、1934年又迁都至阿比让。1983年亚穆苏克罗成为科特迪瓦新的政治首都，阿比让仍然保留经济首都的地位。

今天的亚穆苏克罗是一个开展外交事务和举办国际会议的聚集地。大型、高端的会议和住宿中心有博瓦尼和平研究基金会大厦与两个五星级酒店——议会大酒店和总统大酒店。其中博瓦尼和平研究基金会大厦拥有全国最大规模的国际会议厅，可以容纳2500人，还有多个阶梯礼堂、20多个会议室。而总统大酒店的国际会议厅可以容纳1500人、亚穆苏克罗会议中心可以容纳1000人。

此外，根据国父博瓦尼的设想，亚穆苏克罗还是一个重要的教育阵地。这里汇集了博瓦尼国立综合学院、国家主要的理工类院校以及重点中学等。

亚穆苏克罗同时也被认为是全国最为安全的城市。它有两支重要的宪兵队，共和国公安和治安警察驻扎于此。城市的绿化非常好，城中多处有树林。市区几乎没有工厂，仅有一家咖啡去壳工厂和一家胶乳冶炼厂。

交通方面，亚穆苏克罗是一个方格形建筑城市，街道非常宽敞，每条大道均为四车道。此外，亚穆苏克罗还拥有一个国际机场、一个大汽车站，市区还有出租车。3000西非法郎左右就可以坐大巴从阿比让到亚穆苏克罗。

（三）阿比让

阿比让在1934年还是一个小渔村，名字叫"桑代"。现在居住在阿比让的居民是历史上多个民族数次迁移和混杂的结果。从 13 世纪开始，布雷克戈内－迪亚波族就居住于此。18 世纪，一批来自阿布隆的科布里马斯族人来到当地的阿波波－鲍勒安居。有一天，当地人发现这些新迁来的人睡在新摘下的树叶上，因此称他们为"恩比让玛"（Mbidjamas），意为"睡在新鲜树叶上的人"。随着时间的推移，"恩比让玛"被简化成"比让"（bidjan），因此阿比让（A-bidjan）即表示"住着比让人的那个地方"。1903 年，法国殖民探险队在阿比让中心地带勒普拉托建立营地，并且开始修建铁路、道路和桥梁。1900 ~ 1933 年班热维尔作为首都期间，暴发了多次黄热病。根据历史记载，1857 年、1902 年、1903 年班热维尔就有过三次黄热病大潮。因此，1934 年殖民者从班热维尔迁都至阿比让。相对于大巴萨姆和班热维尔两个城市，阿比让的空气更加流通，并且更加干净卫生。在交通运输方面，阿比让位于深水潟湖埃布里埃周边，靠近大巴萨姆地区，同时可以更方便地通向内陆，地理位置变得更加重要。阿比让同时能满足殖民者对干净的办公环境和便利的运输条件以获取来自内陆的第一手原材料的要求。

2018 年底，阿比让已经成为一个市区拥有 492 万多人口的大城市，并且还在不断地向外延伸扩张。2014 年的数据显示，阿比让的人口占全国人口的 38.5%。1955 ~ 1975 年，阿比让实现了史无前例的经济腾飞，城市的现代化步伐也十分快。在 20 世纪 70 年代就已经建立起数十栋非常现代化的办公楼，作为国家行政部门大楼或用于酒店服务业。阿比让也一度被誉为"热带地区的曼哈顿""潟湖之珠""小巴黎"等。从 1983 年开始，国家的行政部门开始迁至亚穆苏克罗，但至今绝大部分国家行政部门仍然驻扎在阿比让。

在地理位置方面，阿比让围绕着美丽的埃布里埃潟湖，被潟湖分为南北两大部分，在城市的南边是波涛汹涌的大西洋。阿比让南边有 4 个区、北边有 6 个区，一共 10 个区。南北之间由两座大桥连接：博瓦尼大桥和戴高乐大桥。10 个区中，有 3 个是工业区——布埃港、库马西、尤布贡，2 个住宅区——马尔科里、可可迪，1 个港口区——特雷什维尔，1 个金融区及国家行政中心——勒普拉托，1 个商业区——阿加美，1 个宿舍住

宅区——阿波波，以及阿特库贝——绿荫之地，被誉为"城市之肺"。这里有众多民族，如阿诺诺族、布罗考斯族、恩普托族、阿巴塔族、阿库埃多族、阿奴芒波族、库泰族。同时也有不少贫民窟，如戈贝雷贫民窟等。

表 1 – 13　阿比让十大区人口数量（2014 年）

单位：万人

区名	布埃港	库马西	尤布贡	马尔科里	可可迪	特雷什维尔	勒普拉托	阿加美	阿波波	阿特库贝
人口	41.9	43.3	107.1	24.9	44.7	10.2	0.74	37.3	103.1	26.1

资料来源：科特迪瓦国家统计院。

阿比让是西非目前最大的港口，在非洲大陆是位于南非德班港口之后、尼日利亚拉各斯港口之前的第二重要港口。阿比让还有众多国际机构，比如非洲发展银行、西非地区证券交易所、非洲粮食中心以及联合国开发计划署、联合国粮食及农业组织、联合国人口基金会、联合国难民事务高级专员办事处等一些联合国分支机构，外国驻科外交机构的绝大多数也位于阿比让。阿比让也是西非地区的主要金融中心，西非经济货币联盟、众多金融财团都聚集在此地，世界上很多国家的银行分支也聚集于此。

阿比让的公共交通不发达，私家车或租车出行成为最普遍的交通方式。阿比让索塔公交车公司是市内唯一的一家公共汽车公司，基本覆盖城市的各个区域。2014 年该公司增置了 1000 辆公交车。在阿比让，搭乘出租车出行也非常普遍。出租车为橙色，数量众多，专业司机熟悉市区的各条路线。埃布里埃潟湖也有轮渡。阿比让的第三座桥以前任总统——亨利·科南·贝迪埃的名字命名，并由他主持兴建，于 2014 年 12 月 16 日建成通车。机场、铁路和大巴士连接阿比让与其他地方。铁路阿比让—瓦加杜古线从阿比让发车，途经丁博克罗、布瓦凯、费尔凯、布基纳法索第二大城市博博迪乌拉索，终点是布基纳法索的瓦加杜古。铁路主要运输货物，偶尔也有少量乘客。全线长 1200 公里，耗时 27 小时。阿比让正在计划兴建的 25 公里城际电车可能会在一定程度上缓解城市的交通压力。

阿比让还有一个国际机场，每天有 20 多家航空公司的航班活跃于此。从机场到市区各处酒店的摆渡车、出租车也非常便利。在机场出口的汽车环岛处有一尊雕塑"阿扩瓦巴"（Akwaba），鲍勒语，意为"欢迎"，即表示欢迎来到科特迪瓦。雕塑是两个各自抱着达姆达姆鼓的人互相拥抱，他们一边询问着客人家乡的消息，一边向客人宣传当地的传统文化。但是，近几年来，阿比让的城市交通设施明显已经无法跟上越来越多的车流要求。今天在阿比让尤其是上下班高峰期，道路拥堵已经成为常见现象。

阿比让仍在不断向外延伸扩展。今天很多边境城市与阿比让的连接都愈加紧密，如大巴萨姆、阿西尼、达布、雅克维尔、阿尼亚马、班热维尔等。其中大巴萨姆和阿西尼是阿比让人周末休憩的首选目的地。阿比让与大巴萨姆相距 35 公里，车程 30 分钟左右。

（四）布瓦凯

布瓦凯是科特迪瓦中部地区的首府。早在 1865 年，这个城市还是一个叫"贝可克罗"的村庄。村庄名字起源于该村的酋长名字——高桑·科瓦·贝可。随后该村由女酋长阿布拉·波库（Abla Pokou）统领。20 世纪初，由于殖民者的到来，贝可克罗改名为"布瓦凯"。目前关于这个地区殖民前史的研究资料很少。石器时代的碎石片在该城市的附近有所发现，但是至今考古学仍未涉足该城市。18 世纪，该地的主要居民是塞努福族人。19 世纪开始，布瓦凯族移民到此地，并逐渐使塞努福族人向北集中。在女酋长阿布拉·波库入驻该地之后，布瓦凯族逐渐取代世居居民的地位并获得该地区的统治权。1898 年法国军队到达村口附近，殖民者击败当时的酋长夸西·布雷，法军开始了对这个区域的实际统治。1904年，法国在这个地方建立了第一个殖民行政据点。1907 年建立了电报系统，1910 年建立起第一批市郊别墅，1912 年连接丁博克罗和布瓦凯的铁路建成。20 世纪 20 年代，殖民者在这里建立起农产品加工厂。1952～1966 年，城市获得了极大的发展，城市面积也逐渐扩大，并将周边原不属于布瓦凯的地区也并入该区域。20 世纪 70 年代布瓦凯高度发达的经济和娱乐业吸引了大量周边的居民，直至 20 世纪 80 年代，布瓦凯经济和人口一直都处于上升的阶段，尤其是商业对周边地区有着巨大的吸引力。但

从 1980 年开始，与科特迪瓦的整体趋势一样，布瓦凯也逐渐开始走下坡路。工业发展缓慢，投资枯竭，失业大幅增加。2002～2007 年，在国家社会政治危机中，布瓦凯受到重创。布瓦凯成为反对政府武装力量的中心，因此受到政府军严厉的打击。直至 2007 年瓦加杜古和平协议签订之后，布瓦凯才开始重新走上联合之路。2013 年开始，总统瓦塔拉亲临考察布瓦凯，从而给这个城市燃起了新希望，走上重振之路。

布瓦凯是一个重要的经济与物资中转中心。这里汇集了中部地区的绝大部分农产品：木薯、粗粮、可乐果、家畜、鱼等。这些物资在运往全国各地以前都汇集于此地。由于该地区农业物资丰富，这里同时也是农产品加工中心，有科特迪瓦烟草公司、棉纺加工厂、鸡腰果加工厂、黄麻手袋加工厂、棉花籽油加工厂等。

布瓦凯是一个多民族的城市，除了早期的居民塞努福族，还有后来的布阿雷族，再后来又有来此处避难的孔格城的马林克人和布纳族等，各民族在这里和平共处。

布瓦凯市分为 14 个重点区，分别是商区、可可区、恩瓜塔克罗、阿乌尼昂苏、南波、法航区、肯尼迪区、布鲁克罗、索库拉、美丽城、达艾萨朗、卓娜区、棉纺加工厂区、波福尔。此外，还有 30 多个相对较小的街区。其中，商区是主要商业区和金融区，这里也曾经是殖民者的行政中心。可可区是布瓦凯最老的街区之一，这里主要是铁路工人的聚集地，今天也是来自各地的工人聚集的地方。肯尼迪区是布瓦凯的主要住宅区，并集中了主要的国际机构。这是一个相对安静的街区，但经历了 2002 年的国内危机后，今天已经几乎成为废墟。恩瓜塔克罗、阿乌尼昂苏和布鲁克罗是布瓦凯最大的鲍勒族聚集社区，这里既有工厂也有众多的教育机构。索库拉、美丽城、达艾萨朗是马林克人的聚集地，他们主要从商，当地最古老的清真寺也集中在这里。

交通方面，布瓦凯市区出行以橘黄色的出租车为主，一般 200 西非法郎就可以到达想要去的目的地。日租车的费用是 1.5 万西非法郎/天。此外，自 2002 年国内危机以来，布瓦凯还出现了大批的摩的。摩的的价格为 200～300 西非法郎。到市郊可以乘坐小型巴士。

（五）圣佩德罗

圣佩德罗是一个港口海滨城市，它是仅次于阿比让的全国第二大港口，同时也是下桑德拉专区的行政首府。圣佩德罗位于国家的西南角，距离阿比让 368 公里。海边沿岸有一条于 20 世纪 90 年代建立的国际大道。圣佩德罗属于亚赤道气候，4～7 月中旬为大雨季，7 月中旬到 9 月为小旱季，9～11 月为小雨季，12 月至次年 3 月为大旱季。平均气温为 23～31℃。

关于圣佩德罗名字的来源有多种说法。早在 1476～1478 年，葡萄牙探险家索里罗·德·科斯塔在一处海岸附近发现了一条河，他把这条河命名为"埃河"。河流入口有一个小村庄，他为这个村庄取名"圣佩德罗"，以纪念其在探险中失踪的同胞圣·佩德罗。另一种说法为圣佩德罗是由两位葡萄牙探险家发现的：若昂·德·桑塔仁和佩德罗·德·艾斯克巴尔，其中一人在探险中牺牲，为纪念这位牺牲的同胞，这个新发现的西非之角被命名为圣佩德罗。第三个说法是圣佩德罗的命名是根据这个地方被探险家发现的那一天的日历上的圣人名字。至今在圣佩德罗仍然能发现一些当年探险家们留下的住宅遗迹。圣佩德罗在被探险家发现之前只是克鲁门族渔民的小渔村。圣佩德罗首先被葡萄牙探险家们发现，随后很快引来英国殖民者的垂涎。但 1893 年，这个地方由法国殖民者占据并建立了殖民据点，相当于海关，处理当地所有与欧洲相关的贸易业务。在科特迪瓦独立前夕，这个地方仍然人烟稀疏。1960 年圣佩德罗的人口仅占全国人口的 2.5%，相当于每平方千米只有 3 个居民，而当时国家的人口密度是 50 人/平方千米。在圣佩德罗，主要有温宁族、巴克威族、皮耶斯族和内尤族等民族，今天几乎科特迪瓦的所有民族都有人在圣佩德罗居住。尤其是近 20 多年来，有很多来自利比里亚和塞拉利昂的避难者，城市已经形成布基纳法索人、马里人、几内亚人和加纳人社区。由于来自周边英语国家如加纳、利比里亚、塞拉利昂等国的公民越来越多，圣佩德罗除了法语作为官方语言之外，英语也比较流行。

圣佩德罗的建设始于 1960 年。为打破西南部闭塞的状态，1964 年，国家出台"圣佩德罗行动计划"，旨在把圣佩德罗打造成西南地区的经济

中心。1968～1973 年，圣佩德罗城市建设发展较快，医院、学校、住宅、海关、军队几乎同时有序建立，一些公司也先后在该市建立分支机构。

随着国际海滨大道的开通，国际移民日益增加。科特迪瓦 2014 年的全国人口大普查结果显示，圣佩德罗人口为 164944 人，人口增长率高达 6.8%。原先规划最高可容纳人口为 2.5 万人，如今已经超过 16 万人。然而，由于人口的过度增长，圣佩德罗的城市规划可以说已经失控。原先的港口、工业和住宅三大区域规划并没有很好地实现。今天圣佩德罗主要分为 10 多个区，港口和工业区各 1 个，住宅区有 4 个，其中巴尔梅区是富人区，而巴尔多则是仅次于南非约翰内斯堡索维托的世界第二大贫民窟聚集地。

由于圣佩德罗海港的重要地理位置以及当地的可可种植工业和面粉、水泥与木头加工业等，圣佩德罗已经成为仅次于阿比让的第二大经济城市。1972 年，圣佩德罗自治港成立，2010 年其国内生产总值占全国的 4%，即 9.52 亿美元，相当于几内亚比绍全国的国内生产总值总和。圣佩德罗是世界上第一大可可出口港，如 2010 年有 517000 吨可可从圣佩德罗港口运输出口。同时，这里还承担着国内 60% 的商品出口。此外，由于西南地区林业发达，该地木头产业加工发达，木头以及农业加工或半加工产品从这里出口。圣佩德罗还是一个旅游胜地，旅游业是其重要的经济收入来源，但仍有待开发，风景优美的地方众多却不知名，目前比较知名的仅有下桑德拉。海滨旅游与生态旅游等都可以成为此地旅游发展的潜力因素。

圣佩德罗物产丰富。这里的世居民族克鲁门族人是渔民出身，加上这里有比较现代化的捕鱼港口，每天基本上有 20 吨的鱼产品收获。例如，马鲅、石斑鱼、海鲂、狼鲈，明虾、淡水虾、鳌虾、壳菜、龙虾等各种海鲜产品。农作物也很丰富，如咖啡、可可、香蕉、大米、木薯、薯蓣等。

圣佩德罗的市内交通主要是绿色出租车（也称"沃罗计程车"，taxi-wôro），一口价 200 西非法郎可以到达城市的任何一个地方。城市之间的出行需要乘坐大巴车；小型巴士连接城市和乡村，按距离收费。市内还有一个机场，每周 3 个航班，连接阿比让和圣佩德罗。

第二章

历　史

第一节　殖民前史

一　原始时期

（一）史前 20 亿年前

在阿比让北部 145 公里的阿瓦克罗考古园区中，考古学家发现了圆形史前巨石建筑，并证明科特迪瓦先祖的历史可以追溯至元古代，即 23 亿～21.5 亿年前。这个考古园区还有很多先祖在新石器时代的生活遗迹，如擦痕卵石、雕刻的岩壁等。这些都已经记录在联合国教科文组织的非物质文化遗产名录上。

（二）第一批原始居民

在广大南方丛林地带，流传着对当地原始居民的描述：个子矮小，头发呈褐色或红棕色；这些原始居民并没有消失，而是作为神灵存在。然而，迄今为止仍然没有任何证据证明这些原始居民的存在。今天，班族居住在原始居民所在地。班族是科特迪瓦最为古老的民族之一，他们也通常被认为是第一批土著居民。在东北地区，早在 11 世纪，洛浩族就建立起邦杜库城，12 世纪，来自上沃尔特地区的库兰戈族被洛浩族降服，而后臣服于洛浩族。随后，库兰戈族在邦杜库北边建立了布纳王国。这个布纳王国历经侵略，势力大为减弱，但至今仍然存在。在西部，居住在山区的当族、古罗族、迪达族、阿居克鲁族也是科特迪瓦最古老的民族。

二　民族迁徙

（一）塞努福族人的到来

尽管史学界和考古学界对塞努福族出现的最早时期存在争议，但是根据相关史实，至少可以确定在 10 世纪之前，在史料记载中未发现尼格利罗人的痕迹。塞努福族是一个与世无争的民族。塞努福族人迁徙至科特迪瓦之前主要聚居在马里的锡加索，视锡加索为他们的首都。然而从 5 世纪开始，一系列动荡事件使塞努福族开始分裂并迁徙。首先是小部分"商贩族"——迪乌拉族落户邦杜库，库兰戈族后来也来到这里，最后还有来自上沃尔特或乍得地区的狩猎族——洛比族，塞努福族与这些民族和谐相处。塞努福族虽然聚居分散，但政治、社会组织井然有序，也十分重视长者的意见。塞努福族在很长一段时间内占据整个北部，即西至奥迭内、东至布纳、南至布瓦凯这片区域。12 世纪，他们建立了孔格城；16 世纪，他们又相继建立了本贾利城和科霍戈城。

至 17 世纪中期，奥迭内城成为塞努福族人抵抗马林克人的主要阵地。19 世纪，马林克人开始了第二轮扩张。由于西北部领域越来越小，塞努福族人围绕科霍戈，联合周边的多个村庄，并选举戈本·库利巴利作为首领。在他的领导下，19 世纪后半叶塞努福族人一直进行着军事和宗教方面的抵抗。尽管历经艰难险阻，但最终塞努福族人获得成功。

（二）马林克人与迪乌拉族大迁徙

摩洛哥人对尼日尔河湾的侵略导致 1600 年大规模的人口迁徙。在尼日尔河流沿岸的马林克人大举南下，进入科特迪瓦。第一波迁徙潮主要是迪乌拉族人。他们沿着最早一批商人的迁徙路径，最后在孔格城会合。迪乌拉族人并没有全部停留在孔格城，有一部分继续迁徙，来到今天的芒科诺，即科霍戈市的南部。

马林克人则从西北方向迁入科特迪瓦。然而，他们的迁徙进程不像迪乌拉族人那样平和，在迁徙路上使用武力扫清障碍。最后迪尤曼迪人被马林克人彻底征服，马林克人获得从图巴省到塞盖拉的统治权。另一支马林克人的迁徙队伍驱赶为数不多的塞努福族人，占领了奥迭内城。

（三） 鲍勒王国

在科特迪瓦东部以及加纳，生活着强大的阿肯族群。16 世纪，阿肯族群的一个分支阿布隆族人离开库玛西，来到邦杜库。他们很快使当地的库兰戈族人和迪乌拉族人臣服。17 世纪，迪乌拉族人皈依伊斯兰教，阿布隆族人满足于自己政权和信仰的巩固，任其他民族自由发展。另一支阿肯族群分支阿山迪族人也进行了南征。阿尼族人将阿博伊索和阿本古鲁之间作为据点，在 18 世纪又被鲍勒王国占领。鲍勒族在一系列争端中逃离阿山迪王国，随后在女酋长阿布拉·波库的带领下向西进攻，直到科莫埃。鲍勒族将塞努福族往北驱赶，最终建立了自己的王国。

（四） 潟湖大区的居民

早期的潟湖地区比较空旷，仅有阿居克鲁族围绕埃布里埃潟湖而居。17 世纪以前，他们在这里过着和平而宁静的生活。17 世纪开始，阿布雷族和恩济马族人先后大批次来到潟湖地区，从阿博伊索延伸到大巴萨姆地区。欧洲首批探险家来到这个叫"牙岸"（Côte des dents，意译）或叫"劣人海岸"（Côte des males gens，意译）的地方时，他们发现这里已经有众多的民族，于是把这些民族统称为"潟湖人"（Lagunaires，意译）。欧洲探险家与当地原始居民经历了多次的斗争才得以在邦达马河口安家。另一支"潟湖人"是克鲁族群，来自利比里亚。当他们来到潟湖地区的时候，开始驱赶生活在这里的班族、阿居克鲁族、当族等。然而，当他们到达邦达马河口时，已经有一批潟湖人驻扎安家，经历了多次斗争才得以安居。

第二节 法国对科特迪瓦的殖民

一 殖民的开端

1830 年，法国海军军官路易·爱德华·布埃－维约梅觉察到一种新动向，他开始频繁地拜访塔布和阿西尼两地之间的酋长。但他的目的不再是商品的交换，而是签订联盟协议，并往往都能成功。从阿西尼到桑德拉，一系列协议的签订加强了法国对几内亚海湾的影响。而法国在科特迪瓦的势力与英国在黄金海岸的势力形成强烈的竞争关系。为巩固自己的地位，法国的一些驻军被专门派遣守卫法国在大巴萨姆的内穆尔城堡和阿西尼的茹安维尔城堡。1870 年普法战争爆发，这些驻军被临时召回法国。

1880 年，一位名叫保罗·勒鲁瓦－博利厄的作者写了一篇杂文《论现代人民的殖民主义》。作者主要采纳了时任法国部长理事会主席于勒·费里的观点，后者认为今后法国的远征不应该仅限于商品交易，而应该加强殖民远征。一名来自法国拉罗谢尔的商人阿蒂尔·韦迪耶，早在两年前就已经在阿西尼和大巴萨姆地区建立了远洋公司和工厂，并对法国在当地建立的堡垒进行修葺。此外，他还在阿博伊索和埃利马地区开辟咖啡种植园。更为重要的是，他向法国海军通报英国入侵至雅克维尔的情报，同时还在孔格城建立了科特迪瓦远洋公司。1884 年 11 月到 1885 年 2 月召开的柏林会议确定，凡是宣称在海外有殖民地的国家必须通过联盟协议来证明势力范围的真实存在。最初法国对远征殖民还有一丝顾虑，但在邻国大英帝国的竞争压力下，法国也走上了殖民主义的竞争道路。

早期的欧洲殖民者对于深入非洲大陆殖民存在些许犹豫，因为在他们看来内陆丛林地带并不宜居。马塞尔·特雷克－拉普莱纳，一位来自法国中部小城于塞勒、年仅 23 岁的年轻人作为阿蒂尔·韦迪耶在埃利马种植园的代理人，第一次深入科特迪瓦内陆，并且与当地的酋长结下了深厚的友谊。1887～1888 年，他在科特迪瓦北部和西部签订了多份联盟协议。1889 年，年仅 29 岁的马塞尔·特雷克－拉普莱纳在大巴萨姆地区死于疾病，随后被埋葬在欧洲人公墓中。他是实际意义上的法国驻科特迪瓦的第一位殖民行政官员。

二 殖民抗争与北方的沦陷

在科特迪瓦被殖民的历史上，必须提到的一位人物是萨姆里·杜尔。他于 1930 年前后出生于上尼日尔地区①一个名叫萨纳克罗的村庄。萨姆

---

① 上尼日尔位于尼日尔盆地，尼日尔河上、中游地区，包括今天的布基纳法索、几内亚和马里三个国家。

里后来成为酋长，召集其拥护者征服附近的地区。1861 年，他成为公认的作战首领；1882 年，他在尼日尔河右岸第一次与法国人交锋；1884 年，他自封为宗教领袖，随后转入上几内亚，即今天以马林克人为主的几内亚东部地区；1887 年与法国殖民远征海军首长马里·艾蒂安·佩罗兹签订友好协议。1886 年，萨姆里护送其子迪尤雷·卡拉莫高赴法，途经巴马科与孔格城时遇到了法国殖民长官路易-古斯塔夫·班热，萨姆里向后者提出共同应对其对手——巴本巴·特劳雷的请求。后者是 18 世纪在今天马里建立的特劳雷家族王国的第四代国王。但路易-古斯塔夫·班热直接拒绝了萨姆里。萨姆里转而将路易-古斯塔夫·班热视为敌人。随后，萨姆里通过两个女儿以联姻的方式结成更多的盟军来共同抵抗法国人，萨姆里还获得了塞拉利昂的军事和武器资助。他所在的地区——奥迭内因此得到巩固。1892 年，法国派遣两名上校前往孔格城攻打萨姆里。其中一位上校被杀害，另一位被击败后撤退。一年之后，法军再次发起进攻，攻下锡加索，随后朝奥迭内方向进攻。然而萨姆里已经把奥迭内烧毁。萨姆里带着自己的军队、奴隶和财物一路缓慢向东前行。随后，萨姆里的队伍直逼邦杜库。但是，这里有黄金海岸和英国殖民者，萨姆里也在与法国人的抗争中筋疲力尽，因此他放弃了攻占邦杜库的计划。1897 年 8 月 20 日，萨姆里的侄子萨拉凯内把法国的一名密使杀害，法国军队转而向已经西征的萨姆里发起猛烈的复仇性进攻。1898 年 9 月 29 日，法国一支特遣队在上尉亨利·古罗的指挥下，在马恩北部的盖雷穆将萨姆里活捉。1900 年 6 月 2 日，被流放到加蓬的萨姆里死于肺炎。然而他留下的广大北部地区陷入一片混乱，无法对法国殖民势力进行抵抗。而东北地区的人民也仅仅希望从废墟中重建。孔格城昔日的繁荣不现，达巴卡拉城则在很多年之后才从废墟中走出来。邦杜库反而很快恢复了之前的繁荣，而布纳从之前有 1 万人的繁荣市镇变成了不到 1000 人的空城。但在奥迭内，萨姆里家族的伊布拉依马·杜尔很快就接替了萨姆里，成为这里的首领，直到 1934 年去世。

三　法国殖民地的确立

科特迪瓦北方沦陷以后，法国人仍然想进一步攻占邦达马河谷区域。因此，法国派上尉让－巴蒂斯特·马尔尚朝科特迪瓦北部城市蒂亚萨莱进军，即鲍勒王国的南端，但进展并不顺利。1893 年，他穿越了整个国家，最后到达科特迪瓦最北端的腾格雷拉。而早在 1892 年，法国就与当时成为美国保护领地的利比里亚签订一份协议，确定了卡瓦利河的河道为科特迪瓦和利比里亚的边界。1893 年，通过法国政府的法令，科特迪瓦成为法国殖民帝国的一部分，路易－古斯塔夫·班热也被任命为法国在科特迪瓦的第一任殖民长官。1902 年，法国政府一项新的法令又进一步确立了"法属西非"，科特迪瓦是法属西非的一部分，其行政长官受法属西非殖民政府的监督。在科特迪瓦沦为殖民地后，沿海城市大巴萨姆地处潟湖带且有大片的沼泽地，优越的地理位置使其成为法国的第一个殖民首府。然而，黄热病不断造成当地殖民者的大量死亡，因此在 1899 年，大巴萨姆被抛弃，班热维尔被选为殖民者新的首府。新首都距离埃布里埃潟湖焦岩半岛只有几公里，在小巴萨姆岛对面。当时埃布里埃潟湖被称为"恩杜培潟湖"，也被称为"暖水湖"，周围居住着查门族。班热维尔也被殖民工程家们视为未来建造大西洋—尼日尔铁路的最佳中轴线。而位于小巴萨姆和半岛之间的潟湖正好提供了深水航运的条件，唯一的缺憾就是离海相对较远。1934 年，在弗里迪运河建成之后，班热维尔的首都地位也让位给阿比让。

在班热维尔作为首都期间，郊区逐渐形成了今天阿比让的城市雏形。1934 年，阿比让成为殖民者新建成铁路的终点站。这条铁路从阿比让一直通向上沃尔特的博博迪乌拉索。阿比让的城市地位变得重要起来，一方面它有铁路，另一方面这里又连接了法国在科特迪瓦驻扎的海运公司。因此，阿比让成为当时法国人发现的最为优良的非洲港口之一。1934 年 7月 1 日，殖民首都从班热维尔正式迁到阿比让，并在阿比让—尼日尔线的火车站建造行政大楼。以促进文化消费为理由，咖啡和可可种子开始由法国人进口至科特迪瓦，但当时并未引起当地人的重视。然而，很快殖民者对劳动力的需求变大，大量劳工被殖民者征集，不但种植咖啡和可可，而且种植柑橘类植物。很多偏远地区的劳工被征集到此，劳工的工作条件十分糟糕，起义现象也时有发生。

四 独立意识的启蒙与最终获得独立

1944 年 2 月，戴高乐总统在布拉柴维尔召开了一次关于法国海外省及殖民地未来走向的会议。"自治"成为此次会议的一个重要议题，虽然会议并未让这个理念马上生效，但是被殖民者的独立意识从此觉醒。此次会议也谈及加强民族的同化，但殖民者与种植园劳工的差异反而不断加大。一方面，殖民者不愿意在特权方面让利；另一方面，种植工人的独立意识日益加强。最终，1944 年爆发了一场冲突。冲突起因于科特迪瓦种植工人代表向法国农业商会提出提高待遇的申请没有得到满意的反馈。在这些代表中有一些是科特迪瓦知识分子，其中就有年轻的博瓦尼。随后，博瓦尼很快成为与法国农业商会代表谈判的非洲代表方成员。在获得驻科特迪瓦时任殖民政府长官安德烈·拉特里耶的同意后，博瓦尼成立了非洲农业工会。博瓦尼各方面条件都非常优越：他出生于一个当地传统的酋长家族，自己拥有一个咖啡种植园；他所接受的教育足以让他与欧洲殖民者平等地对话；他自己所属的民族——鲍勒族也是科特迪瓦最具影响力的民族之一。因此，博瓦尼成为该工会的第一任主席。很快，在他的领导下，工会获得了巨大的成功。然而，工会的迅速发展也引起了法国农业商会的集体不满，最后安德烈·拉特里耶让位于新一任官员亨利·德·莫迪。

博瓦尼还是第一位法国制宪会议科特迪瓦议员。法国的制宪会议规定必须有一名由科特迪瓦民众选举出来的当地议员代表，作为科特迪瓦代表参加法国的制宪会议。尽管当地的殖民者极力推荐他们理想的候选人，但最后博瓦尼作为工会主席获得更多的票数。这一结果不论是对博瓦尼来说还是对科特迪瓦的未来来说都具有决定性的作用。在博瓦尼的努力下，1946 年一项取消使用苦役劳工的法律在制宪会议上获得通过。同年 10 月 19 日，博瓦尼在巴马科同法属西非和法属赤道非洲国家的领导人一起建立了非洲民主联盟。在这个框架下，12 个成员国又分别建立非洲民主联盟下自己的政党，从而兴起了一股国际性的非洲解放运动。1946 年，博瓦尼再次当选制宪会议议员。1952 年 3 月 20 日，博瓦尼被选为领土议会的代表。

1956 年 1 月，他和另一名科特迪瓦人韦赞·库利巴利一起成功进入法国议会，1956 年 2 月 1 日，博瓦尼成为委员会主席团代理部长，并在法国当年新成立的法国海外部担任助理。1959 年 4 月 30 日，他成为法属西非大委员会主席，同时被法国立法委员会任命为科特迪瓦第一任政府的总理。1960 年 8 月 7 日，博瓦尼宣布科特迪瓦独立，并被选为科特迪瓦共和国的第一任总统。

第三节　独立后的科特迪瓦

一　从第一共和国到第二共和国

独立后的科特迪瓦由第一任总统博瓦尼统治了 33 年时间。在他执政期间，国家实现了经济发展的奇迹，在农业、工业、商业和金融等领域均有所体现。经济的腾飞一方面归功于政策的有效运行，国家大力引进私有投资和外商投资，也使社会发生了深刻变革，居民的生活水平稳步提高，国家在经济、医疗卫生、教育和社会等领域的基础设施建设也得到发展；另一方面与博瓦尼的温和政策有着极为密切的关系。博瓦尼在执政理念上非常注重避免民族冲突的发生，在他的任期内，科特迪瓦几乎没有发生过重大的民族冲突。

1993 年 12 月 7 日，博瓦尼去世。根据宪法第 11 条规定，时任国会主席贝迪埃接替博瓦尼担任共和国总统，使国家权力平稳过渡。贝迪埃以宪法为依据继任，打着"科特迪瓦化"（ivoirité）旗号，排挤了对手——时任总理的总统候选人瓦塔拉。随后贝迪埃又使议会通过了一项法律，对总统候选人的条件进行了更为苛刻的规定，最高法院也采纳了这条法律，使瓦塔拉在 2000 年 10 月的总统大选中再度落选。

二　国内政治危机时期

（一）恐怖时期（1999～2000）

1999 年，科特迪瓦陷入混乱。首先是科特迪瓦共和人士联盟领导层的几乎所有成员都被逮捕和审判并入狱，联盟的第一书记亨丽埃特·达格里·迪亚巴特也未能幸免。在这种恐怖而混乱的背景下，当年 12 月 24 日，军人起义夺得政权。罗贝尔·盖伊将军被推上国家公共安全委员会主席的位置，并稳坐了 10 个月。2000 年 10 月总统大选的时候，贝迪埃和瓦塔拉被排挤在候选人名单之外，洛朗·巴博和盖伊角逐总统职位。两个人同时宣布竞选胜利，巴博随即开展街头运动，并最终当选总统。在2001 年科特迪瓦共和人士联盟的市镇选举中，瓦塔拉获胜，在一定程度上缓和了紧张的氛围。正是在这个背景下，从 9 月 9 日到 12 月 18 日，一场"四巨头"（巴博、贝迪埃、瓦塔拉以及盖伊）的和解论坛召开。

（二）黑色的一年（2002）

2002 年 9 月 18～19 日的午夜，一场由部分反叛军队发起的起义很快演变成一场军事政变。这些军队由索罗·纪尧姆领导，自称是科特迪瓦爱国运动的成员，占领了科特迪瓦北方的一大半区域，国家因此被分成两部分。10 月 17 日，在西非经济共同体的保护下，由塞内加尔外长谢克·蒂迪亚内·加迪奥主持，签订了一份停火协议。尽管在科特迪瓦的法国驻军进行了军事干预，但是军事争端不断升级，尤其在西部地区。2003 年 1 月中旬，一场科特迪瓦内部和平会议在巴黎市郊的马库锡召开，会议召集了交战双方代表，包括总统阵营代表、以"新力量"为名的其他联合反叛军代表以及科特迪瓦民主党和科特迪瓦共和人士联盟等科特迪瓦重要党派的代表。1 月 24 日，一份共同协议签署，同时任命塞杜·迪亚拉为总理。然而，第二天，在经济首都阿比让兴起了一场声势浩大的反法游行。2004 年 2 月 27 日，联合国安理会在科特迪瓦设立"联合国科特迪瓦行动代表团"。法国"独角兽"军队也在联合国的庇护下进入科特迪瓦。

（三）非战非和平（2004～2005）

2004 年 3 月 25 日，指责巴博采取了拖延手段的反对派组织了一场大规模游行，以声援《利马－马库锡协议》得到完整和快速的执行。然而游行很快遭到镇压，并造成了众多的伤亡。3 月 25 日当晚，所有参与号召游行示威的政党纷纷唤回他们在政府任职的部长，以减少死亡。7 月30～31 日，第三届阿克拉小型峰会在加纳首都阿克拉举行。其中一个决

定是允许科特迪瓦国家首领运用宪法第48条特权，对备受争议的宪法第35条做进一步修订，第35条正是非常明显地针对瓦塔拉的限制性条款。该峰会同时还确定了最晚在9月15日解散相关武装力量，具体涉及北部叛军"新军"、当年9月之前聘用的国家陆军士兵、全体民兵部队、准军队和临时补充军。

9月4日，巴博单方违反停火协议，并派军机轰炸在北方置信带的"新军"据点。随后，法国在布瓦凯的军事基地也遭到轰炸。然而，法国"独角兽"军队很快介入，并摧毁了巴博的空军舰队。

在这一系列动荡之后，非盟将调解程序委托给南非的总统塔博·姆贝基。在他的主持下，于2005年4月6日签订了《比勒陀利亚协议》。但是他的调解方法及其对巴博政府的支持遭到其他人的批评指责。2005年9月底，南非外交部长放弃协调，随后转由时任非盟主席奥卢塞贡·奥巴桑乔接手。奥卢塞贡·奥巴桑乔依靠联合国和国际劳工组织的力量，组建了一个国界和地方最高仲裁机构。

三　危机后的恢复与重建

（一）被推迟的选举

2000年10月当选总统的巴博原则上在2005年10月应该结束其任期。然而，由于当时的局势无法组织正常的选举投票，联合国安理会于当年10月21日通过第1633号决议，将巴博的任期延长12个月，并同时赋予他总理执行权。12月4日，时任西非国家中央银行行长的夏尔·科南·班尼被任命为过渡时期的临时总理。12月，巴博总统请求布基纳法索总统布莱斯·孔波雷作为科特迪瓦内部矛盾的协调人，以促成南北方的直接对话。在布莱斯·孔波雷的协调下，巴博与索罗于2007年3月4日在瓦加杜古签订政治协议，主要涉及选举的程序、身份问题、人口普查、拆除造成南北分割的置信带、创立中央统战中心、恢复行政服务，以及创立共和军队。3月29日，索罗被任命为总理，统领政府36位官员。

（二）瓦塔拉的胜利

在先后经历了6次的推迟之后，总统选举终于在2010年10～11月举行。参加竞选的有人民阵线的巴博、民主党的贝迪埃以及科特迪瓦共和人士联盟的瓦塔拉。瓦塔拉在第二轮选举中获胜，但是这一结果受到巴博的质疑，并且几乎在同一时间，巴博也宣布自己获胜。科特迪瓦因此陷入了新的危机。尽管国内外各方力量进行斡旋，但科特迪瓦一时间似乎找不到和平的出路。政治的僵局很快转变为一场军事冲突。瓦塔拉于 2011 年 3 月 17 日创建了科特迪瓦共和军，抵制忠于巴博的国防和安全部队。两大阵营的对抗造成人力和财产损失，大量的科特迪瓦人口在境内外进行大规模迁徙。2011 年 4 月 11 日，巴博被逮捕，这段选举后期的危机形势正式结束。瓦塔拉于 2011 年 5 月 6 日正式宣誓就职，同时召回索罗并任命他为国家总理。2011 年 12 月，科特迪瓦共和人士联盟获得了国会的大多数席位。2015 年 10 月 25 日，瓦塔拉在总统选举中再次获胜。

科特迪瓦的动乱由来已久，1999 年 12 月 24 日发生的军事政变可以作为一个新的起点。2000 年，通过武力获得权力的军人通过一部新的宪法，但并未使紧张的局势得到缓解。相反，政治方面的紧张局势逐渐激烈，并最终演变成 2002 年的军事冲突，这场冲突一直持续到 2011 年。在这段时间，科特迪瓦的疆土被分割成三大区域：从南方一直到亚穆苏克罗是"政府统治区域"；中间是狭长的法国和联合国驻军的置信带；广大北部地区被叛军占领。

战乱首先带来的影响是人口的大量迁徙，并使国家的城市化正常规划发生偏移。从叛军所在地至叛乱波及的区域，争端的发生使这些地区发生大规模的人口迁徙，首先是中部地区，随后是北部、西部和东北部，并且随着争端愈演愈烈以及叛军的前进方向，难民的迁徙规模也越来越大。难民主要逃向南方的广大城市和乡村，尤其是经济首都阿比让成为最吸引难民的地方。1998 年，阿比让只有 300 万人口，2005 年达到 400 万人，而 2011 年人口已经超过 500 万人，人口占全国人口的一大半，远超 2025 年阿比让城市化进程的人口预估数量。与此同时，科特迪瓦的邻国也迎来了大量的难民，尤其是马里、加纳和布基纳法索，还有利比里亚和几内亚。科特迪瓦难民逃往周边国家避难，同时也期待利用毗邻的关系方便将来早点返回自己的祖国。

科特迪瓦的农业生产和产品的流通也大受战乱的影响，尤其在军事冲

突区域。在北方，农业技术人员流失和相关行政服务部门尤其是技术服务部门的关停导致农业生产减产，外来的粮食供给流通也困难重重。但与此同时，由于市场需求的增加，市郊一些粮食生产得到了迅猛的发展。

在动乱时期，阿比让港口通往萨赫勒－苏丹内陆甚至科特迪瓦北部的交通瘫痪，多哥的洛美港口、加纳的特马港口以及贝宁的科托努港口代替了阿比让港口。这种中轴主干道的改道给科特迪瓦带来了极大的不利影响。沿河的城市和乡村也受到了影响。由于改道，这些地方没有了来自公路和停站点的税收收入。另外，由于北方为叛乱集中地，在南方"政府地带"的国家政府冻结了每年提供给北方棉花企业的国家津贴补助，加上企业竞争、付款的拖延，北方的棉花企业生意萧条。此外，可可种植业主和其他一些制造业企业也遇到了同样的问题。

动乱也造成地区发展的不平衡加剧。学校关停或被破坏，行政办公楼、医院设施、银行、农场被洗劫掠夺，区间线路的交通运行停止，工厂和作坊迁徙至外地，等等。在动乱期间，布瓦凯大学和科霍戈高等教育地方分校由于学校本部遭到破坏而撤退到阿比让。重建经济基础设施、机构和相关服务部门的重新运作、经济活动的重新开展已经成为国家经济、社会和政治领域的主要考虑因素。

动乱期间，科特迪瓦与邻国的交往也发生了较大的变化。其中，科特迪瓦与加纳的交往日益频繁并多样化。在加纳有大约 8500 名科特迪瓦籍政治难民，加纳还收留了大量的大中小学生，他们在加纳继续注册学习。原来萨赫勒地区的人民穿越加纳、途经布瓦凯至阿比让的传统运输路线被改航。而在北方，由于长时间南北沟通的中断，北方地区与邻国马里、布基纳法索的交往越发密切。总体上，动乱对科特迪瓦的社会、人口、经济以及国家未来的发展产生了长远的影响。

第四节　重要历史与政治人物

除了上述提及的抵抗殖民主义的英雄萨姆里，对科特迪瓦国家历史有重要影响的还有其他几位人物。

一　娜娜·亚穆苏

娜娜·亚穆苏被视为科特迪瓦的"和平之母"，是国父博瓦尼家族的祖先。博瓦尼家族的先祖博瓦尼·德德利来自马拉韦区的卡米市，并定居于此。先祖娶了当地国王的一个女儿，名叫科科布蕾。科科布蕾从她父亲那里继承了村庄西边的一大片土地，正是在这片土地上先祖德德利和科科布蕾一起建立了后来被称作"亚穆苏克罗"的村庄。实际上，这个村庄几经易名。最早叫"恩戈克罗"或"夸西·恩戈克罗"，后者是德德利和科科布蕾夫妇长子的名字。在科科布蕾去世之后，长子把村庄的名字改为"亚穆苏克罗"，纪念他的侄女娜娜·亚穆苏。娜娜·亚穆苏在1909年法国殖民者到来时是当地的村庄首领，她的领导刚强有力，被誉为"铁娘子"。在抵抗殖民者方面，她建议采取和平的手段和方式，因此又被誉为"和平之母"。娜娜·亚穆苏善于平衡当地人民和殖民者的利益，使二者和平共处、互利合作，也被认为是"智慧之母"。

二　主要政治人物

（一）费利克斯·乌弗埃－博瓦尼

博瓦尼（1905～1993），是科特迪瓦的第一任总统（1960～1993年），科特迪瓦共和国的"开国之父"。博瓦尼于1905年出生于亚穆苏克罗，亚穆苏克罗当时还是一个村庄。与同时代的其他非洲家庭一样，博瓦尼的父母不让他们的孩子上法国人的学校，理由是担心孩子在接受法国的教育之后与父母和家庭的差异变大。但当时亚穆苏克罗的首长坚持要求孩子应该入学接受教育。后来，博瓦尼进入邻国塞内加尔的威廉·蓬蒂高等师范学院，随后又进入达喀尔医学院，1925年以当届学生第一名的优异成绩顺利毕业。毕业之后，他开启了非洲医生职业之旅，并成为一名高级护士。1932年，他曾经为阿本古鲁种植业工人的可可被低价收购进行辩护。1939年，在小城镇阿库埃所有居民的坚持下，他顺利成为该镇的镇长。从此，他开始踏上为科特迪瓦人民争取自由解放的征程。1960年11月，博瓦尼成为共和国总统，随后在1965年、1970年、1975年、1980年、

1985 年和 1990 年先后多次当选科特迪瓦总统，在位 33 年。他至今对科特迪瓦和家乡亚穆苏克罗都有着深远的影响。博瓦尼是一个和平主义者，一生奉行和平理念。在他的努力下，和平研究基金会在亚穆苏克罗建立。科特迪瓦人亲切地唤博瓦尼为"老者"（Le vieux），把他视为"非洲的智者"。对于科特迪瓦人而言，他不仅是一位国家领导人，而且是一位父亲。他在各类民族和国家事务中，总是在努力寻求避免冲突，并终生致力于科特迪瓦人民的民生和幸福。

（二）杰波·松卡罗

杰波·松卡罗（1909～2001）是科特迪瓦民主党的重要人物。他于 1909 年生于毛里塔尼亚一个叫布特利米特的村庄。1923～1926 年就读于塞内加尔威廉·蓬蒂高等师范学院，毕业后成为一名小学教师，先后在博博迪乌拉索、迪埃奎、达巴卡拉、大拉乌、达纳内、吉格洛、布瓦凯等地任教。杰波·松卡罗既是种植园主也是行政官员。1956～1980 年他担任布瓦凯的市长兼议员。1944 年他成为科特迪瓦第一位小学教师工会第一书记。1950 年任科特迪瓦民主党布瓦凯地区的总书记，1958 年成为制宪会议议员和法非共同体参议员，1960～1980 年先后多次连任国会议员。他还担任过马达加斯加及非洲棉纺联合会理事会主席、科特迪瓦农业工会副主席，获得过众多国内外荣誉称号或勋章，如法国荣誉勋章、科特迪瓦国家最高荣誉勋章等。2001 年 5 月 24 日逝世于阿比让。

（三）亨利·科南·贝迪埃

科特迪瓦共和国第二任总统（1993～1991 年在任），科特迪瓦政治家。贝迪埃 1934 年生于科特迪瓦中东部的达乌克罗省，1954 年通过科特迪瓦理科高考，随后赴法国普瓦提埃大学学习，并先后在该大学取得法学学士、经济学硕士学位和律师从业资格文凭，1969 年获得经济学博士学位。贝迪埃曾担任科特迪瓦驻美国大使（1961～1966 年在职）、科特迪瓦经济与财政部长（1966～1977 年在职）、世界银行财团年会议长（1974 年、1980 年在职）、科特迪瓦国民议会议长（1980～1993 年在职），现任科特迪瓦民主党主席。贝迪埃担任科特迪瓦经济与财政部长期间，科特迪瓦经济获得前所未有的飞速发展，被称为"科特迪瓦奇迹"。1993 年科特迪瓦第一任总统博瓦尼去世，贝迪埃行使临时总统职务，使国家政权平稳过渡。贝迪埃担任总统期间，强调国家统一和民族身份问题。由于缺乏前任总统的威信、1980 年以来一系列经济和社会问题的累积、腐败和社会两极分化的不断升级，1999 年 12 月 24 日，贝迪埃政权被一场军事政变推翻。2001 年，流亡巴黎的贝迪埃重返科特迪瓦，至今仍致力于国家和平发展事业。

（四）洛朗·巴博

巴博为政治家，曾任科特迪瓦共和国第四任总统（2000～2011 年在任）。1945 年 5 月 31 日，巴博出生于科特迪瓦南部加尼奥阿市的一个普通天主教家庭，父亲为警官，母亲是家庭主妇。巴博的小学、初高中均在阿比让的学校就读，高中获得哲学会考文凭。1969 年，巴博在阿比让大学获得历史学士学位，1970 年成为阿比让传统高中的一名历史老师。1979 年，巴博获得法国巴黎索邦大学历史学博士学位。1982 年，作为高等教育与研究工会会员，巴博积极策划学生运动，导致大量高校罢工关停，随后他被迫逃离科特迪瓦，在法国巴黎政治避难多年。在此期间，巴博秘密筹划组建科特迪瓦人民阵线政党。1988 年，巴博返回科特迪瓦，致力于推进国家多党民主制度的建立。1990 年，巴博第一次以科特迪瓦人民阵线成员身份参与科特迪瓦总统选举，并获得 18.3% 的选票，虽未取胜，但奠定了其作为最大反对党的地位。2000 年，巴博再次参加总统选举，竞争对手为盖伊将军。巴博最终取得总统大选胜利，科特迪瓦人民阵线也在国会中获得 91 票的多数席位。巴博出任科特迪瓦共和国第四任总统，任期 5 年。2005 年巴博获得连任，至 2010 年 12 月 4 日任期结束。

巴博在任总统期间正值科特迪瓦国内十年政治军事危机。巴博上台即立下"全民共富"的"重建"目标，同时希望改变过去过于依赖前殖民宗主国的状态，加强民族文化身份理念。由于深受国内政府官员执政能力有限以及国家长期以来的腐败与经济停滞的影响，巴博执政十年未能使国家有明显起色，国内危机四伏，最终形成南北对峙形势。在 2010 年 10 月的总统大选中，瓦塔拉以 54.1% 的选票战胜巴博（45.9%）。但巴博拒绝让出总统职位，形成一国两主的对峙形势。与此同时，国际社会一致声援，支持瓦塔拉获胜，2011 年 4 月 11 日，在法国"独角兽"军队和联合

国科特迪瓦行动代表团等联合力量的干预下，巴博与其夫人被捕。2011年11月，巴博及其夫人因"执政期间采取暴政和严重的种族歧视"罪名被逮捕入狱，被转送至荷兰海牙国际刑事法庭监禁。2016年1月23日，荷兰海牙国际刑事法庭首次开庭审判。

1971~2014年，巴博陆续发表了多部关于科特迪瓦经济、社会、民主、政治、历史的专著。

（五）阿拉萨内·德拉马内·瓦塔拉

瓦塔拉，政治家、经济学家，科特迪瓦共和国现任总统。1942年1月1日出生于丁博克罗。瓦塔拉早年曾留学美国，1965年获得美国德雷塞尔技术学院的工商管理学士学位，1967年、1972年先后获得美国宾夕法尼亚大学经济学硕士和博士学位。毕业后瓦塔拉成为经济学家。1968~1973年，瓦塔拉在国际货币基金组织长期任职。1973年底至1975年初，他成为西非国家中央银行派驻巴黎的代表，为该机构效力。1975年，他成为政府特别顾问及政府研究部门主任。1983年，瓦塔拉出任西非国家中央银行副行长。1984年，瓦塔拉返回国际货币基金组织任职，成为非洲部主任。1987年，瓦塔拉成为国际货币基金组织主席的顾问。1988年10月，瓦塔拉返回西非国家中央银行，并任行长。1990年，在担任西非国家中央银行行长期间，担任科特迪瓦经济复苏与稳定部际协调委员会首席长官。1990年11月，瓦塔拉被博瓦尼总统任命为科特迪瓦首任总理，至1993年12月任期结束。1999年瓦塔拉担任科特迪瓦共和人士联盟党派主席。2011年5月6日获得总统大选胜利，正式就任总统。2015年10月，瓦塔拉再次获得总统连任。此外，2012年2月17日，瓦塔拉当选西非国家经济共同体主席；2016年1月8日，瓦塔拉当选西非经济货币联盟主席。作为政治家，瓦塔拉出版了多部政治学领域的专著。

第三章

政　治

第一节　国体与政体

一　国体

科特迪瓦是一个多党总统共和制国家。行政、立法和司法三权分立，行政权由政府掌握，立法权由议会行使。总统是国家元首，也是武装部队最高统帅，享有最高行政权力，由普选产生，任期5年，可连选连任一次。总理为政府首脑，由总统任命。政府下属的各部委的部长也由总统任命、指定，总理及各部部长对总统负责。现任总统是阿拉萨内·德拉马内·瓦塔拉。瓦塔拉于2011年5月6日当选总统，并于2015年10月再次当选总统，实现连任。总统下设1名副总统，在总统普选时同时选出。在总统去世、辞职或权力行使受阻而出现总统职位空缺时，副总统可代替行使总统权力，直到任期结束。

二　宪法

科特迪瓦先后在1959年、1960年、2000年和2016年产生了四部宪法。其中，第一部宪法于1959年3月26日通过，确立了科特迪瓦为独立的共和国体制。第二部宪法是在国家取得独立后重新制定的，于1960年8月7日通过，规定科特迪瓦从1960年11月3日起正式进入第一共和国。这部宪法先后修订过几次。1999年科特迪瓦发生军事政变，2000年获得

政权的军政府以全民公决的方式获得了86%的有效选票，通过了科特迪瓦第三部宪法。颁布宪法草案决议当年，所有党派对该宪法草案都投票通过。这部新宪法确认了科特迪瓦第二共和国的成立。与之前的两部宪法相比，这部宪法在政治上更具有民主性，它更加强调对公共事务处理的透明度。它开创了一个独立的选举委员会，规定在选举期间选票的印刷只能在唯一的一处地点进行，选民的年龄从21周岁下降到18周岁。这部宪法否决了贝迪埃设立参议院的提议，取消了死刑，也进一步在法律上设置壁垒以防止腐败的滋生，提高了总统私有财产和收入的透明度。但由于第三部宪法被瓦塔拉视为科特迪瓦过去十年内战及战后选举危机的一个重要根源，2016年10月30日，获得总统连任的瓦塔拉政府通过了科特迪瓦共和国第四部宪法。第四部宪法确认了科特迪瓦第三共和国的成立。

与第三部宪法相比，新宪法最为重要的改变首先是对第55条针对总统候选人的相关规定进行了调整。比如，删除了第三部宪法中总统候选人75周岁的年龄上限规定，年龄下限则降至35周岁；今后总统候选人仍然必须是科特迪瓦籍，但是不再要求候选人父母双方也均为科特迪瓦籍，若候选人因父母一方为外国国籍而具有双重或多重国籍身份，那么该候选人在参加总统选举前必须放弃其所有外国国籍，保留科特迪瓦籍作为唯一国籍。其次，第四部宪法第179条增设了副总统职位。副总统的选举与总统选举同时进行，副总统在总统职位空缺期代理执行总统权力。但由于第四部宪法是在瓦塔拉连任获胜之后通过的，瓦塔拉的首位副总统则作为例外由总统本人亲自任命。再次，宪法第87条增设了参议院，从而使科特迪瓦从一院制转为两院制政体。此外，一直存在的传统首领及部落酋长公会首次被载入宪法，由法律正式赋予其"发扬风俗传统和促进和平发展"的使命。最后，新宪法第177条对宪法的修订条件做了大幅度简化，今后对与总统权力相关的部分条款的修订，总统只需通过国会，并获得国会2/3及以上的多数选票就可以进行。

三　政体

从第三共和国开始，科特迪瓦实行议会两院制，即国民议会和参议院。国民议会为下议院，共设有 225 个席位，议员通过普选直接产生，每届任期 5 年。候选人只要年满 25 周岁并从未放弃过科特迪瓦国籍就有资格参选，从每个选区任命产生，候选人必须进入多数选票的名单，只进行一次直接普选，并且没有优先投票，也没有混合圈选的选举程序。前总理索罗在 2012 年和 2017 年两次立法选举中连续被选为科特迪瓦国民议会议长。参议院为上议院，2/3 的参议员将与国民议会议员、总统和副总统在同一时段由普选产生，任期也为 5 年。剩余 1/3 的参议员将由总统从重要机构的前领导人、前国家总理以及具有国家影响力的人中直接任命。

第二节 国家机构

在现有的多党总统共和制下，科特迪瓦的国家机关主要包括共和国总统、议会、宪法委员会、最高法院、最高审计院、文化环境经济与社会委员会、共和国检察院、酋长等。

一 立法机构

在科特迪瓦，地方没有任何立法权限。议会是国家最高也是唯一的立法机构。科特迪瓦议会的立法权主要是指制定、表决通过法律以及核准税收政策。立法权的行使主要由议员进行。在现时的情形下，国民议会下有 6 个委员会，分别负责不同的领域。①制度性和统领性事务委员会，具体负责国家内部事务、地方分权、公共事务、司法、立法、宪法监督、法规、豁免权问题等；②经济与金融事务委员会，分管金融、经济、规划部署、财产、矿产、公共工程、交通、邮政与电信等；③外部事务委员会，国际型会议、国际合作、外交事务；④文化与社会事务委员会，负责教育、青年发展与体育、公共卫生、传媒、就业以及其他社会性事务；⑤环境委员会，负责水利与森林、畜牧业、打猎与渔业、住房、纪念性建筑物与名胜古迹、污染问题等；⑥国防与安全委员会，分管国防、公共安全、移民、公民保护问题等。

国民议会在立法选举上享有一定的优先权。如果国民议会与参议院意见产生分歧，法律草案将返回国民议会重新审议。有关国家金融方面的草案首先由国民议会进行审核，而与地区事务相关的草案则先由参议院进行审核。在国家组织最高国民议会期间，国民议会议长成为最高主席，参议院主席为副主席。第三共和国的首次立法选举于2016年进行，首届议员任期作为例外为4年，而非5年，直到2020年立法选举时恢复5年任期。

二　最高法院

一方面，最高法院依据相应的司法和行政命令权限对法律的实施进行监督；另一方面，最高法院负责调解行政与司法权限之间的争端。最高法院包括最高翻案法院和国家行政法院。最高法院的运作和结构由国家机构法确定。最高翻案法院具有司法权限领域的最高司法权，对于其他级别的法院和法庭以及相关特别法庭的裁判具有终审权限。国家行政法院则主要对国家和地方行政机关的行为拥有取消的决定权。此外，国家最高法院还有咨询的功能，即为共和国总统提供有关行政方面的所有问题的咨询。

三　行政机构

科特迪瓦的行政机构包括所有执行国家公共权力决议的国家和地方机构。科特迪瓦行政管理分为三个等级：首先是中央集权，国家被视为唯一的法人，由中央行政机关统领国家事务；其次是权力下放，国家权力下放（déconcentration）到地方行政机关，形成大区、省、省辖专区、区县和乡村等地方行政机关，这些机构不具备独立法人资格，地方权力部门隶属于中央，须服从于中央政府；最后是地方分权（décentralisation），地方行政机关又分别将不同的权限授予不同的地方服务部门，这些服务部门往往具有国家事业单位性质，如公立大学、医院、博物馆等。权力下放与地方分权一起构成地方行政管理，与国家中央集权相对。因此，科特迪瓦的行政机构主要分为中央政府和地方政府两大类。

四 中央政府

中央政府领导团体主要包括作为政府首脑的总理和各部部长。总理的主要职责是实施由共和国总统确定的各项国家政治政策；协调政府各项职能，主持政府委员会①，在总统和副总统不在科特迪瓦期间，代替两人行使总统权力。总理的辞职将导致整个政府和部委成员的重组。根据实际需求，科特迪瓦中央政府下属的部委名称及人事经常调整，但部委数量基本保持在 28~36 个。本届中央政府新领导班子于 2018 年 7 月 10 日成立，2018 年 12 月 10 日进行了小幅度调整。现任总理为阿马杜·戈恩·库利巴利，国防部长是哈米德·巴卡约科，本届政府一共有 36 位部长。

表 3-1 2018 年科特迪瓦新政府主要官员

职务	姓名
总理、政府首脑、国家财政预算与国企事务部长	阿马杜·戈恩·库利巴利
国务部长、国防部长	哈米德·巴卡约科
外交部长	马尔塞·阿蒙-塔诺
高等教育和科学研究部长	阿布达拉·阿尔贝·图瓦克斯·马布里
国民教育、技术教育和职业培训部长	坎迪娅·卡米索科·卡马拉（女）
掌玺、司法与人权部长	桑桑·康比莱
内政与安全国务部长	西迪基·迪亚基特
水域与林业部长	阿兰·理查德·东瓦伊
非洲一体化及科特迪瓦境外侨民一体化部长	阿利·库利巴利
农业与农村发展部长	马马杜·桑加福瓦·库利巴利
畜牧业和水产资源部长	科贝纳·夸西·阿朱马尼
计划与发展部长	尼娅莱·卡巴（女）
交通部长	阿马杜·科内
就业与社会保障部长	帕斯卡尔·阿比南·夸库
经济与财政部长	阿达马·科内
建设、住房与城市化部长	布鲁诺·纳巴涅·科内
健康与公共卫生部长	阿维雷·欧仁·阿卡

---

① 政府委员会是部长委员会的预备会。

续表

职务	姓名
城市部长	弗朗索瓦·阿尔贝·阿米恰
矿产与地质国务部长	让·克洛德·夸西
清洁部	安妮·德西雷·乌洛托(女)
公职与行政现代化部长	雷蒙德·古杜·科菲(女)
文化与法语国家事务部长	莫里斯·夸库·班达曼
装备与道路养护部长	阿梅代·科菲·夸库
石油、能源与可再生能源发展部长	蒂埃里·塔诺
环境与可持续发展部长	约瑟夫·塞卡·塞卡
妇女、家庭与儿童部长	拉玛塔·利－巴卡约科(女)
社会团结、互助与扶贫部长	玛丽亚图·科内(女)
商业、工业及中小企业促进部长	苏莱曼·迪亚拉苏巴
手工业部长	西迪基·科纳特
数字经济与邮政部长	克洛德·伊萨克·德
公职部长	伊萨·库利巴利
传媒与多媒体部长、新闻发言人	西迪·蒂耶莫科·杜尔
旅游与娱乐部	西安杜·福法纳
体育部	保兰·达诺
水利部	洛朗·乍戈巴
青年发展与青年就业部长、新闻发言人(副职)	马马杜·杜尔

注：2018年12月10日，石油、能源与可再生能源发展部长蒂埃里·塔诺被阿卜杜拉赫曼·西塞替代。

另外，中央政府还设立5个国务秘书职位，职责分别包括：协助总理负责国家预算工作与国有企业事务，协助总理负责促进私有投资，协助管理民政事务，协助处理人权事务，协助管理中小企业发展工作。其他由共和国总统办公室任命的职位包括总统府秘书长、总统府负责政治对话与国家机构关系国务部长、总统事务部长、总统府负责国防事务部长。

五　地方行政

地方行政包括地方分权和权力下放双轨制。地方分权承认不具有中央权力的地方当局的自治权。地方分权机构主要由地方选举产生，对地方事务拥有"专属权力"，如制定地方税收和地方财政预算等。从法律角度看，地方分权机构具有独立法人资格。地方分权的宗旨在于为各地方行政区域提供区别于国家权力性质的自有职权，地方人民选举其权力机关并保障在特定区域内的公权平等，使决策更加接近民众。地方分权由地方公共团体①统领，包括专区、大区、省、市镇四个级别。①专区作为地方公共团体具有独立的法人资格，并且拥有独立的财政金融权力。专区领导人的职责为推广传统和习俗、保护环境、为改进专区的居住生活条件采取有效措施、促进专区发展。②大区在地方分权体系中被认定为地方公共团体的一部分，具有独立法人资格。③省拥有独立的财政权力。省由省议会主席领导。省议会主席主要管理省各服务部门的事务、实施省议会的相关决议、管理省的财务预算支出等。④市镇由市镇委员会和市镇首领共同管理。市镇委员会表决在例会和临时会议上通过的决议，管理市镇的事务。而市镇首领则拥有市镇警务权力和民政管理权力，保障法律法规在市镇的贯彻执行。

权力下放是指中央行政机关把一部分职能下放到全国各地的国家公务员和行政机构手中，提高国家运转的效率，是一种行政系统内部的"委托权"，中央政府通过任命、指示和惩戒等行政措施进行管理。权力下放的宗旨是执行政府政策，并通过监督及加强与地方议员的协商来鼓励和推动地方分权，同时促进中央政府自身的改革完善。在权力下放体制下，国家行政分为五级。①大区由一个或多个省以及省辖专区组成。大区区长首先由内政部长提名，随后由共和国总统以部长委员会政令的形式下达任命。大区区长的角色与职责等包括：省行政区域的代表，作为部长在各个行政区域的代理人，监督法律法规在行政区域的贯彻执行情况，维持良好的公共秩序以及在必要的情况下依法请求使用警察、治安力量。②省不具

---

① 地方公共团体（Collectivités territoriales）是科特迪瓦沿袭法国的一种地方分权管理制度。地方公共团体由普选产生的评议会进行管理，根据地方立法的不同，可以制定地方税收政策，获取国家预算资金。地方公共团体具有公法的独立法人资格，西非法语国家普遍采取这种地方管理体制。

备独立的法人资格，没有独立行使权力的权限，只能由大区区长来行使。③省辖专区下辖市镇和乡村。省辖专区的领导人由内政部长推荐，由部长委员会以政令任命。④市镇首长的职责如下：为本行政区域提出发展建设方案、维持公共秩序、管理民政事务、领导本行政区域内乡村酋长。⑤乡村是最小的行政区域单位。村长候选人首先由市镇首长提名，由省辖专区首长任命。村长是村民与市镇官员的中间协调人。

第三节　司法制度

一　司法体系和法院结构

（一）司法体系

科特迪瓦的现行司法体系是在对其被殖民时代的司法机构进行改编的基础上建立的。1960 年以来，科特迪瓦的司法管辖权限和监狱行政管理先后经历了几次大的革新。科特迪瓦现行宪法第 101 条规定司法权、行政权和立法权各自独立，形成三权分立。共和国总统是司法官员独立行使权力的保证人，总统同时还主持司法人员最高委员会。司法人员行使权力只能在法律的框架下进行，其职务终身不可罢免。科特迪瓦司法机构主要包括初审法院、上诉法院、最高法院和特别最高法庭。各级法院设有相应的检察院或总检察院。科特迪瓦司法权主要由一级和二级法院实行，受最高法院的监督。宪法委员会和特别最高法庭是两个特殊的司法机构，其中特别最高法庭由科特迪瓦议会推选组成，主要受理总理及部长等的渎职案件。现任最高法院院长为勒内·弗朗索瓦·阿菲－库阿西，于 2015 年 2 月就任；现任国家审计法院总检察长为穆罕默德·瓦贝·库利巴利，于 2018 年 6 月 27 日就任。

（二）司法管辖权

一级司法管辖权主要由初审法院及不同的法院分庭组成，对司法纠纷进行初步审理。科特迪瓦目前有 9 个初审法院，主要分布在大型城市：阿比让的勒普拉托区和尤布贡区各 1 个、布瓦凯、达洛亚、马恩、科霍戈、阿本古鲁、布瓦夫莱、加尼奥阿。从 2006 年 10 月 5 日开始，在阿博维尔、阿佐佩、拉科塔、阿博伊索、大巴萨姆、达布、蒂亚萨莱、邦杜库、布纳、贝乌米、达巴卡拉、卡蒂奥拉、姆巴亚克罗、铁比苏、博康达、邦古阿努、图莫迪、亚穆苏克罗、本贾利、费尔凯塞杜古、腾格雷拉、奥迭内、伊西亚、塞盖拉、辛夫拉、祖埃努拉、乌梅、萨桑德拉、苏布雷、塔布、比昂库马、达纳内、吉格洛、芒科诺、图巴又设立了 35 个分庭。法院分庭由法庭主席、一位或多位副主席、预审法官、青少年案件法官、监护案件法官以及其他案件类型的法官组成，还设有预审审判员和常驻代理审判员。他们依法负责主持开庭，预审案件材料，宣布判决结果。法庭主席主要有司法和行政两项权限，即主持庭审，保证法庭内部事务的正常运行，颁发国籍证明。法院分庭与初审法院是各自独立的关系。每个法院分庭设有 1～2 名法官，其司法权限与初审法院法官相同；分庭法官兼任检察官，成为"超职法官"。

　　二级司法管辖权限在上诉法院。上诉法院主要受理和审理对一级法院的一审判决不服的申诉。二级法院又分为民事庭、社会庭、轻罪庭和行政庭。这些上诉法院由其所在地区的大法官组成，具体包括上诉法院院长、分庭庭长、法律顾问；二级检察院或检察总署同样也由地方大法官组成，具体包括总检察长、代理检察长、检察官。科特迪瓦目前有三个上诉法院，分别位于阿比让、布瓦凯和达洛亚。其中阿比让上诉法院主要受理在阿比让、阿本古鲁及其地方法院分庭初审之后上诉的法律案件；布瓦凯上诉法院不但受理对布瓦凯初审法院审判不服而上诉的案件，同时还管辖科霍戈及其地方分庭受理过的上诉案件；达洛亚上诉法院除了受理达洛亚初审法院的初审上诉案件，还受理马恩和加尼奥阿初审法院的上诉案件。

　　（三）最高司法权及其同级机构

　　2000 年新修订的宪法及 2016 年第四部宪法对最高司法权的实施均规定了 4 个不同的同级机构，即最高法院、审计法院、国家行政法院、宪法委员会。最高法院仍为最高司法机构。其中，国家行政法院目前尚未真正启动发挥作用，由特别最高法庭充当其角色。①最高法院，分为两个庭——司法庭和行政庭。司法庭的职责在于对下级法院判决不服的复审申

请进行受理和最终审核。行政庭则受理取消相关行政部门的越权决议的申诉案件。最高法院由 1 名主席、3 名副主席、若干名分庭庭长、顾问、审核官、助理稽核员、1 名总书记、1 名副书记、1 名分庭副书记组成。最高法院位于阿比让。②特别最高法庭，由议会议员组成，议会议员从第一次立法例会开始即成为特别最高法庭的成员。最高法院院长兼任特别最高法庭主席。特别最高法庭的职责在于审理国家政府公务人员的轻罪或重罪案件。然而，总统在任期间，除了背叛国家以外，其他行为均不由该法庭处理。对共和国总统罪行的控告需要在议会进行匿名投票，票数超过 2/3 控诉才能成立，对其他政府官员的控告则以同样的方式进行，并需要获得绝对过半数的票才可以成立。③审计法院，监督公共财政管理规范的贯彻实施以及对违法行为进行惩罚。需要指出的是，1998 年之前审计法院为审计庭，1998 年开始才单独成立审计法院。④宪法委员会，成立的时间不长，在这之前为最高法院的宪法分庭。现在的宪法委员会是根据 2000 年的宪法第 88~94 条法律条文管理运作。宪法委员会对其他法律的合宪性进行审核。它主要对全民公决实施的合法性进行监督审核，并宣布全民公决的结果。此外，它还对总统候选人和立法候选人的参选资格进行裁定，对总统选举结果以及议员选举结果的质疑进行裁定。它同样也对国际性义务或者组织法是否符合科特迪瓦宪法进行审核。相关法律草案或者建议也可以交由宪法委员会进行意见征集和审核。宪法委员会由 1 名主席、1 名顾问组成，两者均由共和国总统任命。宪法委员会成员还包括前总统，除非前总统明确声明退出。

二 律师制度和法律援助

（一）律师制度

科特迪瓦最早的律师职能是以辩护律师的形式出现，由法属西非政府任命。在法属西非时代，律师应具有法国国籍或者以移民身份取得法国国籍。他们以个人名义在法属西非为当事人进行辩护。当时的辩护律师像今天一样需要符合受教育水平、道德品行以及国籍等方面的要求。1959 年11 月 7 日，科特迪瓦颁布法律，成立科特迪瓦律师公会并做出相关规定；

1981 年 7 月 27 日，科特迪瓦颁布新的法律，对与律师职业相关的条文进行了修订。至今，科特迪瓦律师公会已经有超过 500 名律师会员，其中女性律师占 30%。律师们在成为辩护律师以前，必须在拥有执业资格的律师事务所进行两年的实习，免除两年实习需要满足一定的条件，如从事法学教学工作或者在被任命成为辩护律师以前已经是律师公会的成员等。根据 1981 年 7 月 27 日第 81~588 号关于律师执业的法令，在科特迪瓦，成为一名律师需要满足以下要求：一是拥有科特迪瓦国籍；二是有民事行为能力的成年人，原则上应为 21 岁及以上；三是拥有法律/法学学士文凭或拥有法学硕士、博士文凭，或者通过例外条件获得律师从业资格证；四是无因违背荣誉、廉洁、良好的道德风俗而触犯刑法的前科；五是无因违背荣誉、廉洁、良好的道德风俗而遭到行业惩罚或行政革职的经历；六是无被宣告破产或者资产变卖的经历。

（二）法律援助

在科特迪瓦，发生纠纷请律师辩护对大多数民众而言还是非常昂贵的。2014 年，科特迪瓦司法人权与公共自由部，欧盟和科特迪瓦律师公会达成一项三方协议，旨在为科特迪瓦弱势群体提供免费的法律援助。欧盟将出资 30 万欧元（约合 1.97 亿西非法郎）建立"律师之家"法律援助中心，科特迪瓦律师公会为弱势群体免费提供法律咨询和救助。这一项目将持续三年，受惠人员将达 500 人。这项协议是在科特迪瓦监狱与司法体系现代化改革框架下签订的。

第四节 主要政党

1990 年 4 月，科特迪瓦宣布实行多党制，现有超过 130 个合法政党，主要政党包括如下几个。

一 科特迪瓦共和人士联盟

科特迪瓦共和人士联盟是于 1994 年 9 月 27 日由杰尼·科比纳成立的一个自由党。原民主党内持不同政见者、原政府成员和无党派中间人士是

党派主要成员。该政党在科特迪瓦北部和穆斯林聚集地区影响较大。党派以"自由、平等、民主和劳动"为口号，以通过改革推动国家实现法制化、民主化为宗旨，在尊重宗教信仰的基础上加强国家机构建设，合理分配经济成果，缩小贫富差距。1999年底，科特迪瓦发生军事政变后，该党派加入过渡政府。党内人士瓦塔拉于1999年当选主席。2007年，来自北部城市本贾利的市长议员及前高等教育部长泽莫戈·福法纳脱离科特迪瓦共和人士联盟，建立了一个新的政党——新科特迪瓦联盟，造成党派内部分裂。2017年9月，在科特迪瓦共和人士联盟第三届全体大会上，瓦塔拉有意将党派主席之位让给亨丽埃特·达格里·迪亚巴特女士，坎迪娅·卡米索科·卡马拉成为党派总书记，阿马杜·戈恩·库利巴利为党派副主席。党派的机关报是《爱国者》和《晨报》。

二 科特迪瓦民主党

科特迪瓦民主党于1946年4月9日成立，创始人为科特迪瓦首任总统博瓦尼，是科特迪瓦成立最早的政党。1960～1990年，科特迪瓦民主党一直是科特迪瓦唯一的合法政党。自科特迪瓦独立至1999年底发生军事政变，科特迪瓦民主党长期执政近40年。政党在以阿肯族群为主的中东部地区尤其是亚穆苏克罗和布瓦凯影响较大。政党口号为"和平、自由、务实、开放和对话"。政党主张对内通过"对话"与"和解"实现民族团结；对外在正义的基础上建立国际政治经济新秩序。2010年该党总统候选人贝迪埃与瓦塔拉组成竞选联盟，进入了瓦塔拉组成的新政府。2011年在瓦塔拉当选总统后，科特迪瓦民主党成为最大的反对党。当前党派主席是贝迪埃，总书记为阿尔方斯·马蒂·杰杰。机关刊物最早有《民主人士》，现在主要有日报《新觉醒》《反弹》《对话》《完美民族》。

三 科特迪瓦人民阵线

目前，科特迪瓦人民阵线为主要反对党。1982年3月由前总统巴博及其夫人西蒙·艾薇·巴博在法国秘密成立，是一支左派政党，其骨干力量是知识分子和青年学生。1988年，作为政治党派在科特迪瓦建立，积极争取多党制。1990 年被科特迪瓦政府正式承认为合法政党。科特迪瓦人民阵线在以克鲁族群为主的中西部地区及经济首都阿比让影响较大。政党主张平等、自由、发展、公正和多党民主，奋斗目标是建立人人平等的民主制度，实行社会主义，反对新殖民主义。1999 年 12 月军事政变后，加入过渡政府。2000 年 10 月，该党候选人巴博在大选获胜后上台执政。2011 年 4 月，大选危机结束后，巴博及党主席帕斯卡尔·阿菲·恩盖桑等被关押，部分骨干流亡加纳，原第二副主席及国民议会议长马马杜·库利巴利 7 月宣布退出人民阵线并另立新党——共和国自由与民主党。11 月，巴博被科特迪瓦政府移交国际刑事法院。自总统选举危机之后，人民阵线实际分裂成两派，一派是以帕斯卡尔·阿菲·恩盖桑为首的务实派，另一派是以阿布德拉马内·桑加雷为首的极端派。瓦塔拉政府承认恩盖桑为人民阵线首领，但被瓦塔拉政府禁止使用政党标识和名字。党派的机关报是《我们的道路》和《时代》。

四 乌弗埃民主与和平联盟

2018 年 4 月 10 日，五个始终追随国父博瓦尼强国富民遗愿的政党：科特迪瓦共和人士联盟、科特迪瓦民主党、科特迪瓦民主和平联盟、未来力量运动联盟、科特迪瓦劳工党、科特迪瓦联盟党组成了一个新的右派政党，并取名为"乌弗埃民主与和平联盟"。该政党高举国父博瓦尼思想旗帜，代表科特迪瓦右派政党。同年 7 月，瓦塔拉被选为新政党主席。

目前，科特迪瓦的合法政党还有民众联盟、新科特迪瓦联盟、联合人民阵线、共和国自由与民主党、科特迪瓦无产阶级共产党、科特迪瓦革命共产党、科特迪瓦环保党、国际共产主义劳工非洲联盟、科特迪瓦民主联盟、人民社会联盟、自由与发展联盟、科特迪瓦环保运动党。此外，三大武装起义党派——科特迪瓦爱国党、科特迪瓦大西部人民党、科特迪瓦和平与正义党在 2010 年合并为"新力量"军队。

值得一提的是，2019 年 2 月 16 日，一支名为"科特迪瓦联盟"的新政党正式成立。创始人是阿方斯·索罗，曾担任总理阿马杜·戈恩·库利巴利的顾问。该党派创立初衷为支持索罗·纪尧姆作为 2020 年的总统候选人。

第四章

经　济

第一节　概况

一　经济速览

科特迪瓦在独立之后，实行以"自由资本主义"和"科特迪瓦化"为中心的自由经济体制。20世纪六七十年代，科特迪瓦经济发展迅速，国内生产总值年均增长8%，创造了"经济奇迹"。进入20世纪80年代后，受西方经济危机的影响，科特迪瓦的经济状况恶化。20世纪90年代中期科特迪瓦的经济曾一度复苏，但1999年发生军事政变后，经济状况急剧恶化。2007年内战结束后，经济低速回升。2011年4月，科特迪瓦大选危机结束后，新政府积极恢复重建，大力扶持港口、石油等重点部门，振兴咖啡、可可等支柱产业，整顿金融市场，开展基础设施建设，改善投资环境，积极争取外援和外资，取得了一定成效。2012~2015年，经济年均增长率为9.2%。瓦塔拉连任总统后，提出经济结构转型，制定了"2016~2020年国家发展规划"。

科特迪瓦的经济发展拥有众多有利条件。早在"经济奇迹"时期，科特迪瓦就已经建成了较好的经济基础设施，拥有撒哈拉以南非洲第二大港口，公路网与国际机场在近两年又得到了大范围的修缮和扩建。在传统的三大产业类别中，农业、工业和服务业在2016年分别占科特迪瓦国内生产总值的21%、33%和45%。在第一产业，科特迪瓦是世界第一大可可生产国，占据世界超过 35% 的可可市场。另外，橡胶、腰果、棉花、咖啡、棕榈油、香蕉、菠萝、可乐果等农作物的出口位居非洲国家前列。第二产业由原油、建筑业和农产品加工业构成三大支柱。科特迪瓦不仅能满足自身的能源需求，还能向周边国家和地区出口电力与石油产品，其中冶炼行业在撒哈拉以南非洲位居第 2。第三产业则由银行、手机通信、通信与信息技术占主导。科特迪瓦的整体经济实力在 2016 年居于非洲大陆第 37 位。

表 4 - 1　2009～2018 年科特迪瓦国内生产总值

单位：10 亿美元

年份	2009	2010	2011	2012	2013	2014	2015	2016	2017	2018
金额	24.277	24.885	25.382	26.791	31.264	35.316	33.131	35.297	38.054	43.007

资料来源：世界银行。

表 4 - 2　2010～2019 年科特迪瓦各产业在国内生产总值中所占比重

单位：%

年份	2010	2011	2012	2013	2014（估算值）	2015（预算值）	2016	2017	2018	2019（预算值）
第一产业	24.5	26.7	22.5	22.1	22.4	22.2	21	18.9	19.5	18.7
第二产业	22.4	24.2	22.3	22.3	21.1	21.4	33	22.6	21.6	21.8
第三产业	33.9	33.5	33.8	34.1	34.6	34.3	45	37.9	37.5	38.6
非商品交易类	9.8	9.3	10.6	10.0	9.9	9.5	—	8.7	9.4	9.0

资料来源：科特迪瓦经济与财政部、世界银行统计数据库。

二　经济指数

科特迪瓦经济与财政部官网显示，在经历了 2000～2010 年整体上低于 2% 的低增长率之后，2011 年科特迪瓦经济增长率陷入低谷，为 -4.4%。从 2012 年起，科特迪瓦经济持续增长，成为世界经济快速增长的国家之一。由于政府着力改革微观经济，国内生产总值保持高速增长，2012～2018 年科特迪瓦国内生产总值增长率分别为 10.7%、9.2%、8.8%、9.2%、8.8%、8.1%、7.4%（见表 4 - 3、表 4 - 4），2019 年预计保持 7.5% 的增长率。世界银行统计数据显示，2018 年科特迪瓦人均国内生产总值为 1610 美元，2018 年其国内生产总值为 430 亿美元。

表 4 - 3　科特迪瓦相关宏观经济指数（1）

年份	1990	2000	2010	2016	2017	2018
国内生产总值（现价美元,十亿美元）	10.80	10.72	24.88	35.29	38.05	43.00
国内生产总值年增长率（%）	-1.1	-2.1	2.0	8.3	7.7	7.4
年均通货膨胀（GDP 平减指数）	-4.5	2.24	5.39	-1.07	-1.74	0.43
农业增加值占 GDP 的比重（%）	32.49	24.98	24.52	22.42	21.57	19.76
工业增加值占 GDP 的比重（%）	26.26	21.50	29.00	25.22	24.68	25.24
服务业等增加值占 GDP 的比重（%）	41.23	53.50	53.06	31.49	31.83	32.60
货物和服务出口占 GDP 的比重（%）	31.69	40.78	50.63	33.39	33.70	29.79
货物和服务进口占 GDP 的比重（%）	27.11	33.85	43.32	30.34	31.06	29.24
资本形成总额占 GDP 的比重（%）	6.69	10.49	13.44	17.69	17.31	19.75
中央政府经常性收入占 GDP 的比重（不包括捐赠,%）	—	14.9	15.8	14.7	—	—

资料来源：世界银行统计数据库。

表 4 - 4　科特迪瓦主要宏观经济指数（2）

年份	2004	2005	2006	2007	2008	2009	2010	2011	2012	2013	2014	2015	2016	2017
国内生产总值实际增长率（%）	1.5	1.8	1.2	1.6	2.3	3.8	2.0	-4.4	10.7	9.2	8.8	9.2	8.8	8.1
人均国内生产总值实际增长率（%）	-1.7	2.1	3.0	-1.7	-0.3	-1.0	-0.5	-6.8	7.9	6.5	6.1	6.4	6.0	5.4
年均消费者物价指数	1.4	3.9	2.5	1.9	6.3	1.0	1.8	4.9	1.3	2.6	0.4	1.2	0.7	1.0
投资增长率（%）	10.6	11.1	10.3	11.1	11.9	12.1	12.3	9.0	12.1	14.6	18.9	19.3	20.5	21.3
储蓄率（%）	19.3	17.1	14.3	14.3	14.5	16.2	20.7	21.2	19.3	21.7	21.2	21.0	21.3	24.4
税率（%）	15.2	14.5	15.1	15.6	15.5	16.7	15.6	12.1	16.2	15.6	15.2	15.6	15.6	15.3

续表

年份	2004	2005	2006	2007	2008	2009	2010	2011	2012	2013	2014	2015	2016	2017
对外当期盈余（除结转至 GDP 外,%）	1.6	0.2	2.8	-1.3	0.6	4.6	1.3	10.2	-1.4	-1.8	0.7	-1.4	-1.8	-4.8
预算总盈余（除结转至 GDP 外,%）	-2.8	-2.7	-2.1	-1.1	-2.1	-2.0	-2.6	-4.3	-3.8	-3.5	-3.9	-4.3	-5.2	-5.4
外债率（不包括累积前债,%）	60.8	54.1	51.0	43.4	37.6	29.0	50.1	54.1	28.4	26.2	28.2	22.9	23.1	24.5

资料来源：西非国家中央银行。

表4-5 各产业占国内生产总值比重变化趋势（供应角度）

单位：%

年份	2010	2011	2012	2013	2014（估算值）	2015（估算值）	2016（估算值）	2017（估算值）	2018（预算值）	2019（预算值）	2020（预算值）
第一产业	-4.1	6.5	-2.7	6.9	12.0	7.4	-1.1	9.9	6.6	5.3	1.3
粮食、蔬菜、养殖业	-6.7	-4.8	4.2	5.5	18.7	8.9	3.9	7.4	8.2	7.6	5.8
出口农业	2.5	27.2	-11.5	9.0	2.8	5.3	-8.0	14.3	4.8	2.3	-5.6
林业	—	—	—	—	—	—	2.0	-5.0	-1.0	0.0	0.2
渔业	—	—	—	—	—	—	2.7	-1.3	-0.5	2.0	1.2
第二产业	-4.0	-7.3	-1.4	8.8	3.7	12.7	15.2	7.3	9.5	10.9	11.7
矿产采掘业	-6.6	2.8	-33.5	6.9	-3.3	15.7	18.1	-3.6	5.2	12.1	0.5
食品工业	1.5	-7.3	19.7	1.6	8.6	4.9	2.2	13.4	8.0	7.4	8.9
能源工业	19.6	-10.6	248.7	19.5	-8.0	23.3	36.6	21.8	10.0	14.1	33
建筑工业	12.2	-20.7	5.3	27.9	15.5	28.3	22.1	12.0	21.0	18.6	20.7
制造业及其他	—	—	—	—	—	—	9.8	6.2	7.2	7.4	8.4
第三产业	9.5	-0.1	9.6	9.6	10.2	9.5	10.4	9.1	9.7	8.9	9.2
运输业	1.3	-6.7	5.2	6.9	9.4	11.3	9.3	8.7	9.0	8.0	8.3
通信业	34.9	11.3	18.4	7.8	3.5	8.4	9.1	9.4	8.7	8.5	8.8
商业	5.1	0.7	0.3	9.7	11.1	8.7	9.7	9.6	9.0	8.6	9.0
其他服务业	—	—	—	—	—	—	11.7	8.8	10.5	9.4	9.7
税费	—	—	—	—	—	—	7.1	6.9	7.0	6.5	6.6
非商品类	—	—	—	—	—	—	3.6	3.8	3.1	2.6	3.2

资料来源：科特迪瓦经济与财政部。

表 4 - 6 2009 ~ 2017 年科特迪瓦投资数据

年份	2009	2010	2011	2012	2013	2014	2015	2016	2017
外国直接投资占 GDP 的比重(%)	1.63	1.44	1.19	1.23	1.30	1.24	1.49	1.64	2.56
外国直接投资金额 (百万美元)	396.03	358.12	301.58	330.27	407.48	438.77	494.21	577.48	972.61
对外直接投资占 GDP 比重(%)	0.039	0.177	0.06	0.053	- 0.02	0.046	0.043	0.081	1.77
对外直接投资金额 (百万美元)	9.44	44.05	15.27	14.30	- 6.40	16.20	14.40	28.63	674.36
投资增长率(%)	0.49	2.45	8.89	- 2.07	44.72	9.88	14.6	2.9	11.9
私有投资增长率(%)	—	—	—	—	—	—	18.3	- 5.5	15.0
公共投资增长率(%)							8.5	18.4	7.3

资料来源：世界银行、科特迪瓦经济与财政部。

科特迪瓦的经济发展优势以及最近几年来国家的稳定发展为科特迪瓦带来了可观的投资。尽管拥有众多经济发展优势，但科特迪瓦也面临着一系列挑战，尤其是经贸领域的腐败问题和贸易环境的改善问题亟待解决。同时，平衡三个产业的发展，以保持国民经济的健康、持久发展也成为国家相关部门努力的方向。

第二节　农业

一　种植业

科特迪瓦全国可耕地面积为 802 万公顷。农业从业人口占全国劳动力的 2/3。2018 年农业产值占国内生产总值的 19.5%，较 2017 年的 18.9% 略有上升，但相比 2015 年以前的数据，农业产值在国内生产总值中的比重总体呈逐渐下降的趋势。主要经济作物是可可和咖啡，种植面积占全国可耕地面积的 60%。

（一）出口种植业

种植业产品出口是科特迪瓦种植业的核心，也是科特迪瓦重要的经济支柱之一。2011年，种植业产品出口额占出口总额的50%。种植业产品主要来自中小种植园，即2~10公顷规模的种植园。大型开发商或者大型农产品集团公司的种植规模为几百至几千公顷。这些种植园采用先进的技术，尤其是良种和灌溉技术，在某些地区还有一些种植产品的初级加工工厂，如三叶橡胶树、棕榈油等。科特迪瓦种植业既有传承殖民时代的私人种植业主或私有公司，也有从20世纪40年代开始建立的国有企业，以及1990年被私有化的公司，还有一些在全球化背景下产生的新投资者。

在殖民时代就开始兴起的可可和咖啡种植是科特迪瓦主要的种植业之一。可可和咖啡的种植主要分布在科特迪瓦南方，因为该地区气候适宜。其中，咖啡的种植主要分布于西南部；可可种植分布于科特迪瓦大多数的森林区域，尤其在西南部的丛林地带，这是因为这个区域在20世纪70年代最为开放。可可种植业最早由成千上万的小种植户组成，但他们缺乏技术，收获甚微。

科特迪瓦独立以后，可可的种植获得了快速的发展，年产量从1960年的6.2万吨增长到2000年的140万吨，这主要归功于有利的价格政策。然而，从2000年开始，由于可可树的老化及种植减少，可可每年的产量为120万~150万吨，占世界可可生产总量的35%，产值占科特迪瓦出口总值的1/3以上。2010年，科特迪瓦的可可和咖啡产量分别为148万吨和10万吨。2011年，可可产量为151万吨，同比下降12.2%；咖啡产量3.2万吨，同比下降68%。产量因价格下跌而下降。

2011年11月以来，科特迪瓦着手改革可可和咖啡行业，成立了可可咖啡委员会，负责行业的监管、稳定和发展工作。2012年的可可产量为139万吨，咖啡产量为12万吨。2012年后，可可和咖啡产量总体上保持快速增长，其中2018年的产量分别达211万吨和12万吨。科特迪瓦的可可生产和出口居世界第一位，占全球供给量的40%，科特迪瓦也是世界上主要的咖啡生产国之一。可可和咖啡的出口收入成为科特迪瓦的主要外汇来源。

除可可和咖啡以外，南方还拥有其他多样的种植业，如三叶橡胶树、棕榈树和椰子树。由于较高的价格，并且几乎每月都可丰收，三叶橡胶树在近年来获得了极大的发展。1980 年以来，三叶橡胶树的生产几乎增长了 10 倍，科特迪瓦成为非洲第一大三叶橡胶树生产国。三叶橡胶树种植既有小种植户，也有大型的种植业集团，种植主要集中在科特迪瓦的东南部。早在 1960 年，科特迪瓦国有企业就在沿海地区大力推广棕榈树和椰子树种植。受惠于大型种植业精良的技术装备，棕榈树的小种植户也得到了迅速的发展。科特迪瓦今天已经成为世界第五大、非洲第三大棕榈油生产国，2018 年的产量为 51.39 万吨。但在东南部，棕榈树种植业的拓展与三叶橡胶树形成竞争，棕榈树种植业发展受到限制。同样，椰子树的种植由于受到投机因素和城市化进程的影响，种植面积不断减少。

科特迪瓦南方也有一些果树的种植，主要种植香蕉和菠萝，以大规模的种植为主。但近年来由于受到国际竞争的影响，香蕉种植几乎处于停滞状态，菠萝种植面积也大幅下降。但与此相对，一些新的种植业开始出现，比如，在阿比让周边有一些花卉种植。

棉花也是科特迪瓦传统的重要经济作物。在科特迪瓦北部，棉花为主要的种植品种。由于气候适宜，这里的棉花种植已经有几个世纪的历史。但棉花种植的真正兴起是在 1970 ~ 1980 年，这是因为国家委托科特迪瓦纺织发展公司对农民的棉花种植进行了规范化。该企业着力推广良种和新技术以及一种先进的收割系统，使棉花种植户获得更多的便利。但 1990 年末以来，由于棉花种植领域的私有化、国际市场上低廉的棉花价格，再加上国内战乱对商贸领域的波及，棉花产业的发展遇到了一些困境。2000 ~ 2011 年，棉花减产近一半。2010 ~ 2015 年，因棉价回升和良种的使用，棉花产量不断增加，2015 年的产量为 45 万吨。2016 年受气候影响，棉花减产至 31 万吨。

但鸡腰果由于价格的飙升，近几年来在科特迪瓦北方和东北部获得了迅速的发展。芒果种植则主要分布于科霍戈。甘蔗自 1970 年以来大面积

种植，但至今仍无法满足国内的需求。

科特迪瓦种植业当前仍面临巨大挑战。种植业产量的增加极大地依赖种植面积的扩张来实现。早年在人口稀疏的南方，有来自北方低廉的劳动力，其中一部分种植工人后来还获得了一些土地，使当地种植业获得发展。但土地流转所有权部门把土地转让给外地人曾经导致土地冻结，以及本地和外地种植户矛盾冲突时有发生，给种植业发展带来挑战。1998 年的土地法曾试图解决这一问题，但至今无果。种植业的改良和集中化成为当前越来越迫切的问题。然而，在乡村推广技术的投资成本十分高，并且需要密切的跟踪管理。其中一种解决办法是引进技术精良的国内和国外投资商，但这又可能会进一步激化土地矛盾，使科特迪瓦广大小种植户的利益受到损害。

（二）粮食作物、果蔬种植业

粮食果蔬种植是科特迪瓦日常饮食的重要来源，主要给养家庭，至今仍然采取以家庭为单位的小规模种植经营模式，占地面积一般不超过 5 公顷。人力是主要的种植方式，锄头和大砍刀则是使用最为普遍的劳动工具。粮食作物、蔬菜的种植受气候影响，如降雨量影响作物的种类和种植面积。由于火耕能快速开垦土地，并且在一定程度上火烧后的灰土也能用作肥料，这种方式一直在使用。

在科特迪瓦南方，由于处于赤道气候带，全年都可以种植同类或不同类的作物；北方属于热带气候，旱季和雨季交替，农业耕作需遵循节气。因此，在南方主要种植小块茎类作物和大蕉等生长较快的农作物，而北方则主要种植谷类作物。农作物的种植在一定程度上也受民众对食物偏好的影响。

在众多粮食和蔬菜作物中，山药产量居首。山药是东部阿肯族群的主要粮食作物，在热带稀树草原和森林地带都有不同规模的种植。大蕉的种植则主要分布于南方，大蕉的叶子可以为可可树遮阴，在大蕉的周边往往同时种植可可树。木薯则在全国各地都种植，通常作为换季过渡时期的主要粮食。由于种植容易并且收益高，木薯成为沿海地区人民最为重要的粮食。

在科特迪瓦谷物种植方面，水稻主要在洼地种植或者通过灌溉种植，大米是西部和西南部地区居民的主要粮食。水稻在北方以及靠近城市周边的水域充足的地区也有分布。玉米在全国都有种植，尤其是在热带稀树草原地区的分布最广，并与棉花交替种植。科特迪瓦的最北部比较干旱，则以黍类和高粱的种植为主。

蔬菜、调味品作物以及一些豆科作物尤其是花生的种植广泛。果蔬种植是科特迪瓦小农经济收入来源的重要部分。在科特迪瓦，随着城市需求的上升，粮食作物、蔬菜的种植发生了较大的变化。农民在自给自足的前提下，还有结余，开展粮食、蔬菜的交易，尤其是中部地区的山药和西南部的大米等作物交易。在危机年代或者出口产品歉收的年份，城市及其周边的粮食、蔬菜种植在一定程度上也可以代替出口农业。比如，在一些区域还没有出口种植业的时候，东北部则生产一些早熟品种的山药销售至阿比让。在东南沿海地带，大量种植木薯，以满足城市制作"阿切凯"（Attiéké，音译）主食的需求。这种食物是用木薯捣碎发酵而成，类似于北非的古斯古斯菜。城市周边有粮食、蔬菜种植带，有些延伸至城市社区。城市周边的种植带以蔬菜种植为主，收益高，并且在近几十年来能够满足城市消费者的需求。

总体上，当前科特迪瓦粮食、蔬菜种植也面临多重困境。至今，科特迪瓦粮食不能自给，大米年消费的60%依靠进口。玉米、小米、高粱、稻米、木薯等是主要粮食作物。2016年，科特迪瓦的粮食总产量为143.1万吨，相比往年有所下降。近年来热带水果出口量有所增加，主要有香蕉、菠萝、木瓜等。科特迪瓦粮食作物、蔬菜种植的一大不利因素来自国家政策对这方面的支持力度不足，贸易投资以及价格保护主要针对出口种植产品。另外，粮食、蔬菜的种植技术水平也基本没有提高。农作物生产的增长依然需要靠增加面积来实现，但同时又面临耕地变得越来越少、乡村人口迅速增加以及与出口种植业的竞争。1980～2010年，只有山药和木薯生产翻了两番，基本与人口的增长相适应，其他作物的增长是微小的，其中大蕉、水稻和玉米约70%需要依赖进口，尤其是城市对大米的需求很大。科特迪瓦对国际市场的依赖也在2008年的经济

科特迪瓦

表 4 - 7　2011～2019 年科特迪瓦主要农作物及产量

单位：千吨

年份	2011	2012	2013	2014	2015	2016	2017	2018	2019（预算值）	2020（预算值）
主要粮食作物										
水稻	873.0	1561.9	1934.2	2053.5	2152.9	2054.4	2118.6	2006.8	2073.1	2145.6
玉米	621.8	654.7	661.3	960.8	906.0	967.2	1025.2	1055.0	1102.4	1127.8
小米	48.8	49.3	49.8	52.3	55.2	58.3	61.6	63.8	66.2	68.7
高粱	46.5	48.8	50.5	47.5	55.1	59.0	63.4	65.7	68.1	70.7
红薯	45.1	46.5	47.9	49.3	50.9	52.4	54.1	55.6	57.2	58.8
木薯	2359.0	2412.4	2436.5	4239.3	4390.9	4547.8	5366.5	5608.0	5877.2	6194.6
芋头	69.7	71.8	73.9	76.1	78.4	80.7	83.1	85.3	87.9	90.4
薯蓣	5531.9	5674.7	5731.7	7039.2	6649.9	6894.5	7148.1	7391.1	7657.2	7932.9
主要经济作物										
甘蔗	202.0	193.2	179.0	191.3	198.7	188.0	191.6	186.6	190.4	194.2
腰果仁、带壳腰果	393.0	450.0	487.8	564.8	702.5	649.6	711.2	761.3	800.0	856.0
可乐果	79.8	79.8	82.0							
花生仁、带壳花生	91.8	93.5	117.7	168.1	125.1	190.1	202.1	209.5	217.6	225.8
椰子	153.5	154.0	195.0							
棕榈油	—	—	—	—	424.1	451.0	433.8	513.9	539.0	563.2
棉花籽	170.0	235.5	357.7	405.2	434.9	332.4	352.7	387.0	424.4	458.3
香蕉	302.5	326.5	394.1	362.4	359.9	427.0	396.8	416.7	401.3	471.8
大蕉	1559.2	1577.0	1624.4	1671.7	1739	1809.3	1882.3	1955.7	2030.0	2105.1
菠萝	69.7	71.3	72.0*	33.8	49.8	38.9	48.9	46.6	46.6	47.4
咖啡	32.3	121.4	103.7	105.9	126.7	105.6	33.6	123.9	110.0	120.0
可可豆	1511.3	1485.9	1669.7	1678.7	1825.6	1634.4	2033.5	2112.5	2050.0	2000.0
天然橡胶（晒干重量）	256.0	289.6	290	317.3	360	453.0	606.4	624.1	521.8	600.1
其他果蔬										
西红柿	32.4	33.5	34.7	35.5	36.8	38.2	39.5	44.1	45.4	47.1
茄子	85.7	88.3	91.0	—	96.3	99.0	101.8	103.0	106.1	107.5

续表

年份	2011	2012	2013	2014	2015	2016	2017	2018	2019 （预算值）	2020 （预算值）
红辣椒、胡椒粉、绿叶蔬菜	25.7	26.5	26.5	—	—	—	—	—	—	—
橙子	40.4	42.5	42.5	—	—	—	—	—	—	—
番石榴、芒果、山竹	47.0	49.0	51.9	—	—	—	—	—	—	—
粮食谷物总量	1607.4	2332.5	2712.5	2855.9	3308.0	3159.0	3290.0			
根茎与块状植物总量	8035.7	8245.4	8330.1							
蔬菜总量（包括甜瓜）	660.7	684.6	699.2							
水果总量（不包括甜瓜）	2197.3	2252.0	2296.7							

资料来源：联合国粮食及农业组织、科特迪瓦经济与财政部、西非国家中央银行。

危机中表现出来，当年国际市价突然增高，使科特迪瓦城市基本粮食产品的价格也高升。面对这些问题，政府开始采取措施，例如，2013 年与一家美国公司签署协议，以推动科特迪瓦北方水稻种植业的增长。

二 畜牧业

科特迪瓦的畜牧业不发达，对国内生产总值的贡献率仅为 2%。2001 年的农业普查显示，科特迪瓦全国共有 36 万养殖户。科特迪瓦北部和中部地区主要为牛类养殖，南部、西部和东部地区则为成长周期较短的牲畜养殖。科特迪瓦畜牧养殖以传统放牧方式为主、现代养殖手段为辅，可以分为四大类：牛、小型反刍动物、家禽和猪。科特迪瓦不属于西非传统畜牧业地区——萨赫勒-苏丹地区。因此，科特迪瓦的主要动物产品消费依靠进口，以满足日益增长的城市需求。2016 年，科特

迪瓦有 88% 的牛奶和奶产品为进口。此外，58% 的牛肉、46% 的猪肉以及 32% 的小型反刍动物肉类也通过进口实现。这种严重依赖进口的形势在近 30 年来一直持续，尽管国家对该行业进行了直接的干预，但是没有实质的改观。

从 1960 年开始，科特迪瓦通过了一项发展畜牧业的政策，在该政策的支持下，一批畜牧中心或畜牧站建立，比如 1964 年的斯皮鲁大牧场。1970 年开始，畜牧业成为国家重点发展的行业。一方面，畜牧业被视为食品中动物蛋白的重要来源；另一方面，国家也希望通过发展畜牧业来减少地区发展差异。而畜牧业的发展首先需要改进畜牧养殖技术以及畜牧业副产品的生产技术。

1972 年，在费尔凯塞杜古成立的国有企业畜牧产品发展公司专门负责畜牧业的推广和对养殖户进行管理。该公司得到热带稀树草原研究所（1998 年被科特迪瓦国家农艺研究中心合并）的技术支持。1993 年，科特迪瓦畜牧产品发展公司解体，其业务由科特迪瓦全国乡村发展支援所承接，并得到科特迪瓦国家农艺研究中心和农业咨询与研究业界基金会的支持。总体上，1974～1993 年畜牧业获得相对稳定、快速的发展，但这一发展在 1999 年之后的内乱中遭到极大的破坏，一度成为夕阳产业。最近几年来，科特迪瓦出台了多个项目，如"科特迪瓦畜牧业支持项目""畜牧业农场和站点管理项目""兽类公共卫生及畜牧健康改进项目"，以实现国家动物蛋白的自给自足。

早期科特迪瓦的畜牧业主要集中在北方。2001 年，北方的波罗、乔罗戈、巴古埃等地集中了全国 39% 的畜牧业生产。在科特迪瓦南方，尤其是阿比让地区，畜牧业约占 22%，中部的汉博尔、贝凯占 10%，东部的贡图戈、本卡尼占 8%。这些地区的畜牧业占科特迪瓦总畜牧业的80%。2012 年的数据显示，在科特迪瓦的养殖业中，家禽占 89.7%、羊类占 3.5%、牛类占 3.2%、山羊类占 2.8%、猪类占 0.8%。总体上，反刍动物养殖主要集中在科特迪瓦北方和中部区域。在正北部的波罗、乔罗戈、巴古埃、巴芬这几个大区，45% 的牲畜为反刍类；在中部偏西的沃罗杜古与贝雷两个大区的反刍动物也分别占当地总畜牧业的 41.5% 和

41.9%；西北部的福隆和卡巴杜古两个大区的反刍动物占当地总畜牧业的34.8%，东北部贡图戈和本卡尼两个大区的反刍动物占当地总畜牧业的29.3%。在南部地区，则以家禽养殖为主。正南部的大桥大区97.8%为家禽养殖，西南部的博科雷区和圣佩德罗区90.2%为家禽养殖，东南地区的因德尼埃－朱阿布林大区91.7%为家禽养殖。根据国际货币基金组织2009年减贫战略文件，家禽在科特迪瓦全国各大区均有分布，各地区家禽养殖占总畜牧业的比重为51.9%～97.8%。养殖技术方面，92%的家禽以传统的小户养殖为主，现代大型养殖和传统大型养殖分别只占2%和6%。

当前科特迪瓦的畜牧业越来越受城市化进程的影响，南方畜牧业的发展一直处于上升趋势。因为靠近市场，很多南方城市周边的畜牧业已经发展起来。阿比让的周边已经建立起多处奶牛养殖场，为市区供应牛奶产品。但城市周边的畜牧业以养殖周期较短的动物为主，如猪和家禽。在广大农村，养殖大户与普通养殖户的矛盾由来已久，在今天则日益加剧，并逐渐扩展至南方地区。比较明显并且冲突较大的有中部的鲍勒族与来自马里的季节性游牧民族颇尔人之间的矛盾，以及西北部的世居居民养殖大户与游牧民族颇尔牧羊人之间的矛盾。争端主要与土地和水资源的利用问题相关。

此外，2002年9月的政治军事危机对部分畜牧设备和基础设施造成了破坏。例如，马拉韦区牧场曾经有2万多头牛，在危机中被大批量屠杀。斯皮鲁和贝乌米的养牛场和养羊场也被迁移至南方的图莫迪。这些破坏使政府不得不重振畜牧业和养殖体系。

科特迪瓦本国畜牧业远不能实现自给自足，并且对萨赫勒地区的依赖日益加强。肉类、动物内脏、奶制品等的需求严重依赖进口。今后，科特迪瓦将致力于共同发展城郊与乡村放牧。今天科特迪瓦的畜牧业发展还处于一种不稳定的状态，本地生产供给城市的肉类价格受到进口肉类价格的影响。同时，畜牧业的未来发展也要求对畜牧业资源和乡村畜牧场进行进一步整顿，以及对内战所遭受的损失进行恢复。

表 4 - 8　科特迪瓦主要牲畜与家禽数据（截至当年 9 月底）

年份	2011	2012	2013	2014	2015	2016	2017
牛（千头）	1583	1584	1586	1587	1593	1675	1686
猪（千头）	350	353	363	370	369	340	338
绵羊（千头）	1700	1708	1752	1740	1756	1815	1836
山羊（千头）	1332	1339	1379	1400	1425	1442	1461
家禽*（千只）	43133	53791	58380	62000	65081	66036	70042

注：*为联合国粮食及农业组织估算值。
资料来源：联合国粮食及农业组织。

表 4 - 9　2009~2015 年科特迪瓦牲畜、家禽产品

单位：吨

年份	2009	2010	2011	2012	2013	2014	2015
国内肉类生产							
养殖牲畜肉	78.4	91.5	92.7	102.3	108.7	110.0	109.9
猎物肉*	—	—	142.0	144.0	145.0	—	—
牛奶	31.1	31.5	31.3	31.4	31.4	31.6	31.9
鸡蛋	26.7	44.0	40.7	50.0	55.9	58.9	57.2
国外进口肉类							
活畜	24.5	27.2	19.9	21.0	24.0	28.3	27.8
冷鲜肉	57.7	67.9	58.7	61.7	81.5	88.5	108.5
加工肉制品	0.6	1.0	1.0	—	—	—	—

注：*为联合国粮食及农业组织估算值。
资料来源：联合国粮食及农业组织、科特迪瓦国家统计院。

　　科特迪瓦一份农业杂志（*Goutimot Magazine*）的数据显示[1]，至 2015 年 10 月底，牛的养殖仍居科特迪瓦畜牧业首要位置，并主要集中在北方，其中瘤牛达 575000 头、公牛达 834000 头。养殖的具体方式包括传统的家

---

[1]　"Elevage en Côte d' Ivoire"，*Goutimot Magazine*，http：//goutimot. com/agriculture/secteur - paragricole/elevage/elevage - en - cote - d - ivoire. html.

庭放养和现代化技术养殖两种方式。反刍类动物则主要采取放养的传统方式，共计 15000 头，以绵羊和山羊为主。以乡村家庭传统放养方式养殖的家禽约 2.41 亿只，占全国家禽总数的 75%，而现代化的家禽养殖则主要集中在城市郊区。同样，猪的养殖和家禽养殖方式大体一致，全国共有约 33.6 万头猪。

三 林业

科特迪瓦森林资源分布广泛，主要集中在南部、东部、西部以及最北部至北纬 8°20′地区，包括热带森林、热带旱生林、热带稀树草原和红树林。其中热带森林主要分布于南部沿海。科特迪瓦曾经是非洲森林最多的国家之一。

历史上，森林是科特迪瓦的主要资源。殖民时期，森林成为众多欧洲商行进行高强度开发的重点行业。采伐的木头主要用于制作高级家具、室内装修和建筑领域等。高强度的开发一直持续到科特迪瓦独立以后，并且在独立后的很长一段时间内木头依然是其国内主要的出口产品。20 世纪 70 年代，科特迪瓦原木出口量占工业用材出口量的 60% ~ 70%。1980 年以前，每年的采伐量为 500 万公顷左右。国际货币基金组织 2009 年减贫战略文件显示，科特迪瓦的原木产量从 2004 年的 1669998 立方米下降到 2005 年的 1576362 立方米，2007 年下降到 1506984 立方米。木炭产量从 2004 年的 35100 吨下降到 2005 年的 29780 吨，满足了该国约 70% 的家庭能源需求。2008 年，仍有约 77.5% 的家庭使用木炭。总体上，今天科特迪瓦林业资源对国内生产总值的贡献率不足 2%。

表 4 – 10   2006 ~ 2014 年科特迪瓦林业资源的出口与开发（含树皮）

年份	2006	2007	2008	2009	2010	2011	2012	2013	2014
出口									
含树皮木材（千立方米）	114.4	137.1	148.9	155.0	143.0	130.3	157.1	257.7	110.4
加工木材（千立方米）	585.0	631.0	670.0	697.5	761.7*	803.8*	—	—	—
锯木（千立方米）	396.5	400.0	390.0	271.0	264.0	214.0	—	—	—

科特迪瓦

续表

年份	2006	2007	2008	2009	2010	2011	2012	2013	2014
生产开发									
木材采伐总量(千立方米)	1048.1	1469.0	1409.5	984.3	1059.0	942.0	1192.0	1192.0	1192.0
薪柴采伐总量(吨)	1032.9	1077.4	1138.0	1192.0	1226.0	1067.0	1508.0	1308.0	1308.0

注：＊为科特迪瓦国家统计院估算值。
资料来源：科特迪瓦国家统计院。

表4-11　科特迪瓦林业产品（圆木材，含树皮）

单位：千立方米

年份	2011	2012	2013
锯木、单板原木、枕木	1469	1469	1469
燃木	8989	9035	9084
总计	10458	10504	10553

注：联合国粮食及农业组织估算数值。
资料来源：联合国粮食及农业组织。

表4-12　科特迪瓦林业产品（锯木产品，含枕木）

单位：千立方米

年份	2008	2009	2010
总计(含所有丘陵山地林业资源)	600	700	700

注：根据非官方数据统计，2011~2013年锯木产品数据与2010年基本持平。
资料来源：联合国粮食及农业组织。

　　科特迪瓦拥有超过7000种阔叶树，其中50多种被利用和进行贸易。历史上最早在科特迪瓦开发采伐的珍贵树种有鸡腰果树、非洲桃花心木、安哥拉非洲楝、马榕、大绿柄桑木等。今天科特迪瓦可开发的珍贵树种有白梧桐、榄仁木、吉贝、非洲落腺瘤豆木、乌檀、帽蕊木、非洲紫檀等。其中非洲红花梨近两年受到保护，被政府禁止砍伐。

　　然而，由于过度采伐、农业开发、干旱和森林火灾等原因，科特迪瓦森林面积锐减。根据联合国粮食及农业组织的数据，早在1990年，科特迪瓦

森林覆盖面积达 1022.2 万公顷，2000 年为 1032.8 万公顷。1966～2002 年，国家完成了 56322 公顷的人工造林，因此至 2015 年，科特迪瓦的森林覆盖面积略有上升，为 1040.1 万公顷。但科特迪瓦的森林覆盖率从 20 世纪 30 年代的 50% 锐减至今天不到 9%，长期过度采伐和滞后的绿化措施是主要原因。今天科特迪瓦已经成为全球森林锐减速度最快的国家之一，年递减率为 5%～10%，甚至那些被列为国家级保护区的森林今天依然遭到人为的侵占或破坏。例如，巴雷科－布鲁斯的尼埃格雷林区已经有 6000 余人居住，成千上万的当地居民反对科特迪瓦森林发展公司在吉特利省多戈杜林区扩张。此外，飞速发展的城市化进程、火耕和高密度的农业种植也导致森林快速减少。

近些年来，科特迪瓦对森林采取了一系列的保护措施，尤其是进一步维持森林的覆盖率，减少珍稀花种和动物种类的灭绝。科特迪瓦开始制订反对火耕的计划，发起植树造林的运动，以及对一些保护区域进行整顿。1985 年，科特迪瓦制定了森林资源 5 年开发规划，1988 年又制定了《1988～2015 年林业规划》。1994 年，颁布了有关林业的第 385 号法令，对工业用材采伐进行了严格的规定和规范。1998 年，科特迪瓦政府再次对森林进行评估，在联合国粮食及农业组织的援助下，于 2005 年最终确定了国家森林经营总方案，2010 年该方案正式实施，政府还根据该方案制订了 2010～2015 年林业发展计划。科特迪瓦将每年的 3 月 21 日定为"森林保护日"。

科特迪瓦目前有 8 个国家公园、近 300 个自然保护区（含 15 个植物园）。8 个国家公园分别是科莫埃国家公园（Parc national de la Comoé，115 万公顷）、马拉韦区国家公园（Parc national de la Marahoué，100 万公顷）、塔伊国家公园（Parc national de Taï，35 万公顷）、桑贝峰国家公园

表 4－13　科特迪瓦森林面积

单位：千公顷

年份	1990	2000	2005	2010	2015
原始森林面积	625	625	625	625	625
其他自然再生森林	9443	9442	9443	9373	9349
森林总覆盖面积	10222	10328	10405	10403	10401

资料来源：联合国粮食及农业组织。

（Parc national du Mont Sangbé，9.5 万公顷）、佩科峰国家公园（Parc National du Mont Péko，3.4 万公顷）、阿扎尼国家公园（Parc National d'Azagny，3 万公顷）、科苏国家公园（Parc national de Kossou，5000 公顷）、邦科国家公园（Parc du Banco，3000 公顷）。其中科莫埃国家公园是科特迪瓦最大也是非洲最大的森林保护区之一，1983 年被列为联合国教科文组织世界文化与自然双重遗产。科莫埃国家公园始建于 1968 年，公园面积达 115 万公顷，其中通车道长达 500 千米。由于当地居民过度开发农业、非法开采金矿、偷猎以及内战，科莫埃国家公园里的林区遭到破坏，许多动物濒临灭绝。2003 年该公园被联合国教科文组织列为世界文化与自然双重遗产濒危对象。2012 年以来，科特迪瓦采取措施，控制情况的恶化并加大保护力度，2017 年 7 月联合国教科文组织为其"濒危"摘帽。科莫埃国家公园里有赤羚、巨羚、弯角羚等羚羊，还有水牛、大象、河马、狮子、猴子、豹子、鬣狗、獴，以及多种鸟类。阿扎尼国家公园位于海边，在邦达马河的河口，公园内有热带稀树草原、沼泽地和酒椰林，还有大象、水牛、乌龟、鳄鱼、黑猩猩、候鸟，水生动物也非常多样。邦科国家公园则位于阿比让城市入口处，主要为城市提供新鲜氧气。

科特迪瓦的许多公园和保护区都面临不同程度的威胁，主要原因在于人们非法占据森林区域并建立村庄。近年来政府开始采取严厉措施迁移这些非法居民。

四　渔业

科特迪瓦拥有丰富的水文地理资源，专属经济区长达 200 海里，有利于发展渔业和水产养殖业。科特迪瓦潟湖水系有 1200 平方千米，湖泊水系则有 1760 平方千米，是水力发电和农业灌溉的主要水源。科特迪瓦江河总长度为 3000 千米。工业化捕捞主要在沿海的海域进行，而人工捕捞则在各个水域，如海域、潟湖、湖泊和江河地带。科特迪瓦国内捕鱼业的优良装备主要集中于两大港口——阿比让和圣佩德罗，因为这两个港口水深且码头较多。此外，沿海地区以及内陆还零散分布着几处浅滩，可以停泊船只。

科特迪瓦水产养殖业拥有良好的天然条件。从 2009 年开始，集约化生产系统得到重视，封闭式养殖的方式使水产养殖业的产量持续而迅速上升。目前水产养殖产量为 1290 吨/年，但国家的目标是在 2015 年达到 1 万吨。从经济贡献率来看，2005 年，渔业和水产养殖业占国内农业生产总值的 1.3%、国内生产总值的 0.2%，创造了直接或间接的就业机会近 4 万个。2016 年渔业产值占农业生产总值的 7%，实现 7 万人口就业，年捕鱼量为 8 万 ~ 10 万吨，但仅能满足 20% ~ 25% 的国内消费需求。

（一）渔业管理机构

科特迪瓦渔业和水产养殖业的政策主要由畜牧业和水产资源部下属的渔业与水产养殖司实施。海上与港口事务总司负责颁发渔船牌照、海上警务以及对海上人员进行管理。阿比让自由港管理港口的基础设施，尤其是捕鱼业的冷冻保鲜业务以及对捕捞产品首次分销的管控。海军则负责海上的监控。

（二）工业化捕捞

金枪鱼的捕捞主要有三种方式：一种是在捕捞与合作框架协议下用大拉网捕捞，一种为西非地区常采用的小拉网或者钓鱼竿类方式的捕捞，还有一种为科特迪瓦本地的使用独木舟的人工捕捞方式。捕捞的金枪鱼主要包括白金枪鱼、大眼金枪鱼等。科特迪瓦专属经济区2007 ~ 2010 年的年均总产量为 3500 吨。每年大约有 13 万吨金枪鱼从阿比让捕捞港口过境或转口，阿比让港口因此成为西非地区第一大金枪鱼捕捞港口。2012 年，1 支由 35 条船组成的船队开展海上工业化捕捞，包括 18 条沙丁鱼船、15 条拖网捕鱼船、1 条捕虾船、1 条小拉网捕金枪鱼船。2008 年之前，沙丁鱼的捕捞产量一直比较低，从 2004 年的 15097 吨减少到 2008 年的 6436 吨，2009 年为 8851 吨。

（三）人工捕捞

人工捕捞在海上和内陆水域都存在。使用的船只主要有三种：一种为 12 米长的大型独木舟，一种为中型独木舟，还有一种为大小不一的船只，但主要是以捕捞深海鱼和甲壳动物为主的渔船。海上的人工

捕捞主要由国外渔船开展，其中加纳籍渔船占比高达80%。2009年，参与海上人工捕捞的共有1372只独木舟和8316名捕鱼者，产量为1.4万吨。

根据2009年的数据，在潟湖进行捕捞作业的共有5698名捕捞者、4800名水产批发商，捕鱼产量为1.75万吨。

内陆捕鱼主要在沿海的江河流域展开，如科莫埃河、邦达马河、萨桑德拉河、卡瓦利河，以及5个大型的湖泊——科苏湖、比尤湖、塔波湖、阿亚梅湖和法耶湖。2009年在内陆开展捕鱼活动的共有3450名捕捞者，产量为8618吨。

科特迪瓦渔业与水产养殖司2010年的数据统计结果显示，总体上，科特迪瓦的国产捕鱼量供给不足。与2006年全国各水系的国产捕鱼量55696吨相比，2009年只有52015吨，下降了7%。在捕鱼业，科特迪瓦的产量为严重赤字，越来越依赖于进口来满足国家尤其是城市日益增长的需求量。2006年，科特迪瓦渔业产品进口量为194013吨，2009年则高达276000吨，价值16000亿西非法郎，3年间对进口量的需求平均升高了30%。2009年的海产品、水产品进口满足了国内83%的渔业产品需求。渔业产品可以为全国人口提供50%的蛋白质需求。2006年的人均渔业产品需求为12.5千克，2009年上升至13.67千克，上升了9.4%。为了改善在渔业方面的长期赤字以及减少进口，政府在2007年通过了一项渔业和水产养殖业政策，主要是为了更好地管控渔业活动，如签发捕鱼证，对渔具的监督、渔业和水产养殖环境的保护做出规定。

表4-14　2011~2017年科特迪瓦渔业数据（活体）

单位：吨

年份	2011	2012	2013	2014	2015	2016	2017
捕捞总量	71.8	79.2	78.0	74.9	68.0	72.2	—
淡水鱼	6.3	7.1	6.7	—	—	—	—
非洲大眼黑鲷鱼	1.8	1.7	1.7	—	—	—	—

年份	2011	2012	2013	2014	2015	2016	2017
圆小沙丁鱼	3.2	5.3	6.0	—	—	—	—
鲣鱼	2.1	10.9	8.1	—	—	—	—
人工养殖	3.4*	3.7	3.7	3.7	4.0	4.7	4.9

注: *为估算值。

资料来源:联合国粮食及农业组织。

表 4 – 15　科特迪瓦水产品进出口贸易额

年份	2011	2012	2013	2014	2015	2016
水产品进口贸易额(西非法郎)	315633	347996	377941	402952	396180	380168
水产品出口贸易额(西非法郎)	77654	114942	110835	94997	148795	109451

资料来源:联合国粮食及农业组织。

第三节　制造业与采矿业

一　工业概况

(一) 工业发展概况

科特迪瓦的工业发展大致经历了 3 个阶段:1960～1980 年为快速崛起并增长的阶段;1980～1994 年为减速发展阶段;1995～1996 年短暂重振,但很快被 2000 年以来的政治社会危机所拖累并停滞。自内战结束以来,科特迪瓦的工业目前正处于复苏阶段。从工业绝对值来看,科特迪瓦是非洲工业第八强;从人均工业产值来看,则居非洲第 10 位。科特迪瓦的工业结构和能源工业比较密集且多样化。工业总值在 2007 年、2011年、2012 年、2013 年分别占国内生产总值的 21%、25%、20.5%、21.3%,2017 年的工业产值占国内生产总值的 25%。除能源工业、采掘业和建筑业以外,科特迪瓦的制造业绝对值已经排在非洲第 7 位,比喀麦隆略高一些。科特迪瓦的制造业占经济总量的 18%,在非洲国家已经处

于名列前茅的地位。

在工业政策方面，20世纪六七十年代科特迪瓦采取了"进口替代工业"的保护性政策，即通过努力发展自己的基础产业来满足国内市场的需求，通过高度的保护政策来促进进口替代。1970～1980年，大力发展出口工业，这一阶段主要加强对地方资源的优化利用，发展与加强地方合作，以及国家对资金、劳动就业和管理等方面进行管控。此外，为了促进国家工业化的发展，一些金融或服务机构也应运而生，如科特迪瓦信贷、科特迪瓦工业发展署等；为了吸引外资，促进能源、矿产和农业资源的开发，国家先后在1959年、1984年、1995年和2012年制定了4项不同的投资政策。在这些激励措施下，科特迪瓦投资资金从1960年的220亿西非法郎增长到1980年的7010亿西非法郎，在此基础上，国家也积极地建立了一系列工业生产和服务部门。

通过发展工业，1970年共创造了1.3万个就业机会，1980年创造了7.14万个就业机会，1985年创造了9.18万个就业机会，1993年创造了6.07万个就业机会。随后，在科特迪瓦内政危机的影响下，1998年的就业机会减少至5.5万个，2004年则减少至5万个。就业机会减少主要有三方面原因：一是大量的国有企业私有化，二是国家解除了对国家生产部门的责任，三是内政和社会危机的影响。科特迪瓦90%的工业生产单位位于阿比让，另外还有5%位于圣佩德罗。2006年，第二产业共实现了70万人口就业，即占科特迪瓦就业人口总数的10%，但就业人员主要集中在小型工业企业、手工艺工业和非正式经济产业，仅有9.4万人口在已经向企业资产负债表报备中心①报备的规范企业工作。2014年，科特迪瓦工业领域共有约80万名就业人员，生产的产品出口量占科特迪瓦出口总量的60%。截至2016年底，科特迪瓦工业领域聚集了约90万名就业人员，占全国就业人口的8%。而农用工业尤其是小型的食品加工

---

① 企业资产负债表报备中心（Centrale des Bilans）是西非经济货币联盟内部组织机构，其主要功能在于通过强制要求企业向该机构报备年资产负债表，收集统计企业主体的经济与法务信息，以规范西非经济货币联盟组织框架内的非金融企业的经济活动，同时也为金融投资企业或相关客户提供企业经济与法务数据信息。

业和建筑业吸引了最多的就业人数，占工业领域总就业人口的 60%。

实际上，1999 年以来近 10 年的内战使科特迪瓦的经济增长中断，进入衰退期。科特迪瓦纺织业和食品加工业，尤其是糖业、木制品加工业、汽车工业、机械和电力工业在战争的影响下面临较大发展困境。战争导致 78 家大型企业被摧毁、120 家企业搬迁、106 家企业关闭。大量的基础设施也遭到破坏，包括水利、电力和电话设施。根据科特迪瓦工业与商业商会的数据统计，1999~2006 年，共有 580 家企业受到毁灭性的破坏，直接后果是出现大量的失业人口和贫穷加剧。

从 2012 年开始，国家开始采取多种激励措施，计划建立新的工业区，以迎接新的工业投资，进一步促进私有投资，振兴国家工业。工业区主要位于阿比让（1825 公顷，分布在 4 个区）、亚穆苏克罗（700 公顷）、博努阿（500 公顷）、圣佩德罗（200 公顷）、布瓦凯（500 公顷），以及阿尼亚马、达洛亚、科霍戈、阿本古鲁、阿尼比莱克罗等地区（共 20 公顷）。这些工业区由 2013 年成立的工业基础设施发展与管理局和 2014 年成立的工业基础设施发展基金会统一管理。

（二）工业结构

作为西非国家经济共同体的成员之一，科特迪瓦是工业最多元化的国家之一，农产品加工业是主要工业部门，其次是棉纺织业、炼油、化工、建材和木材加工工业，还包括天然气、电力、电能等。从发展程度和战略地位来看，石油、天然气和能源为支柱型工业，农产品加工和建筑业相对成熟，而食品加工业、日用品工业处于欠发达状态，化学、石油化工、金属、矿产和冶金工业目前还处于萌芽状态。

从企业资金来源及规模和数量来看，1990 年私有化发展以来，科特迪瓦的工业目前是私有企业占主导，主要是小型和中型企业。科特迪瓦减贫战略文件显示，2007 年科特迪瓦共有 2402 家企业聘用的员工数量超过 10 名，并且这些企业中有一半以上是食品工业企业。2009 年，企业资产负债表报备中心联合年度统计报告显示，科特迪瓦第二产业的企业数量达到 1370 家，其中 665 家为制造业企业，56 家为能源和矿业企业，649 家为建筑业企业。在这些企业中，87% 为中小型企业，而剩余的 13% 则可

以认定为大型企业。这些大型企业占工业生产增加值的80%，但近70%的大型企业以劳动密集型工业为主。另外，这些大企业中有近80%为外资企业。

在2011年科特迪瓦内战期间，纺织工业遭受重创，整个工业体系从2012年起才逐渐缓慢复苏。政府从改善贸易环境、发展基础设施、加强对原材料的加工等方面着手推进工业的发展。在这些措施的刺激下，2012~2017年第二产业平均增长率为10%；2018年第二产业增长率为8.5%，其中制造业增长率为5.6%、建筑工业为16.4%。根据科特迪瓦国家统计院的预算数值，截至2019年底，科特迪瓦工业领域的企业数量将达8500家，并主要分布在十大行业，具体占比为：农产品与烟草工业32.1%，采掘工业18.7%，石油、化工、橡胶与塑料工业15.1%，木材加工与家具生产工业14.9%，水、电与燃气工业6.6%，机械与其他装备工业4.3%，造纸与印刷出版工业3.3%，纺织与皮革工业2.4%，玻璃、陶瓷与建筑材料工业2.2%，冶金工业0.3%。这十大行业的出口总量占科特迪瓦总出口的59%。从工业增加值来看，制造业居首位，占50%，其后依次为采掘工业（24%）、建筑工业（19%）、能源工业（7%）。

从出口方向来看，不同工业领域差别巨大。科特迪瓦是西非第一大、非洲第五大农用工业产品出口国。农用工业占科特迪瓦制造业出口的47%，而在组装制造业中的占比仅为2%，科特迪瓦成为世界上组装制造业出口最不发达的国家之一。从制造业行业比例来看，农用工业比例最大，随后依次为化工业、橡胶工业、塑料和石油化工业。

表4-16　2008~2020年科特迪瓦工业在GDP中的附加值

单位：10亿西非法郎

年份	2008	2009	2010	2011（预估值）	2012（预估值）	2013（预估值）	2014（预估值）
GDP总值	8683.3	9176.7	9969.1	10103.8	11222.0	12520.5	13899.6
第二产业总值	2646.0	2871.2	2761.8	2808.8	3162.7	3544.3	3972.7
矿产采掘业	741.7	703.0	808.0	898.7	883.8	969.3	905.1

续表

年份	2008	2009	2010	2011（预估值）	2012（预估值）	2013（预估值）	2014（预估值）
制造业	1550.9	1534.3	1556.1	1552.2	1773.3	1943.3	2235.6
农产品加工业	701.0	676.9	718.5	713.8	884.9	922.4	1051.1
其他制造业	849.9	857.4	837.6	838.4	888.4	1020.9	1184.5
石油产品	52.8	354.5	118.3	92.1	138.1	146.3	187.5
能源工业（电、天然气、水）	117.5	87.6	69.2	70.9	77.9	105.2	114.5
建筑业	183.1	191.9	210.2	194.9	289.7	380.2	530.0

年份	2015	2016	2017	2018（预估值）	2019（预估值）	2020（预估值）
GDP 总值	19595	20931	22151	—	—	—
第二产业总值	5051.3	5280.1	5468.5	6033.1	6746.9	7576.0
矿产采掘业	961.8	1325.5	1333.6	1330.6	1344.1	1430.8
制造业	—	—	—	—	—	—
农产品加工业	1088.7	1061.9	1097.1	1271.1	1504.0	1716.5
其他制造业	1379.1	1335.5	1453.0	1583.4	1728.8	1919.5
石油产品	419.4	191.4	176.0	198.1	237.7	246.0
能源工业（电、天然气、水）	299.8	362.4	375.9	410.5	426.1	465.6
建筑业	902.4	1001.6	1032.8	1239.4	1506.3	1797.6

资料来源：科特迪瓦经济与财政部。

科特迪瓦主要有四大出口产品：原油、石油加工产品、加工后的可可和木材。这四大产品在近几年来占科特迪瓦工业产品出口的66%~72%。制造业的出口产品则主要是农用工业、化工业、塑料加工业和金矿采掘业产品。从进口工业产品来看，2009年科特迪瓦进口的能源和化工产品占其进口工业产品的近一半。其中，2009年进口的组装产品共计18亿美元，32%用于工业设备，23%是通信设施和家电，22%为交通材料。总体上，科特迪瓦的贸易处于持续顺差状态，根据2009年世界银行美元汇率估算结果，科特迪瓦2009年的贸易顺差

表 4 – 17　科特迪瓦主要工业产品产量

单位：千吨

年份	2009	2010	2011	2012	2013	2014	2015	2016	2017	2018	2019	2020
大麦啤酒*	315	344	460	350	—							
未加工棕榈油	345*	360	371	417.8	—		424.1	451.0	433.8	513.9	539.0	563.2
粗糖	150	150	—	—	—		198.7	188.0	191.6	186.6	190.4	194.2
胶合板（千立方米）	79	77	143	143	143*	—	—	—	—	—	—	—
喷气燃料	53	40										
车用汽油（石油）	526	491	390									
煤油	826	616										
天然气 – 柴油(蒸馏油)	1153	983	712									
残油	438	408	—									
水泥	283	188	99	78								
电能（百万千瓦）	5872	5959	6099			8623.8	10072.2	8802.7	9835.3	10706.0	11226.0	—

注：＊为估算值。

资料来源：联合国粮食及农业组织、美国地质调查局以及联合国工业发展组织。

已经超过 40 亿美元，这主要归功于它的农产品、农用工业产品以及能源工业产品出口。但是，如果从单个工业行业来看，绝大多数的贸易主体处于赤字并呈现明显的恶化态势，尤其是在纺织业、化工业、塑料加工业、材料业，以及全部组装产品领域。

二　制造业

非洲开发银行的数据显示，2013 年制造业生产总值占科特迪瓦国内生产总值的 14.0%，但以农产品为主，如可可、咖啡、棉花、棕榈油、菠萝和鱼产品加工等。至今科特迪瓦很少有高质量的制造业加工产品出口，基本限于初级加工。1994 年，西非法郎贬值在一定程度上提高了科特迪瓦制造业在地区发展的竞争力。1997 年，包括矿产、建筑与公共设施建设及制造业在内的第二产业生产总值增长率为 13.1%，2000 年为9.5%，而 2001 年急剧减至 2.4%，2003 年与 2004 年分别为 13.2% 和8.6%。根据世界银行估算，2004 ~ 2012 年科特迪瓦的工业增加值年均增长率为 2.5%，其中 2011 年为 6.2%，2012 年上升至 15.6%，2016 年为15.2%，2017 年下降至 7.3%。世界银行数据显示，2014 年，科特迪瓦包括矿产、制造、建筑和能源在内的工业生产总值占国内生产总值的21.1%，2016 年为 25.7%，2015 ~ 2018 年平均为 25.2%。

1999 ~ 2001 年，制造业发展曾达到顶峰，但此后便一蹶不振，制造业的年均增加值在 1999 年下降了 22%，2006 年下降了 12%，此后基本趋于稳定，尽管 2007 年稍稍有所回升，但整体的下降趋势不可阻挡。这主要体现在以下四个方面。第一，制造业整体下降之后，尚未赶超国内政治危机之前的状态，人均制造业增加值低于 1990 年的水平。相比之下，邻国加纳 2000 ~ 2008 年的制造业绝对值增加了 380%，尼日利亚在 2002 ~2006 年增加了 91%，布基纳法索在 2001 ~ 2006 年增长了 125%，这些国家的制造业都获得了飞速的发展。第二，不同领域的阶段性衰退，例如，木业生产在 2003 ~ 2007 年减少了 89%，纺织业生产在 1999 ~ 2007 年减少了 78%，食品工业生产在 1999 ~ 2003 年减少了 38%，在 2003 ~ 2007 年又减少了 7%，机械和汽车工业生产在 1999 ~ 2007 年减少了 43%，建筑工业生产在 1999 ~ 2004 年减少了 33%。第三，1999 ~ 2004 年私有企业的盈利也迅速减少甚至恶化。第四，外国投资几乎绝迹，私有投资在总体上也趋于干涸。制造业中仍然保持微弱增长的行业仅限于铜矿、化工、塑料加工、水泥和冶金业。此外，2003 ~ 2004 年以来石油和天然气采掘业的发展以及近几年采矿工业的发展使第二产业 2010 年的增加值略微高于2000 年的峰值。2009 年企业资产负债表报备中心联合年度统计报告也显示科特迪瓦制造业的盈利自 1999 年以来连续下降。收益下降最严重的有化工、橡胶工业、塑料加工、纺织业、铜矿业、造纸业、建筑行业的材料和办公家具业等。

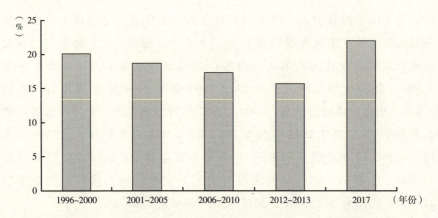

图 4-1　1996~2017 年科特迪瓦制造业对 GDP 的贡献率变化

资料来源：科特迪瓦经济与财政部。

科特迪瓦的制造工业高度集中，产业竞争力低。这种高度集中化主要体现在能源、采掘和农产品加工领域。而建筑业、木业、造纸业、冶金业、化工和塑料加工在市场上也以众多的中小型企业为主。根据2009 年企业资产负债表报备中心联合年度统计报告，1370 家制造业工业企业占国有企业工业增加值的 34%，其中有 22 家企业每年的营业额超过 500 亿西非法郎，占第二产业总营业额的 68%，占正规企业出口总额的 79%。而这些企业主要集中在农产品加工业、能源或精炼工业，也有个别建筑业企业、水泥业企业以及金属工艺制造商和化工企业。这进一步证实了科特迪瓦的工业领域高度集中化，尤其是在农产品领域，仅农产品加工业一项就已经占工业生产附加值的 52%，拥有 48% 的工业就业人口。

科特迪瓦组装工业和制造业构成不足。科特迪瓦的组装工业还处于起步阶段，制造业结构也比较脆弱。材料、炼钢、包装、工艺装备、机械、车辆和组装工业仅占制造业增加值的 24%。一方面是因为国内市场需求低，另一方面缺少足够密集的分包商和中间产品制造商让国内产品和国际接轨。然而从组织结构角度来看，化学工业、石油化工、塑料加工在工业组织结构上的衔接密度是相对较好的。

值得一提的是，2013 年开始科特迪瓦的制造业发展开始转好，并且科特迪瓦一跃成为西非地区制造业强国之一，制造业产业附加值约 40 亿美元，并解决了 54 万人的就业问题。但绝大部分工业领域的就业人员集中在劳动密集型企业，采用现代化技术办公的人员很少，因而绝大部分工人的生活仍处于最低工资水平以下。

三 采矿业

科特迪瓦拥有丰富的矿产资源，如金、铁、锰、镍、铀、铝土、石油等，但大部分还处于未开发的状态。目前已探明的石油储量约 2.2 亿桶，天然气储量 1.1 万亿立方米，铁矿石 15 亿吨，铝矾土 12 亿吨，镍 4.4 亿吨，锰 3500 万吨。科特迪瓦矿产资源开发产值占国内生产总值的比重不到 5%，目前仅有金和锰实现工业化开采。

（一）石油

在石油领域，科特迪瓦海上第一口油井在 1970 年得到开发。然而，科特迪瓦的石油行业并没有获得很大的发展，石油开采只占国内生产总值的 8%。但是，在科特迪瓦外海发现的新的矿床有望使其石油生产有一个显著的提升。根据科特迪瓦国家矿业发展公司的统计，科特迪瓦石油矿床储存量预计有 3 亿桶，天然气达 17000 亿立方米。科特迪瓦石油开采在 1984 年曾经一度停滞，20 世纪 90 年代初又重新对海上油田进行勘探，并于 1994 年在雅克维尔和大拉乌潟湖周边发现了新的油田。1995 年，美国子午线联合集团与科特迪瓦国家石油公司成立了合资公司，当年 4 月，狮子油田（Lion Field）正式开采生产。1996 年新油田开采后，矿产能源业在科特迪瓦工业领域所占比重逐年增加。2002 年，加拿大自然资源公司与英国塔洛石油公司合作，共同开采东方希望油田（East Espoir Field），产量达平均每天 3.5 万桶。加拿大自然资源公司还在 2006 年中期对科特迪瓦西方希望油田（West Espoir Field）进行开采，2005 年中期在猴面包树油田（Baobab Oil Field）开采了 11 口油井，2009 年猴面包树油田又新添 4 口油井，成为至今科特迪瓦最大的原油来源地，其中 2011 年的日平均产量为 1.97 万桶。2010 年以来，猴面包树油田在后续开拓新油井之

后，产量又持续上升。

科特迪瓦国产石油总量从 2001 年的 210 万桶增至 2006 年的 2220 万桶。然而 2007 年由于油田开发合同到期以及部分油田的淤塞，石油总产量又下跌到 1750 万桶。科特迪瓦国家矿业发展公司数据显示，2008 年，科特迪瓦石油产量继续下降至 1680 万桶，2009 年由于对淤塞油井的处理及猴面包树油田新油井的发现，产量略有上升，为 1820 万桶。美国地质调查局数据显示，2010 ~ 2012 年，科特迪瓦石油产量持续下降，分别为 1456 万桶、1239 万桶和 1077 万桶。法兰西银行报告显示，受国际石油价格的影响，科特迪瓦原油出口总值从 2005 年的 10605 亿西非法郎增长到 2006 年的 15696 亿西非法郎，而 2007 年和 2009 年又分别降至 12569 亿西非法郎和 9550 亿西非法郎。根据联合国国际贸易中心的数据，2011 ~ 2013 年科特迪瓦的原油出口总值继续下降，分别为 13.06 亿美元、12.55 亿美元、9.59 亿美元。其中 2013 年科特迪瓦石油日产量 25043 桶，2014 年为 19000 桶，2015 年为 26000 桶。2015 年的石油年产量为 1073 万桶，同比增加 55.6%。2016 年增长更加迅速，日产量已达 45000 桶。科特迪瓦政府的目标是到 2020 年争取石油日产量达 200000 桶。

科特迪瓦原油提炼公司是科特迪瓦最为重要的原油提炼企业。目前平均日提炼原油产量为 7 万桶。它主要面向国内石油消费者、国有企业和邻国石油供给。该石油提炼公司与狮子油田建设了直接石油管道，同时它也承接部分来自尼日利亚的原油提炼工作。科特迪瓦国家石油公司拥有科特迪瓦原油提炼公司 48% 的股份。2007 年 12 月，科特迪瓦国家石油公司与两家美国公司签订了一份协议，准备在阿比让建造第二个炼油厂，预计投入 14 亿美元，日炼油产量 6 万桶，将耗时 3 ~ 4 年，但至今还未动工。2009 年 3 月，安哥拉国家石油公司以 4500 万美元的价格购买了科特迪瓦原油提炼公司 22% 的股份。2010 年 1 月，科特迪瓦原油提炼公司面临一系列财政困难，公司盈利急剧下降，而政府高达 1500 亿西非法郎的拖欠款进一步加剧了科特迪瓦原油提炼公司的财政困难。随后，公司管理层采取了一系列措施甚至停产以减少经济损失。2010 年 2

月，科特迪瓦原油提炼公司恢复石油产品的供应。2010 年 3 月，政府获得一笔高达 3350000 亿西非法郎的银行贷款，支援科特迪瓦原油提炼公司的石油提炼生产。2014 年，科特迪瓦原油提炼公司与科特迪瓦国家石油公司双双面临巨大的财政困难，而科特迪瓦政府大额度的逾期欠款、国际石油价格的下跌和美元的贬值等多重因素让公司的形势雪上加霜。这两家公司都遭遇巨大亏损，科特迪瓦国家石油公司甚至无法支付 2013 年的股息。2015 年，这两家公司与政府重新调整了逾期债款问题。

（二）天然气

在科特迪瓦，天然气最早用来发电。福克斯楚特油气田（Foxtrot Field）是科特迪瓦最大的油气田，日产量达 8000 万立方英尺；其次是曼塔油气田（Manta Field），日产量为 3200 万立方英尺。这两个油气田都由科特迪瓦福克斯楚特跨国公司进行开采。美国戴文能源公司对科特迪瓦豹子油气田（Panthère Field）进行开采，日产量为 7000 万立方英尺。此外，加拿大自然资源公司也在 2006 年中期宣布开采西方希望油田的天然气。科特迪瓦的天然气生产总量在 2005 年高达 17.42 亿立方英尺。根据美国地质调查局的数据，2012 年，科特迪瓦天然气生产总量再创新高，为 17.80 亿立方英尺。债权国随后以提高能源领域的透明度为恢复基金全款的前提条件，科特迪瓦政府承诺对电力、炼油、天然气和石油开采领域实施查账制度，并实行价格自动调整体制。2013 年科特迪瓦被采掘业透明度行动计划界定为遵守透明制度的国家，这为科特迪瓦获得债权国的债务减免争取了有利条件。

2000 年以来，科特迪瓦的石油天然气领域总体持续发展，极大地提高了天然气对国内生产总值的贡献率。其中原油占 2008 年出口总额的 15%，而科特迪瓦原油提炼公司出口的成品油则占总出口额的 25%。根据联合国国际贸易中心的数据，科特迪瓦矿物燃料、燃料油、提炼产品的产值在 2011 年达 268820 万美元，占国内生产总值的 24.3%；2012 年为 315990 万美元，占国内生产总值的 29.1%；2013 年略微下降，为 287890 万美元，占国内生产总值的 23.8%。

表 4 – 18   2010 ~ 2020 年科特迪瓦原油和天然气产量

年份	2010	2011	2012	2013	2014	2015	2016	2017	2018（估算值）	2019（预算值）	2020（预算值）
原油（千桶）	14562	12391	10770	9140	—	10735.1	15425.9	12440.5	11784.6	12167.6	11618.7
天然气（百万立方英尺）	1666	1632	1780	—	—	2224.3	2395.0	2153.3	1955.3	1943.1	2166.1

资料来源：美国地质调查局、科特迪瓦经济与财政部。

（三）钻石和金属矿产

科特迪瓦的钻石开采有两处，一处位于唐迪亚，另一处在塞盖拉，均为正规的钻石开采区。科特迪瓦钻石的开采始于 1948 年，在唐迪亚及科特迪瓦的中部偏北。1972 年钻石的开采达到顶峰，计 260000 克拉。钻石勘探需要持有勘探证，但是绝大部分钻石的开采在非法的框架下进行。2005 年，联合国安理会颁布了一项关于禁止从科特迪瓦进口未加工钻石产品的禁令，并逐年加强禁令。但是金伯利进程[①]在 2009 年爆料科特迪瓦钻石非法开采和交易仍然处于持续上升的趋势。大部分钻石主要通过科特迪瓦北方的手工艺作坊加工处理后卖出。根据美国地质调查局的数据，2008 年科特迪瓦钻石生产量为 21 万克拉。2014 年 4 月，联合国安理会关于科特迪瓦未加工钻石出口禁令被解除。2015 年 2 月，一份新的关于矿产开采的法令得以通过，旨在加大对金矿开采的力度，并于当年产出 13936 克拉，分成 13 批次出口。2016 年，钻石开采达高峰，为16290 克拉，2017 年和 2018 年的开采量下降，分别为 7360.8 克拉和5678.3 克拉，2019 年和 2020 年的开采量估算分别为 6000 克拉和 6500克拉。

科特迪瓦的金矿开采最早可以追溯到 1991 年，尤其著名的是艾提

[①] 从珠宝供应链来讲，钻石矿主要集中在南非，钻石毛坯由印度人垄断，标准又是由比利时及美国人制定的。金伯利进程即印度钻石毛坯跨国企业。

（Ity）金矿，由法国矿产合资公司进行开采。此外，在安戈维亚，1993 年开始采掘，后中断，2009 年底由英国克拉夫金矿开采公司收购之后又重新开始。根据美国地质调查局的数据，2001 年，科特迪瓦金矿产量为 3672 千克，2002 年有所下降，为 3570 千克。科特迪瓦的国内危机对金矿开采产生了直接的影响，2003 年产量降至 1313 千克，2006 年也仅为 1452 千克。而后，金矿生产总量逐步回升，2009 年为 6947 千克，2010 年为 5.31 吨，2011 年为 12.40 吨。除了艾提金矿，其他地方如伯尼克罗（Bonikro）金矿、通贡－科霍戈（Tongon-Korhogo）金矿，于 2011 年由澳大利亚金矿公司开采，并被视为科特迪瓦最大的金矿区。这两个地方大约蕴藏 120 吨金矿，年产量约为 7.8 吨，它们的开采将极大促进科特迪瓦金矿总产量的提高。科特迪瓦官方估计，2013 年其金矿产量约为 15.5 吨，2014 年为 18.6 吨。阿巴乌（Agbaou）金矿于 2014 年开发，距离阿比让北部 200 公里。该金矿 85% 的股份属于加拿大艾恩多华矿业有限公司，科特迪瓦政府仅有 15% 的股份。英国阿玛拉矿业公司在 2015 年 10 月宣布投资 4 亿美元建成非洲地区最大的金矿——科特迪瓦雅乌雷山脉中部地区，但该公司在 2016 年初被澳大利亚珀尔修斯矿业有限公司收购。2018 年 1 月，后者成功取得位于科特迪瓦最北端的西辛格（Sissingué）金矿开采许可证，也成为该公司在西非地区继加纳埃迪坎金矿之后的第二个金矿项目。2019 年 5 月，澳大利亚珀尔修斯矿业有限公司取得科特迪瓦雅乌雷金矿开采权并正式开采黄金。在西非拥有 3 座金矿开采权的澳大利亚珀尔修斯矿业有限公司计划在 2022 年将公司转变为年产 50 万盎司黄金的生产商。

科特迪瓦铁矿的开采主要位于西部，即加奥山和宁巴山矿脉地区。2007 年 12 月，印度塔塔钢铁集团与科特迪瓦国家矿业发展公司合作成立一家合资公司，对位于科特迪瓦西部宁巴山脉，即与几内亚和利比里亚交界处的铁矿进行开采。科特迪瓦目前还在为卡拉尤山脉的铁矿寻找开发商。但由于这两座铁矿脉的含铁量仅为 40%，在一定程度上限制了投资的发展。

科特迪瓦可以开采的其他矿产主要有锰（2013 年开始颁发勘探证）、

镍、铜，其中锰矿开采最为迅速。另外，还有一些丰富的矿产资源至今还几乎没有开始开采，如铝土矿、钨矿、钽、钴。

尽管国际市场矿产资源价格下跌，但2015年科特迪瓦矿产资源收入比上一年增长了24%，为7.3亿欧元（约合4790亿西非法郎）。增长的主要原因是金矿开采增长了17.5%以及钻石重新开采。截至2015年，在科特迪瓦直接从事矿产开采的人员达6600人，间接从业人员则有1.8万人，矿产业投资达770亿西非法郎。仅在2015年国家就颁发了45个开采证，因此至当年年底全国有效矿产开采证达171个，而其中136个为金矿开采证。

表4-19　2010~2020年科特迪瓦金矿和锰矿产量

单位：吨

年份	2010	2011	2012	2013	2014	2015	2016	2017	2018（估算值）	2019（预算值）	2020（预算值）
金矿	5.31	12.4	12.2	15.5	18.6	23.5	25.1	25.4	24.5	26.0	28.0
锰矿	87400	50000	120485	271562	308401	263200	200280	510073	930959	1000000	1100000

资料来源：科特迪瓦工业与矿产部、地质与矿产总署，美国地质调查局，科特迪瓦经济与财政部。

四　建筑业

建筑业在科特迪瓦的经济振兴中占有重要的一席之地。2012年建筑业对国内生产总值的贡献率为6%，2013年则为6.8%。

科特迪瓦建筑行业早期的产业链主要包括：一是研究，包括建筑艺术、平面几何、材料研究以及环境影响；二是大型工程行业，如建筑物的基石、工程的清洁、土木工程；三是装修收尾工程，如铅管工程、电力工程、室内装修、粉刷、精加工等。今天还加上维修公司等。此外，科特迪瓦当代建筑业又新增了许多其他项目，如建筑材料的生产、电子和电器设备制造、工业化机械设备制造、房地产商以及不动产专业人士等。1999年以来，建筑业的增值税总体趋于稳定，2002年到达顶峰，达2400亿西非法郎，2003 年开始下降，至今仍未超过该峰值。实际上，从 2000 年开始建筑业就面临严重的衰退，尽管 2007 年有所回升，但仍然难以达到 1998 年之前的峰值。根据企业资产负债表报备中心的统计数据，2009 年科特迪瓦建筑行业的企业总数达 649 家，以中小型企业为主，收入达 2310 亿西非法郎，从业人员有 1.1 万人。72% 的企业从事大型工程建设，如土木工程或房屋建设，但是生产总值只占建筑业的 41%，创造就业数量也只占建筑业的 48%。与此相反，一些已经向企业资产负债表报备中心报备过的工地筹备公司反而更加集中，并占建筑业生产总值的 19%，但仅有 15 家公司，其中 1 家领头企业独占 59% 的工地筹备份额。设备安装类的装修公司占建筑业企业数量的 23%，占建筑业生产总值的 38%，就业人数占建筑业总就业数量的 35%。在企业资产负债表报备中心报备的精装修或收尾工程领域的公司有 15 家，对建筑业生产总值的贡献率为 2%，从业人员占 2%。科特迪瓦还有大量未在企业资产负债表报备中心报备的工程收尾公司。

　　科特迪瓦的建筑业分布相对分散，但发展渐现潜力。2012 年之前，受国内经济政治形势影响，建筑业发展相对低迷。2000 年初科特迪瓦建筑企业的平均投资为每年 120 亿西非法郎，2002 年下降至 30 亿西非法郎。2012 年科特迪瓦建筑业开始稳步前进。根据联合国工业发展组织数据，截至 2012 年，科特迪瓦全国共有 20 家大型建筑企业（即营业额大于 28 亿西非法郎的企业），这 20 家企业的总营业额达 1290 亿西非法郎，共计 3920 名职员，即占企业资产负债表报备中心的报备企业生产总值的 56%。2012 年，科特迪瓦 60% 的投资主要投入建筑业。最近几年，随着科特迪瓦基础设施建设的稳步推进，建筑行业已经成为科特迪瓦最具发展潜力的行业，也是全国第三大创造就业的行业，平均每年新增 10% 的就业岗位，仅次于商贸业（31%）和制造业（15%）。其中，2016 年，建筑业产值达 19500 亿西非法郎，对国内生产总值的贡献率为 6%，全年共有 19300 名员工活跃在建筑业领域。2012～2018 年，科特迪瓦建筑行业产值的平均增长率为 26%，并且 7 年间增加了近 3 倍的业绩，即从 2012 年的 4050 亿西非法郎增长到 2018 年的 15620 西非法郎。

然而不可否认，科特迪瓦建筑业行业结构存在一些问题。建筑行业的发展由于公共投资的不足，受到严重的制约而几乎停滞。这种制约因素一方面来自国家对大型基础设施建设（乡村电气化工程除外）的投资以及对社会基础设施建设的限制；另一方面，水电行业无法利用企业自己的利润进行长线投资。此外，除了银行业和通信业外，其他行业的私人投资也多方受阻。对于广大建筑行业的中小企业而言，尽管它们有很大潜力，但是仍然严重受到国家内政危机的影响。除了需要缴纳重税之外，它们还需要与为数众多的非正式的建筑公司竞争。与后者相比，正规的中小企业处于极为不利的地位。银行对中小企业的贷款也极为不利，企业主往往需要自己先垫付大量的个人资金，向银行或国家的贷款申请往往需要长达2个多月的时间才能得到答复，这往往又会使中小企业主由于资金不足而失去一些分包的机会。科特迪瓦不太合理的重税制度以及国家拖欠工程钱款的问题（超过3000亿西非法郎）使整个建筑行业都不景气。

在人力资源方面，科特迪瓦也缺乏技术工人，尤其是工地包工头、土地测量员、起重机械操作员以及建筑艺术工程师。以2009～2010年的数据为例，这一年大约有450名建筑人员在特定的工地接受培训，但培训领域无论是技术还是职业规范，水平都日益下降，青壮年员工本身就缺少经验、严谨性，而培训缺乏连贯性或未达到要求。目前科特迪瓦比较突出的建筑技术短板有桥梁和道路的桥隧工程、地基打桩工程、高压线工程、变压器工程、火力发电、土壤研究和高层居民楼的建设。此外，昂贵的建筑材料的交通运输费也制约了建筑企业竞争能力的提高。在住房建设方面，近十年内，科特迪瓦住房的建造成本增加了2倍，主要原因在于制度问题、房地产精英环境和融资的问题。

五　能源工业

科特迪瓦自主制定能源政策，并主要针对能源生产的控制和供给。科特迪瓦已经实现了能源生产当地加工和能源的分销管理。1963年科特迪瓦原油提炼公司成立，主要对进口原油进行冶炼，保证国家石油能源相对安全地供应。此外，在外国公司和外国合作商的协助下，科特迪瓦也鼓励本国石油和天然气出口。能源方面，既有国有企业，如科特迪瓦能源总部、科特迪瓦国家石油公司等，也有私营企业，如科特迪瓦电力生产公司、阿兹多火力发电厂等。科特迪瓦能源潜力巨大，潜在能源包括水力发电及以天然气为燃料的火力发电等。科特迪瓦目前拥有6座水利大坝：阿亚梅1号水坝、阿亚梅2号水坝、科苏水库、塔波水库、比尤水库、法耶水库；4座火力发电站：科特迪瓦电力生产公司1号火力电厂、科特迪瓦电力生产公司2号火力电厂、阿兹多火力发电厂、阿格尔戈火力发电厂。水力发电与火力发电的产能比例分别约为30%和70%。

　　20世纪80年代初，科特迪瓦的水力发电能力获得了快速的发展，90%的电能来自水力发电。然而1982~1984年遭遇了大面积的干旱之后，水力发电能力急剧降低，国家转而改变能源政策，开始利用热能发电。一项关于在弗里迪港口建造热能发电厂的计划在经历了长期讨论之后，终于在1994年实现。同年，美国子午线联合集团与科特迪瓦政府签订了一份协议，美国将利用豹子油气田的天然气在弗里迪港口建造一座100兆瓦的热能发电厂，1997年，该电厂实现向国家电网输电。同年底，豹子油气田的产量翻倍，天然气产量达1.39亿立方英尺，科特迪瓦开始制订热能发电出口的计划。第一套用于生产144兆瓦的燃气发电设备于1999年1月在阿兹多火力发电厂安置成功。到2008年，该发电厂的发电能力已经达到300兆瓦。2013年3月，阿兹多火力发电厂进一步计划将其发电能力提升至420兆瓦。2008年8月，科特迪瓦政府与科特迪瓦电能公司签订协议，计划在弗里迪建造一座120兆瓦的火力发电站，造价估计1.34亿美元，由主要股东科特迪瓦国家电力公司和次股东利比亚非洲投资公司共同投资。与此同时，美国、法国和科特迪瓦三方共同开发的福克斯楚特油气田CI–27区于1990年中期正式产出天然气，使科特迪瓦天然气的产量骤升。2005年和2007年又先后发现了两个新的天然气油井。2012年，科特迪瓦政府签订了3份关于天然气开发的独家协议。2013年，科特迪瓦天然气日产量达1.70亿立方英尺。另外，科特迪瓦国家电力公司与中国水电投资企业签订了一份水力发电协议，将在萨桑德河建造苏布雷水电站，发电能力为 274 兆瓦。苏布雷水电站于 2013 年 2 月开工，预计在 5 年内完工。其他水电站新址也在积极调研中。

2007 年，由于降雨量减少、发电设备陈旧、长期缺乏投资、配电网络落后以及非法电路连接等原因，科特迪瓦仅有 859 兆瓦的电力可利用，但科特迪瓦发电装备的发电能力已达 1210 兆瓦。2011 年，科特迪瓦电力的 69.3% 依靠火力发电厂发电，29.1% 则依靠阿亚梅、科苏、塔波、比尤、法耶和格拉几大水电站。在西非地区，科特迪瓦的工业生产能源成本相对低廉，2008 年每千瓦为 58 西非法郎。然而，科特迪瓦城市化的快速进程使能源的需求量逐渐上升，2007~2008 年以 7% 的速度上升。2009 年世界银行批准 5000 万美元的贷款来帮助科特迪瓦提高苏布雷、盖尤、阿比让和亚穆苏克罗的供电能力。

作为西非电力联合体成员，科特迪瓦国家电网与加纳、多哥、贝宁、布基纳法索和马里连接起来。科特迪瓦曾是西非电力大国，多余电力向贝宁、多哥等国出口。从 1994 年开始，科特迪瓦向布基纳法索和马里出口电能。但后来受战乱影响，电力行业一度发展缓慢。2002 年出口 1563 吉瓦时，2006 年科特迪瓦 19% 的电力出口至上述国家，2007 年出口 1066 吉瓦时。2005 年，科特迪瓦电力出口达到顶峰，为 14.5 亿千瓦。2009 年 6 月，为改善西非地区的电力，欧洲投资银行同意援建连接科特迪瓦与加纳的里维拉—普锐斯提①高压输电线路，总造价约 17.50 亿欧元。科特迪瓦国家电力公司对国有发电设备、电力的传输和分配进行管理，并对电力的供应实行垄断。2010 年科特迪瓦内乱，电力供应严重不足，甚至从周边国家进口电力。2011 年电力出口仅为 7.72 亿千瓦。2012 年起电力出口逐步增加，2015 年电力出口约为 85.27 亿千瓦时，同比增加 3.79%，并为科特迪瓦创造约 1.65 亿美元外汇收入。2009 年和 2014 年，科特迪瓦对天然气的发电需求分别为 1500 亿立方英尺和

---

① 里维拉（Riviera）为阿比让居民住宅区，位于可可迪区的东北方向；普锐斯提（Prestea）是加纳东南沿海方向的城市。

2300 亿立方英尺，主要为火力发电站消耗。另外，2015 年，在世界银行资助下，科特迪瓦与利比里亚、几内亚、塞拉利昂电网连接的计划正在进行，这将进一步促进地区的发展。英国苏格兰亚力克集团也在 2015 年 1 月获得一项为期三年的合同，即在阿比让采用发电能力为 200 兆瓦的气体燃料发电设备生产电力。而实际上，该设备在 2010 年就已安装好。

表 4 – 20　2007 ~ 2015 年科特迪瓦电能的生产与消耗

单位：千千瓦时

年份	2007	2008	2009	2010	2011	2012	2013	2014	2015
电力净生产量	5477500	5638200	5766800	5856900	5994000	6905900	7530200	8151800	8157680
电力消耗	3378400	3598600	4270700	1861900	1696900	2159300	2378600	2637548	2737656
低压电消耗	1770500	1888800	2527300	2100000	2008500	2354300	2666700	2847755	3160867

资料来源：科特迪瓦国家统计院。

第四节　服务业

一　交通运输业

科特迪瓦服务业以商业和运输业为主。2015 ~ 2018 年服务业平均产值占国内生产总值的 31.8%，其中 2018 年的占比为 32.6%。自国家独立以来，历届政府对交通和通信基础设施建设都非常重视，历年来大量的投资使国家与西非地区的交流变得更加便捷。今天科特迪瓦拥有发达的交通基础设施，是非洲交通最发达的国家之一，尤其是海运和公路交通。这不但有利于国内的流通，也方便与周边国家的商品流通。

（一）公路网

在西非地区，科特迪瓦的公路网发达，在一定程度上有利于提高科特迪瓦地方经济发展的竞争力。世界银行的数据显示，2000 年，科特迪瓦公路网总长约 82000 千米，其中 75000 千米为土路、6500 千米为沥青路、150 千米为高速公路，铺砌道路仅占 8.1%。这些公路网有利于国内往来，同时也有利于与周边国家的交往，如加纳、利比里亚、马里、布基纳法索、几内亚等。但这些公路网自 1990 年以来总体上受到不同程度的损坏。道路的修复或延伸获得了多边组织或一些国家的支持，如法国、德国和日本。2007 年 7 月，连接阿比让和亚穆苏克罗的高速公路开始修建，由中东发展基金援建，于 2013 年 12 月竣工。2012 年开始，国家采取措施修复近 2 万千米的公路，即大约 1/3 的城际公路网。2014 年 12 月，一座长 1.5 千米的收费桥在阿比让正式建成通车，桥梁总造价为 3.3 亿美元，旨在缓解交通堵塞问题，同时促进城市发展。至 2016 年底，科特迪瓦公路网总长已近 8.3 万千米，占整个西非经济货币联盟道路里程的 45%，其中一级公路 6500 千米（沥青路面）、二级公路 7000 千米。全国有 5850 个货运商行，各种车辆 31.1 万辆，其中货车 1.7 万辆。

（二）海上交通

海上交通在科特迪瓦占据极其重要的位置，科特迪瓦绝大多数的进出口贸易通过海运实现。科特迪瓦在大西洋海岸有两个海港，一个为阿比让自由港，另一个为圣佩德罗自由港。阿比让港口于 1955 年在弗里迪运河建成后开始对外开放。从吞吐量和运输容量方面来看，它是西非地区最大和最为重要的天然良港和集装箱码头之一，也是其他内陆地区的布基纳法索、马里和尼日尔等国家的过境港口或几内亚湾附近国家的沿海航行港口。阿比让港口设备较完善，可同时停泊 60 多艘船只，年装卸标准集装箱约 60 万只。设计年吞吐量为 2000 万吨。目前阿比让自由港由法国波洛莱集团旗下的分公司弗里迪输油管终点开发公司管理运营。2000 年，科特迪瓦港口运输量达 1450 万吨。2002 年和 2003 年，由于内战爆发，运输量略微下降，2004 年开始反弹上升 14.8%，2005 年上升了 5.05%，达 1750 万吨。2006 年，由于石油运输量增加，阿比让自由港吞吐量有了明显的上升，超过一半以上的货物为石油，当年阿比让与圣佩德罗两个港口的总吞吐量就达 1890 万吨。2007 年和 2008 年阿比让自由港的吞吐量分别为 2140 万吨和 2200 万吨。2011 年，受选后危机影响，阿比让港口的吞吐量下降到 1664 万吨，同比下降 31%；2015 年港口吞吐量为 2423.9 万吨，2016～2018 年港口吞吐量分别为 2370.1 万吨、2458.2 万吨、2581.8 万吨。

　　圣佩德罗自由港是科特迪瓦第二大港口，年吞吐量达 120 万吨，装卸标准集装箱 8 万只，主要承运木材、可可等。2010 年，可可豆出口运输总量为 43.5 万吨，2011 年超过 52.2 万吨，均从圣佩德罗港口运出。仅 2011 年可可豆的出口运输量就已经占圣佩德罗港口当年出口运输总量的一半以上。除此之外，该港口还是其他自然资源如橡胶和木材的主要出口港。

　　近年来，阿比让自由港和圣佩德罗自由港都在努力提高各自的集装箱运输能力。2012 年，阿比让自由港吞吐货物达 2171.4 万吨，与 2011 年的运输总量 1664 万吨相比，增长了 30%。而圣佩德罗港口的货物出口量也从 2012 年的 103.6 万吨增长到 2013 年的 114 万吨，进出圣佩德罗自由港的船只在同一时期也从 518 艘上升到 533 艘。2014 年 12 月，法国波洛莱集团旗下分公司承接建造阿比让第二座集装箱港口，预计工程于 2021 年竣工。

表 4－21　2006～2018 年科特迪瓦两大自由港货物运输情况

单位：千吨

(1) 阿比让自由港

年份	2006	2007	2008	2009	2010	2011	2012	2013	2014	2015	2016	2017	2018
货运船只（艘）	—	—	—	—	—	—	5810	5825	5863	5972	5490	5217	5018
到港卸载货物	9806	10836	11170	11896	12801	9628	13613	13984	14005	15260	14952	15428	—
离港装载货物	7818	9040	9569	10741	9683	7015	8101	7492	6807	6666	6782	7172	—
过境中转货物	—	—	—	—	—	—	1613	1828	1839	2313	1967	2026	1642
总吞吐量	—	—	—	24034	24016	16642	21714	21476	22651	24239	23701	24582	25818

续表

(2)圣佩德罗自由港

年份	2006	2007	2008	2009	2010	2011	2012	2013	2014	2015	2016	2017	2018
货运船只（艘）	—	—	—	—	369	369	518	533	489	515	496	449	—
到港卸载货物	177	179	191	178	243	187	279	251	342	595	751	905	—
离港装载货物	821	769	827	880	905	980	1036	1140	1290	1390	1814	1992	—
过境中转货物					84	638	1915	2934	3105	2866	2047	1633	
总吞吐量					1232	1805	3230	4325	4737	4851	4612	4530	—

资料来源：科特迪瓦国家统计院、阿比让自由港、圣佩德罗自由港。

（三）铁路交通

在科特迪瓦，铁路在殖民时代就已经建成并曾经在社会和经济领域发挥重要作用。目前科特迪瓦只有一条阿比让—瓦加杜古铁路，连接科特迪瓦阿比让与布基纳法索的瓦加杜古，全长 1156 千米，其中 627 千米在科特迪瓦境内。从 1995 年开始，铁路的经营被转让给法国波洛莱集团旗下的非洲铁路交通国际公司，它是一家融合了法国、比利时、科特迪瓦和布基纳法索四国资金的联营合资企业。该公司 2008 年的货物运输量为 83 万吨，人员运输则从 2004 年的 16.4 万人次增长到 2009 年的 50 万人次。2009 年 7 月，非洲铁路交通国际公司宣布正在寻求 750 亿西非法郎用于修复基础设施、550 亿西非法郎用于维修机车车辆。2019 年 3 月，阿比让—瓦加杜古铁路修复工程才正式开始，第一期工程预计至 2021 年完成，将耗资 2620 亿西非法郎。除修复旧铁轨、旧车站、加强铁路沿线安全等工程外，还将增建铁轨，延长至布基纳法索的卡亚，届时该铁路里程将达 1261 千米，共有 59 个停靠站点。此外，2010 年 10 月，科特迪瓦政府宣布计划在铁路沿线增建长达 737 千米的新干线来连接圣佩德罗与马恩，以便将马恩地区奥迭内的锰矿运到海港圣佩德罗。2013 年，科特迪瓦政府首次提出在阿比让建设城市地铁。10 月，法国布依格集团、法国凯奥雷斯集团、韩国现代集团、韩国斗山集团获得共同建设一条长达 37 千米的市内城际铁轨的权利，这将把阿比让北部近郊与阿比让南部的国际港口连接起来。但是，当年年底，科特迪瓦政府突然宣称地铁标书有瑕疵，地铁修建计划搁浅。2016 年 5 月，韩国公司因不具备基于通信技术的列车控制系统（CBTC）技术被剔除出局。2017 年，承接阿比让地铁建设的公司全部变成了法资企业，即布依格集团及其下属企业（负责公共基础设施工程）、阿尔斯通（提供列车与信号技术）、凯奥雷斯集团（市场拓展与铁路维修运营）。新地铁预计达 38 千米，设置 20 个站点，工期为 2020 年至 2023 年。2017 年 11 月，瓦塔拉总统与法国总统埃马纽埃尔·马克龙共同参加了奠基仪式。但是，由于 2018 年阿尔斯通公司面临被美国通用收购的重大变故，至 2019 年 5 月，地铁建设计划仍在协商。2014 年 4 月，从科特迪瓦阿比让到多哥洛美西非海岸沿线开始新建铁路网，这将进一步改善区域铁路基础设施建设，促进区域贸易发展。首期工程从当年 4 月开始，将内陆国家尼日尔的首都尼亚美与贝宁的科托努海港连接起来。后期工程将进一步把尼日利亚的巴达格瑞、加纳首都阿克拉、布基纳法索首都瓦加杜古连接起来。

科特迪瓦铁路运输以运输货物为主，运输乘客的数据极少，而运送货物的吨数从 2006 年至今基本保持稳定。

表 4 –22 2006 ~ 2018 年科特迪瓦铁路货物运输

单位：千吨

年份	2006	2007	2008	2009	2010	2011	2012	2013	2014	2015	2016	2017	2018
数量	813.0	908.0	830.0	870.0	934.0	705.0	883.6	868.0	658.0	798.0	806.0	799.0	928.0

资料来源：科特迪瓦交通部、非洲铁路交通国际公司。

（四）民用航空运输

科特迪瓦全国大小机场共计 28 个，其中位于阿比让、布瓦凯、亚穆苏克罗的 3 个机场为国际机场，可供大型飞机起降，可承接长途飞行工作。同时，在其他城市也有科特迪瓦航空公司开通往返国内不同城市的航班。但不可否认，2002 年的危机以来，仅剩 5 个地方的机场可以使用，分别位于阿比让、圣佩德罗、亚穆苏克罗、达洛亚、塔布。在其他地方还

有近40条小型机场跑道供轻型飞机升降。其中阿比让机场是法语非洲国家最大的机场，2000年完成扩建和改造，目前由一家法国民营企业——阿埃利亚公司（Aeria）管理运营。由于战乱，阿比让机场的客运量一直不高，近年有所回升。据科特迪瓦民航总局统计，阿比让机场运输能力从2000年的140万人次跌落到2003年的仅为70万人次，并且在接下来的几年内也未见客流增长，主要原因是有众多长途航线中止服务。2006年，运输客流略有回升，达82.2万人次。2007年运送旅客92.5万人次，同比增长12.5%。2009年，260亿西非法郎投入机场改造，用于提高运输客流能力、延长跑道、改善飞机停机场设备等。2012～2013年的航空客流量从961643人次增至1178362人次，2018年为210万次。目前阿比让机场有20多家航空公司经营30余条国际航线。由法航控股的新科特迪瓦航空公司于2001年3月开始运营，2011年9月破产。2012年5月，新的航空公司科特迪瓦航空公司成立，其法文名称也由原来的"Air Ivoire"改成"Air Côte d'Ivoire"，公司资本约为250亿西非法郎（约合5000万美元），科特迪瓦政府拥有51%的股份、法航拥有20%的股份、阿加汗集团（Aga Khan）拥有15%的股份、私人投资者拥有14%的股份。此外，在伊斯兰开发银行及欧佩克国际发展基金的资助下，科特迪瓦准备建造一个专门用于包机和服务穆斯林朝圣者的新航站楼，总造价约为20亿西非法郎。

表4-23　2010～2017年科特迪瓦民用航空运输数据

年份	2010	2011	2012	2013	2014	2015	2016	2017
运输乘客人数（千人次）	516.085	89.791	39.485	234.996	237.120	642.893	667.062	788.698
运输货物吨数（百万吨）	15.377	2.708	—	4.564	4.719	0.983	1.202	1.366

资料来源：世界银行数据库。

二　通信业

（一）电信业

科特迪瓦采取协调世界时，国际区号为225。近年来，在国家的大力扶持下，科特迪瓦的电信业发展迅速，营业额由 2007 年的 5440 亿西非法郎增至 2008 年的 6820 亿西非法郎，其中 82% 的营业额来源于手机通信业务，2016 年电信业营业额为 18330 亿西非法郎。2008 年，电信业投资额达 1220 亿西非法郎，直接创造就业机会 4000 多个。2009 年，科特迪瓦电信业产值占当年国内生产总值的 5.5%，2016 年占 9%，至 2020 年力争将这一占比提高至 11%。

1. 固定电话

网络和移动电话的发展开启了科特迪瓦新时代。科特迪瓦固定电话网主要由国有企业科特迪瓦电信公司（Côte d'Ivoire Télécom）运营。科特迪瓦电信公司占有全国 96.56% 的市场份额，而第二大公司——艾特电信公司（Arobase Télécom）只占 3.44%。2007 年，科特迪瓦电信公司投资 75 亿西非法郎用于扩大和升级国家电话网络，这一举措使国内固定电话用户在 2008 年骤增，数量达 35.65 万。但根据国际电信联盟的估算，2009 年科特迪瓦固定电话普及率仅为 1.3%，与撒哈拉以南其他国家的固定电话普及率持平，主要是因为通信基础设施落后。2012 年第一季度科特迪瓦固定电话的客户数量为 277548 户，其中 75% 的客户为预付形式。2012~2014 年科特迪瓦固定电话用户数量呈略微下降的趋势，分别为 27.62 万户、27.21 万户、24.27 万户，2016 年第一季度则为 28.09 万户。2017 年 1 月，科特迪瓦电信公司被法国电信科特迪瓦分公司（Orange Côte d'Ivoire）兼并收购。因此，从 2017 年起科特迪瓦固定电话业务市场主要由法国电信科特迪瓦分公司和南非跨国电信运营商科特迪瓦分公司（MTN Côte d'Ivoire）占据，2019 年 3 月它们的市场份额分别为 97% 和 3%，用户数量分别为 293504 户和 8075 户。

2. 手机

2002 年以来科特迪瓦手机通信迅速发展。2005 年底，由科特迪瓦太平洋电信公司（Atlantique Télécom）和阿联酋新移动通信运营商（Etisalat of the United Arab Emirates）共同创建了阿塞尔移动通信合资公司（Acell）。次年 7 月，阿塞尔移动通信合资公司改名为"科特迪瓦移动电信公司"（Moov），在改名后的 3 个月内就吸引了 50 万移动电话新用户。

至 2006 年，法国电信科特迪瓦分公司和南非跨国电信运营商科特迪瓦分公司成为科特迪瓦最大的移动电话运营商，这两大公司几乎分割了科特迪瓦手机通信市场，各拥有约 170 万手机用户。2007 年 6 月，阿联酋电信与黎巴嫩电信合资成立科米奥姆移动电话公司（Comium），成为科特迪瓦第四家移动电话运营商。2009 年 1 月，科特迪瓦第五家移动电话运营商成立，名为"绿色移动通信网"（Green Network），是利比亚电信公司旗下品牌。截至 2012 年中期，科特迪瓦共有 7 家移动电话运营商获得运营资格，其中 5 家相对活跃。

国际电信联盟的数据显示，科特迪瓦的移动通信发展迅速。2000 年，每 100 人中仅有 2.9 人拥有手机；到 2010 年每 100 人中有 82.2 人拥有手机；2012 年底，全国共有 1809.95 万名手机用户；2014 年，科特迪瓦手机用户已经达到 2210 万人，远超 2002 年的 100 万人。这意味着在科特迪瓦移动电话的普及率几乎达到了 100%。至 2019 年，每 100 人中已有 134.08 部手机。2016 年以来，法国电信科特迪瓦分公司、南非跨国电信运营商科特迪瓦分公司、科特迪瓦移动电信公司、科特迪瓦科兹手机营运商（Koz）、科特迪瓦绿色移动通信网、科特迪瓦手机咖啡营运商（Café Mobile）等几家手机运营商最为活跃。然而，至 2017 年，后三家电信运营商在科特迪瓦的运营许可证先后失效，目前全国仅剩法国电信科特迪瓦分公司、南非跨国电信运营商科特迪瓦分公司、科特迪瓦移动电信公司三家手机运营商。科特迪瓦电信暨信息技术与传媒监管署公布的数据显示，至 2019 年 3 月 31 日，全国三大手机运营商的市场占有率分别为 41%、34% 和 25%，共计 34411807 名手机用户，普及率为 134.08%。在科特迪瓦大城市如阿比让已经有 4G 网络，其他大部分大城市有 2G 和 3G 网络，但广大农村地区仍然没有电信覆盖。

3. 互联网

20 世纪 90 年代科特迪瓦的网络信息技术开始发展，网络信息技术成为当前科特迪瓦发展最快的行业之一。今天科特迪瓦所有的大城市均已经开通网络。科特迪瓦网络连接绝大部分依然采用 ADSL 拨号上网，由科特迪瓦电信公司统一管理。网络的运营则首先交给电信巨头科特迪瓦电信公司旗下的阿维佐（Aviso）网络运营商，但同时也将网络进入许可权限租给维皮奈特（Vipnet）等运营。随着 USB 无线网卡、互联网盒子及移动Wi‑Fi 终端的发展，科特迪瓦几大网络运营商——法国电信科特迪瓦分公司、南非跨国电信运营商科特迪瓦分公司、科特迪瓦移动电信公司相继推出手机上网，并且推出全球微波互联接入技术和 3G 网络。至 2011 年，手机几乎已经在科特迪瓦国内各个区域得到普及，网络连接也变得更加便利。2016 年，科特迪瓦全国 2374 万人口中，有 523 万为常登录网民，网络普及率为 22%。这些网民中 73% 使用手机上网，34% 使用电脑上网。互联网盒子在今天也得到越来越广泛的使用，运营商也纷纷推出自己品牌的网络盒子。

在科特迪瓦，有个人网络用户，也有企业网络用户。2000 年共有 2万互联网用户，2003 年则达到了 3 万用户，2012 年则多达 200 万用户。2013 年，使用电话拨号上网的用户数达 12.5 万。而 2010 年，科特迪瓦已经有 20 万人使用 3G 网络。2019 年，科特迪瓦互联网市场有法国电信科特迪瓦分公司宽带业务（Orange Internet）、南非跨国电信运营商科特迪瓦分公司、维皮奈特、科特迪瓦移动电信公司、科特迪瓦由美公司（Yoomee Côte d'Ivoire）、阿福奈特（Afnet）、阿维佐、阿林克通讯（Alink Télécom）等。其中，2019 年，法国电信科特迪瓦分公司宽带业务、维皮奈特、南非跨国电信运营商科特迪瓦分公司为前三大网络运营商，截至2019 年 3 月 31 日，这三大运营商共有 178683 客户。而世界银行统计数据显示，科特迪瓦网络个人用户占总人口的比重从 2000 年的 2.7% 增长至2017 年底的 43.84%，发展极为迅速，但 85% 的客户来自阿比让，其他地区仅占 15%。

在网络费用方面，对于电话拨号上网方式，根据不同的运营商，价格为每月 3 万~3.1 万西非法郎。每月的网络费用上，个人用户为 1.25 万~4.5 万西非法郎，小企业网络用户为 3.2 万~8.5 万西非法郎，大企业网络用户则为 6.5 万~30 万西非法郎。网络价格居高不下的一个重要原因在于科特迪瓦电信企业垄断了国内所有网络管线建设。3G 网卡成本价格为 1.5 万西非法郎，全球微波互联接入技术盒子的成本价格为 3 万西非法

郎左右，宽带无线网络每月的费用则为 1.9 万 ~ 4 万西非法郎，移动 Wi-Fi 终端每月的费用为 4 万 ~ 7 万西非法郎。

如今，科特迪瓦政府将网络信息技术看作国家经济长期稳定发展和减贫的有效手段。2013 年的电信营业额达 1.3 亿西非法郎，为国家财政创收 3000 亿西非法郎，占当年国家收入的 10%，科特迪瓦成为西非地区电信行业最具发展潜力的市场。但是在网络数字化方面，科特迪瓦略显落后。国家正在努力改变这一现状，主要体现在扩大网络光纤的铺设面，对用户进行通信网络技术培训，同时还致力于创建本国的数字化内容。科特迪瓦网络信息技术落后还有经济方面的原因。网络费用相对较高，百姓生活水平却持续下降。网络信息技术公司在科特迪瓦的发展不太景气，一方面有国家政治军事危机的影响，社会不稳定，基础设施遭到极大的破坏；另一方面国家对网络通信技术征收重税，2014 年将该行业的利润税提高 25% ~ 30%，成为企业发展的沉重负担。此外，2008 年以来，科特迪瓦还面临高居不下的网络犯罪，不少网站被不法分子利用而名誉扫地，甚至被国家取缔，在一定程度上对网络的发展造成了影响。计算机上网由于技术相对复杂，并且计算机相对昂贵，而科特迪瓦的文盲比重较大，这对于大多数科特迪瓦百姓来说还难以企及。总体上，科特迪瓦的信息技术发展面临技术和经济的对外依赖以及文盲比例高几大挑战。

面对这些困难和挑战，国家出台了几项措施。首先，保证网络环境的合法稳定发展，通过了一系列规范和发展网络通信技术的法律，如《电信与网络通信技术条例》《电子交易法》《个人信息数据保护法》《反网络犯罪法》等。2013 年，国家还规定所有入网用户进行实名认证。其次，为追上数字化发展的步伐，国家大力建设网络通信技术基础设施。计划铺设 7000 公里长的光纤以实现国内所有行政和经济大都市的联网。此外，私人运营商——WACS、SAT - 3、ACE 通过招标承建了海底电缆工程建设。2011 年 10 月，尼日利亚全球电信运营商与法国阿尔卡特 - 朗讯跨国公司计划共同在科特迪瓦铺设 GLO - 1 海底光缆，这一工程将帮助科特迪瓦降低国际宽带的成本。此外，其他宽带铺设项目也计

划在近几年完成。2012 年，科特迪瓦实现了 3G 网推广，从而使科特迪
瓦进入了现代通信行列，2015 年，全国 99.08% 的手机用户已经能够使
用 3G 网络。科特迪瓦还在改进频带传输，推动通信系统发展以及降低
通信成本。再次，为了让更多的国民能够接通网络，国家提出了"一个
科特迪瓦公民，一台电脑"的口号，并在降低网络成本方面做出努力。
政府还计划在乡村和郊区开设近 5000 家网络中心，让更多的人有条件使
用现代通信网络。在现代网络通信技术培训方面，国家创立了非洲信息
技术与传媒高等学校。除此之外，国家还创立了"自由开发区"及"生
物科技、传媒与信息技术自由开发区"。自由开发区位于大巴萨姆，占
地 120 公顷，为前来落户的企业提供极为有利的条件，以吸引更多的通
信网络技术企业。例如，自由开发区实行零关税，前 5 年免税收，第 6
年开始仅征收 1% 的税收，增值税为零，对外国员工及其家属发放长期
工作签证等。

　　根据世界银行的数据统计，由于科特迪瓦采取了积极的网络通信技术
发展措施，近几年来该领域以每年超过 10% 的速度增长，网络通信技术
对国内生产总值的贡献率高达 6%。至今，网络通信技术已经成为科特迪
瓦最具发展潜力的行业，也是政府期待有所作为的重点行业。由于科特迪
瓦准许国际宽带垄断，国内的国际宽带成本至今居高不下，科特迪瓦的网
络与宽带市场一直处于欠发达的状态。尽管如此，科特迪瓦在西非地区仍
然是仅次于尼日利亚和加纳的区域第三大互联网市场，网络普及率远高于
周边其他非洲国家。

表 4-24　科特迪瓦固定宽带与移动支付数据（至 2019 年第一季度）

单位：户

公司名称	法国电信科特迪瓦分公司	南非跨国电信运营商科特迪瓦分公司	维皮奈特	科特迪瓦移动电信公司
固定宽带用户数量	176488	637	1558	—
移动支付用户数量	—	4733365	—	1587036

资料来源：科特迪瓦电信暨信息技术与传媒监管署。

表 4 - 25　2012 ~ 2017 年科特迪瓦主要通信数据

年份	2012	2013	2014	2015	2016	2017
固定电话用户(千户)	276.2	272.1	242.7	277.2	289.1	305.6
固定电话普及率(%)	1.29	1.24	1.08	1.20	1.22	1.26
移动手机用户(千户)	18099.5	19390.9	22104.6	20407.6	27451.2	31747.2
手机普及率(%)	84.5	88.3	98.1	109.9	115.8	130.7

资料来源：国际电信联盟。

(二) 邮政业

科特迪瓦邮政业务最早可以追溯至 1843 年 7 月，殖民者在东南部沿海城市阿西尼的信件收发活动。1862 年 8 月，科特迪瓦第一个邮局诞生。独立之后，科特迪瓦邮局收归政府所有，并继续发挥着重要的作用。为适应新的信息通信技术的发展，科特迪瓦当代邮政系统也做了很多的变革。传统的邮局仍然扮演收发信件的角色。科特迪瓦邮政是第一大分发网络，至 2019 年在全国拥有超过 200 个分支机构，其中 31 个在阿比让，有 176080 个信箱，阿比让和布瓦凯有 2 个邮件分拣中心、2 个包裹中心、1 个集邮中心、56 个乡村邮政分发点。总体上，这些基础设施在全国都有分布，但远远未能满足全国的需求。在一场漫长的政治和军事危机之后，科特迪瓦的交通和通信急需整顿。全国的交通和通信设施分布极为不均，有些地方甚至既没有大的交通干线，也没有网络或电话。

三　商业贸易

商业贸易是科特迪瓦经济的基础。虽然科特迪瓦外贸经济在 2011 年因国内战乱遭受重创，但 2013 年随着国家趋于和平与稳定，外贸经济逐渐复苏。科特迪瓦外贸连年顺差。世界银行数据显示，根据科特迪瓦海关数据统计，2017 年科特迪瓦进出口贸易总额为 17080 亿西非法郎，并且出口额远高于进口额，其中 2018 年贸易顺差为 4400 亿西非法郎。

科特迪瓦的商业贸易可以大体区分为三部分：国内贸易、与西非地区的区域贸易以及周边以外的国际贸易。

（一）进出口概况

科特迪瓦主要出口的产品为食品，尤其是可可豆、生咖啡、香蕉、鱼；主要进口产品则为原油、大米、鲜肉、药品、交通运输工具和其他机械设备。从进出口产业结构来看，2005 年以来科特迪瓦外贸出现两大相反趋势：农产品出口一直处于上升的状态，而制造业产品出口则明显下降。因此，对科特迪瓦政府来说，需要尽可能地推动可可、咖啡行业的产品在出口以前先在本地进行加工。实际上，今天科特迪瓦 65% 的可可产品出口仍然是直接出口可可豆，82% 的咖啡产品出口也是直接出口咖啡豆。近几年来，科特迪瓦的原材料加工转移至周边国家。2012 年，科特迪瓦的出口收入为 68670 亿西非法郎（约合 105 亿欧元），而出口的产品主要还是农业产品，占 61%。农业产品中，可可豆和可可膏又占据一大半。石油天然气及其衍生产品出口占 24%，制造业产品出口占 9%。科特迪瓦从国外进口的比例方面，制造业产品占 43%，石油天然气及其衍生产品占 30%，农产品占 26%（仅大米一项就占 1/3）。科特迪瓦的服务行业结构性失衡，从 2005 年至 2011 年第三产业赤字上升到 12%。这种失衡也促成了大量的外国直接投资进入科特迪瓦服务领域，尤其是通信行业。

世界银行数据显示，2000 年以来，科特迪瓦商品贸易占国内生产总值比重逐年上升，2000 年为 59%，2012 年达到峰值 81.72%，2016 年回落到 59%，2018 年为 65%。净易货贸易条件指数自 2010 年以来均大于 100，其中 2010 年为 163，2017 年为 156。这些数值说明科特迪瓦在全球化进展中还是比较活跃的国家。

表 4 - 26　2009 ~ 2018 年科特迪瓦贸易平衡指数及进出口增长率

年份	2009	2010	2011	2012	2013	2014	2015	2016	2017	2018
贸易平衡（百万美元）	4256.80	3621.60	5915.15	2063.00	518.10	2127.00	1577.80	1419.60	—	—
占 GDP 比重（%）	17.53	14.55	23.30	7.61	1.67	6.32	5.48	4.78	—	—
出口增长率（%）	9.30	-4.08	3.15	-1.58	7.77	11.12	6.59	6.15	8.8	-10.3
进口增长率（%）	11.00	13.53	-24.83	34.08	14.83	13.44	10.21	9.35	3.3	8.2

资料来源：布鲁塞尔瓦隆出口与对外投资公司。

表4-27 2012~2018年科特迪瓦进出口贸易额

单位：百万美元

年份	2012	2013	2014	2015	2016	2017	2018
出口额	11833	13247	13098	11977	11767	13800	11200
进口额	9770	12729	9587	8609	8749	10600	10500
贸易顺差	2063	518	3511	3368	3017	3200	700

资料来源：2015年第二、第四季度伦敦经济季评，2016年第四季度伦敦经济季评。

表4-28 2015~2018年科特迪瓦主要出口产品

单位：10亿西非法郎，千吨

项目	2015		2016		2017		2018	
	贸易额	贸易量	贸易额	贸易量	贸易额	贸易量	贸易额	贸易量
总计	7473.8	9060.4	6404.4	8902.5	7302.3	9662.3	6547.2	10332.0
生咖啡	60.7	65.6	67.3	73.4	41.5	40.0	76.6	76.8
鲜香蕉	7.2	34.8	5.5	25.4	7.2	31.9	6.7	30.5
原木（含皮）	11.4	101.2	4.3	46.8	0.003	0.017	0.006	0.032
可可豆	2099.7	1286.0	1818.4	1055.6	2056.9	1510.1	1801.7	1525.6
加工可可	930.9	422.2	921.7	408.7	847.5	465.0	730.1	458.1
橡胶	296.3	409.8	326.6	503.0	488.8	661.9	418.3	686.9
金枪鱼罐头	0.066	0.055	0.042	0.040	0.013	0.027	0.016	0.017
干棉花	139.2	182.5	114.2	139.3	120.1	137.6	158.8	165.4
棕榈油	91.5	227.3	103.9	213.0	93.6	171.9	104.8	226.6
石油产品	639.1	1909.3	439.7	1512.9	558.5	1494.2	650.3	1597.4
原油	322.2	1458.8	345.5	1947.4	363.2	1679.9	392.3	1390.6

资料来源：科特迪瓦海关总署。

表4-29 2015~2018年科特迪瓦主要进口产品

单位：10亿西非法郎，千吨

项目	2015		2016		2017		2018	
	金额	重量	金额	重量	金额	重量	金额	重量
总额	6167.7	12648.9	5088.8	13040.0	5594.0	14163.7	6106.8	15246.2
奶制品	50.4	33.8	42.6	26.3	47.7	25.0	44.3	24.6
普通小麦	94.1	534.0	86.3	592.5	96.2	649.0	98.7	644.2
大米	290.8	1137.0	309.4	1281.3	328.9	1342.0	385.0	1496.8

续表

项目	2015		2016		2017		2018	
	金额	重量	金额	重量	金额	重量	金额	重量
红酒及其他饮品	44.3	81.4	51.1	91.1	52.8	106.7	54.4	104.5
烟草	72.8	9.8	89.5	10.4	78.1	8.6	81.4	9.9
熟料	67.1	1911.7	59.6	2095.3	85.7	3030.1	94.0	3140.8
石膏	1.1	63.7	2.0	122.1	3.2	193.8	2.8	180.5
石油产品	133.4	327.7	138.6	483.1	456.8	1412.1	465.2	1208.8
原油	897.5	3517.8	607.2	3161.8	471.9	1946.1	859.8	2955.8
纺织品与布料	50.5	39.5	54.7	44.0	56.0	60.1	54.0	41.4
车辆	147.1	50.2	153.6	58.8	166.1	68.2	168.4	55.7
药品	175.9	12.9	246.9	13.9	200.9	14.2	214.2	15.4
肉类及动物内脏	51.6	107.7	43.4	103.7	46.3	111.0	49.2	118.1
生铁与钢铁	129.9	329.1	116.6	363.3	140.4	361.3	153.2	341.3
打印机	597.7	106.1	519.6	107.4	502.9	129.8	571.2	133.9
电机	279.0	50.6	355.5	51.8	394.1	54.4	356.9	66.9
机械设备（含自动化器械）	597.7	106.1	519.6	107.4	502.9	129.8	571.2	133.9

资料来源：科特迪瓦海关总署。

（二）在西非地区的区域贸易

科特迪瓦是西非地区商贸活动的枢纽。科特迪瓦的物流业在西非地区相对发达。国家整体的发展规划倾向于促进商贸发展。科特迪瓦贸易领域的物流首先服务于国内众多生产和加工农产品的地区与出口海港之间的连接，其次是出口海港与相对封闭或内陆国家之间的贸易交往。科特迪瓦的中转物流后勤服务在一定程度上为其带来了可观的收入。阿比让港口尤其繁忙，占领了马里和布基纳法索的一些市场，如 2011 ~ 2012 年与马里的贸易增长率达 104%、与布基纳法索的贸易增长率则达 21%。尽管西非一体化进程不太均衡，但 2011 年科特迪瓦与西非经济货币联盟的商贸比重占 6.4%，与西非国家经济共同体的商贸交往占 23%。根据西非国家经济共同体数据，至 2018 年底，西非国家经济共同体成员之间实现了 2081 亿美元贸易值。科特迪瓦成为仅次于尼日利亚和加纳之后的第三位地区贸易最活跃的国家，占整个西非国家经济共同体贸易总额的 8.64%。在地区贸易平衡方面，除了尼日利亚（盈余 584 亿美元）和科特迪瓦（盈余 34 亿美元），其他国家均呈现贸易赤字。具体到国别贸易，在进口方面，尼日利亚成为科特迪瓦第一大进口贸易伙伴（23%）、第四大出口贸易伙伴（6%）。而出口方面，2012 年以来，布基纳法索在科特迪瓦出口贸易伙伴中排全球第 7 位、排非洲第 1 位。科特迪瓦重要的地理位置和可观的投资收益也吸引了不少外资。

表 4-30　2011~2016 年科特迪瓦区域贸易出口数据

年份	2011	2012	2013	2014	2015	2016	2015~2016 年增长率
出口贸易额(10 亿西非法郎)							
出口总额	5232.20	5535.20	6782.30	6421.50	7255.90	6238.68	-14.02
出口至西非国家经济共同体	1096.6	1406.6	2060.7	1324.8	1278	1162.50	-9.04
出口至非洲大陆其他国家	1572.2	1932.5	3033.9	2091.8	2079.9	1490.54	-28.34
出口至西非国家经济共同体及非洲大陆其他国家占比(%)	69.8	72.8	67.9	63.3	61.4	77.99	—
出口至西非国家经济共同体占比(%)	21	25.4	30.4	20.6	38.1	18.63	—
出口贸易量(千吨)							
出口总量	7348.90	9695.60	8616.30	8614.10	6906.70	8858.32	28.26
出口至西非国家经济共同体	2145.4	2803.8	2686.8	2643.3	2800	2353.85	-12.36
出口至非洲大陆其他国家	2517.8	3395.6	3378.9	3265.1	3321.5	2691.53	-18.97
出口至西非国家经济共同体及非洲大陆其他国家占比(%)	85.2	82.6	79.5	81	84.3	91.17	—
出口至西非国家经济共同体占比(%)	29.2	28.9	31.2	30.7	45.7	27.70	—

资料来源：科特迪瓦国家统计院。

表 4 – 31 　2015 ~ 2018 年科特迪瓦与主要经济共同体贸易数据

单位：10 亿西非法郎，千吨

年份	2015		2016		2017		2018	
类型	贸易额	贸易量	贸易额	贸易量	贸易额	贸易量	贸易额	贸易量
欧盟								
出口	2875.1	3367.0	2587.1	3113.6	3006.6	3452.8	2374.8	3199.1
进口	1778.3	3010.0	1519.3	3321.9	2085.7	4591.2	—	—
贸易平衡	1096.8	1067.7	920.9	2374.8				
西非经济货币联盟								
出口	726.4	1618.1	777.5	1809.3	835.2	1716.8	872.8	1857.4
进口	104.5	373.5	106.6	392.6	228.0	794.4	189.3	641.0
贸易平衡	621.9	670.9	607.2	683.5				
西非国家经济共同体								
出口	1321.7	2788.5	1259.2	2466.2	1307.8	2288.0	1234.7	2342.9
进口	1248.7	3705.9	699.1	3050.6	800.0	2915.2	1001.0	3173.0
贸易平衡	72.9	560.1	507.8	233.7				
中非经济与货币共同体								
出口	111.9	268.1	62.3	112.0	52.8	66.4	69.8	119.9
进口	27.0	85.8	19.4	77.0	10.1	28.3	11.4	26.8
贸易平衡	84.9	42.9	42.7	58.3				
阿拉伯马格里布联盟								
出口	58.9	86.0	74.9	99.0	54.5	106.0	56.3	79.1
进口	208.7	1259.2	188.0	657.1	203.6	653.0	247.9	1532.4
贸易平衡	- 149.8	- 113.1	- 149.1	- 191.6				

资料来源：科特迪瓦海关总署。

表 4 – 32 　2011 ~ 2016 年对科特迪瓦出口前十位的非洲国家

单位：10 亿西非法郎，千吨

国家	贸易额						贸易量					
	2011	2012	2013	2014	2015	2016	2011	2012	2013	2014	2015	2016
南非	286.7	202.1	175.6	441.6	189.1	190.6	6.4	11.2	10.9	49.4	12.6	8.5
尼日利亚	314.4	442.5	440.6	301.5	272.0	106.5	659.3	823.0	865.0	599.2	744.4	287.7
布基纳法索	162.9	193.8	239.5	281.9	224.3	255.5	395.1	510.3	566.8	651.8	432.1	480.4
加纳	143.9	220.0	933.9	226.1	259.7	242.3	238.1	335.4	297.8	290.1	279.9	274.1

国家	贸易额						贸易量					
	2011	2012	2013	2014	2015	2016	2011	2012	2013	2014	2015	2016
马里	114.5	150.4	180.4	182.4	192.0	252.1	281.0	383.3	439.5	461.5	493.8	631.9
多哥	66.8	62.7	52.4	92.0	120.0	119.4	128.0	103.1	91.3	204.7	357.4	433.7
塞内加尔	81.5	111.6	66.2	73.8	68.2	70.2	160.2	236.2	173.2	179.3	172.9	162.9
喀麦隆	12.9	64.3	73.1	67.0	48.0	18.1	17.3	120.0	144.8	130.3	121.5	40.3
刚果(布)	17.3	27.0	54.6	62.3	—	13.2	34.5	51.7	91.3	126.7	—	31.9
赤道几内亚	58.5	56.5	48.2	52.7	30.7	3.2	125.7	100.0	102.1	109.7	94.1	8.8

资料来源：科特迪瓦国家统计院。

表4-33   2011～2016年向科特迪瓦进口前十位的非洲国家

单位：10亿西非法郎，千吨

国家	贸易额						贸易量					
	2011	2012	2013	2014	2015	2016	2011	2012	2013	2014	2015	2016
尼日利亚	741.5	1281	1427	1204	854	579.3	1839	2941	3411	2947	3197	2617
摩洛哥	29.4	41	70	85.6	121.9	106.0	50.9	117.7	229	787.5	1068	451.3
毛里塔尼亚	84	62	39.9	71.1	51.1	67.8	170.6	117	66.4	121	78.7	116.6
南非	39.8	63	56.1	60.6	59.8	65.9	57.1	62.6	53.6	67.4	59.7	55.6
塞内加尔	31.8	44.7	48.1	46.6	72.3	82.0	130.4	139	134.1	143.3	211.1	189.7
加纳	9.7	34.2	37.9	33.3	26.6	31.7	22.2	68.4	72.4	69.6	44.3	44.6
赤道几内亚	15.3	12	43.6	28.7	22.4	15.7	33.9	25.1	91.6	64.8	75.4	67.2
突尼斯	10.6	16.8	16.6	26.7	24.3	24.3	32.4	48.6	62.9	62.2	76.4	86.4
埃及	11.1	17.1	20.7	18.8	26.7	24.5	40.3	44.5	46	44.7	50.8	58.3
布基纳法索	1.9	17	16	8	3.6	5.3	6.9	95.6	81.1	66.3	64.3	84.2

资料来源：科特迪瓦国家统计院。

（三）周边以外的国际贸易

在非洲大陆之外，科特迪瓦最为重要的商贸伙伴是欧盟。根据科特迪瓦计划与发展部发布的外贸数据，2013年与欧盟的贸易占科特迪瓦外贸总数的 26%（其中荷兰占 8%、法国占 8%），随后依次是美国 5%、中国 4%、印度 3.5%。2015 年，欧盟（30%）、荷兰（10%）、美国（8%）是科特迪瓦前三大出口贸易伙伴；欧盟（30%）、尼日利亚（16%）、法国（14%）则是科特迪瓦前三大进口贸易伙伴。2016 年，科特迪瓦与欧盟的贸易额达 64.3 亿欧元，相比 2011 年的 42.6 亿欧元，在 5 年内增长了 20 多亿欧元。2005~2016 年科特迪瓦的出口总体平稳，但进口萎缩，尤其是从欧盟的进口，从 43% 降到 28%。法国从 2007 年以来对科特迪瓦产品的进口减少尤为明显。与此相反，亚洲和除美国以外的美洲大陆国家从科特迪瓦的进口产品贸易比例上升。从国别来看，2016~2018 年，中国已经赶超尼日利亚和法国，成为科特迪瓦最大的贸易进口国；出口方面，荷兰、美国、越南居前三位。

表 4-34　2011~2016 年科特迪瓦与欧盟的双边贸易

年份	2011	2012	2013	2014	2015	2016	2015~2016 年增长率
出口贸易额（10 亿西非法郎）							
出口总额	5232.20	5535.20	6782.30	6421.50	7255.90	6238.68	-14.02
欧盟	1967.50	1960.00	1956.10	2335.20	2800.80	2578.91	-7.92
欧洲其他国家	2155.20	2206.30	2405.70	2543.00	3528.30	2971.49	-15.78
欧盟及欧洲国家占比（%）	93	88.8	81.3	87.9	79.4	86.79	—
欧盟占比（%）	37.6	35.4	28.8	34.8	38.6	41.34	—
出口贸易量（千吨）							
出口总量	7348.90	9695.60	8616.30	8614.10	6906.70	8858.32	28.26
欧盟	2249.00	2577.80	2602.90	2477.20	3360.70	3088.73	-8.09
欧洲其他国家	2317.60	2680.40	2890.20	2606.00	3523.60	3183.03	-9.67
欧盟及欧洲国家占比（%）	97	96.2	90.1	95.1	95.4	97.04	—
欧盟占比（%）	30.6	26.6	30.2	28.8	48.7	34.87	—

资料来源：科特迪瓦国家统计院。

表4-35　2011~2018年科特迪瓦主要贸易出口对象国数据

单位：10亿西非法郎，千吨

国家	贸易额								贸易量							
	2011	2012	2013	2014	2015	2016	2017	2018	2011	2012	2013	2014	2015	2016	2017	2018
荷兰	613.9	484.2	573.1	641.6	843.6	745.1	874.7	748.9	505.8	464.2	604.8	583	720.4	961.1	1255.3	657.3
美国	624.3	447.6	462.6	538.4	568.2	569.6	695.9	599.0	739.5	481.8	413	557.5	379.1	351.2	859.7	965.4
南非	286.7	202.1	175.6	441.6	189.1	190.6	227.8	192.1	6.4	11.2	10.9	49.4	12.6	8.5	3.8	95.2
法国	297.9	250.9	396.7	387.1	331.9	341.8	368.8	353.4	237.5	274.1	343.7	299.3	485.1	333.5	474.3	527.4
尼日利亚	314.4	442.5	440.6	301.5	272	106.5	85.8	110.9	659.3	823	865	599.2	744.4	287.7	184.0	252.5
布基纳法索	162.9	193.8	239.5	281.9	224.3	255.5	313.2	340.8	395.1	510.3	566.8	651.8	432.1	480.4	615.5	640.7
比利时	171	220.5	263.6	280.9	457.6	396.9	351.5	244.2	271.7	306	352	323.8	414.6	402.2	367.8	312.1
德国	387.8	415.5	393.7	270.6	425.8	325.9	357.9	417.7	604.4	711.4	705.4	392.1	736.6	216.2	413.1	716.1
印度	133	183.3	125.4	262.9	292.9	221.3	193.1	290.9	416.7	1948.8	402.6	583.5	655	474.4	382.0	478.2
加纳	143.9	220	933.9	226.1	259.7	242.3	278.8	195.9	238.1	335.4	297.8	290.1	279.9	274.1	264.3	182.2
越南	53	57.6	87.2	201.1	208.1	327.4	468.1	444.1	131.9	123	224.9	203.7	332	413.1	413.1	475.4
瑞士	77.4	137.1	124.6	200.8	270.2	294.1	272.0	237.5	2.8	3.5	4.6	5.5	3.7	2.7	3.1	4.8
马里	114.5	150.4	180.4	182.4	192	252.1	278.4	316.3	281	383.3	439.5	461.5	493.8	631.9	699.1	818.8
马来西亚	183.2	172.9	174.7	177.4	166.5	183.8	273.9	253.8	130.7	133.3	160.2	173	180.7	235.5	399.4	377.9
加拿大	300.3	235.1	211	176.1	76.7	141.3	117.9	145.3	775.2	487.5	492.7	407.5	46.2	654.0	250.8	367.7

续表

国家	贸易额								贸易量							
	2011	2012	2013	2014	2015	2016	2017	2018	2011	2012	2013	2014	2015	2016	2017	2018
意大利	148	122.5	114.7	154.4	138.8	140.4	127.5	100.6	219.9	164.3	181.4	244.2	201.8	190.1	187.8	113.3
西班牙	85.8	106.7	117	121.2	174	222.4	180.6	158.0	90.8	108.9	143.1	175	205.4	483.7	227.2	261.5
印度尼西亚	22.2	33.8	39.4	115.1	43.5	35.1	89.6	115.1	36.5	49.9	40.5	95.6	40.2	29.6	77.7	104.8
英国	59.9	131.4	122.1	113.6	169.7	189.7	207.0	156.2	127.5	276.6	212.9	126.8	210.6	132.7	292.7	145.1
多哥	66.8	62.7	52.4	92	120	119.4	—	—	128	103.1	91.3	204.7	357.4	433.7	—	—
土耳其	51.3	57	64.4	88.1	136.2	88.1	110.1	90.1	37.8	67.9	55.5	68.9	97.2	68.8	86.6	86.0
爱沙尼亚	83.1	89.5	87.4	85.1	93.9	78.8	—	—	55.2	67.4	64.8	57.1	50.7	41.7	—	—
波兰	66.1	60.7	71.9	75.7	69.4	50.6	—	—	38.8	39	41.9	61.6	46.1	39.8	—	—
塞内加尔	81.5	111.6	66.2	73.8	68.2	70.2	—	—	160.2	236.2	173.3	179.3	172.9	162.9	—	—
中国	55	55.5	75.3	70.8	56.2	42.2	69.8	98.6	59	107.2	394.2	407.6	209.2	342.1	370.6	730.0
喀麦隆	12.9	64.3	73.1	67	48	18.1	—	—	17.3	120	144.8	130.3	121.5	40.3	—	—
刚果（布）	17.3	27	54.6	62.3	0	13.2	—	—	34.5	51.7	91.3	126.7	0	31.9	—	—
赤道几内亚	58.5	56.5	48.2	52.7	30.7	3.2	—	—	125.7	100	102.1	109.7	94.1	8.8	—	—
其他国家	559.6	745.4	1012.7	670.2	1328.8	573.1	1359.5	937.8	821.6	1206.5	995.6	1045.7	1319.83	1125.8	1781.6	2019.3
总计	5232.2	5538.2	6782.3	6421.5	7255.9	6238.7	7302.3	6547.2	7348.9	9695.5	8616.3	8614.1	9042.9	8858.3	9662.3	10332.0

资料来源：科特迪瓦国家统计院。

表4-36　2011~2018年科特迪瓦主要贸易进口对象国数据

单位：10亿西法郎，千吨

国家	贸易额								贸易量							
	2011	2012	2013	2014	2015	2016	2017	2018	2011	2012	2013	2014	2015	2016	2017	2018
尼日利亚	741.5	1281.1	1427.0	1204.5	854.1	579.3	515.6	751.2	1839.1	2941.0	3410.8	2946.9	3197.0	2617.0	1983.6	2347.5
法国	374.7	619.7	679.0	675.2	660.7	642.5	618.1	629.5	568.1	752.6	739.7	743.0	768.6	795.9	739.1	637.5
中国	217.4	365.2	713.1	485.2	713.5	816.0	754.0	913.7	241.2	499.5	842.4	690.5	760.2	1012.7	1113.6	1339.0
印度	84.6	198.6	160.2	275.3	218.6	222.0	264.0	227.8	71.0	456.0	243.6	320.8	408.1	444.3	406.2	440.9
美国	60.5	129.8	153.4	190.9	218.4	187.9	223.8	206.6	63.0	89.2	111.1	189.4	152.5	199.7	325.6	287.3
德国	86.7	122.5	132.8	176.5	146.6	162.4	183.6	180.1	121.4	81.3	299.2	300.8	206.2	147.2	245.4	139.6
荷兰	63.9	99.8	123.3	121.5	105.6	100.7	179.4	225.9	141.7	176.4	196.1	177.0	238.2	214.4	456.2	488.9
泰国	163.9	146.5	129.7	120.3	135.7	156.1	154.6	140.9	435.2	310.9	279.9	385.8	417.6	508.2	459.2	598.0
意大利	73.4	95.3	82.1	117.6	216.1	118.2	116.7	137.9	211.6	244.7	76.8	133.1	148.4	101.2	103.7	105.0
西班牙	70.9	96.8	100.7	115.5	139.7	161.2	506.5	183.4	316.3	455.7	776.7	681.3	1036.5	1424.5	1330.3	1218.1
韩国	41.7	63.1	69.2	112.5	470.5	70.8	75.7	165.6	152.7	244.4	170.4	102.8	148.1	145.7	84.7	146.2
日本	65.5	96.6	98.7	96.1	124.7	118.1	125.3	131.9	420.3	633.2	541.9	560.6	546.9	669.1	790.4	685.8
哥伦比亚	122.2	185.4	82.2	95.5	85.5	95.2	3.8	146.3	602.8	638.3	453.7	296.4	371.5	606.0	3.3	630.5
英国	34.7	87.9	89.7	95.1	134.5	96.0	91.0	112.9	25.3	49.3	41.6	65.2	56.4	50.7	86.4	156.0
摩洛哥	29.4	41.0	70.0	85.6	121.9	106.0	103.2	95.2	50.9	117.7	229.0	787.5	1068.4	451.3	345.0	343.4
越南	94.2	114.1	85.5	82.4	93.5	77.1	80.0	101.0	341.1	426.9	355.1	319.3	282.2	226.4	236.5	256.2
毛里塔尼亚	84.0	62.0	39.9	71.1	51.1	67.8	63.0	91.7	170.6	117.0	66.4	121.0	78.7	116.6	102.6	154.0
比利时	38.7	77.4	84.1	69.7	93.7	115.7	153.5	131.0	41.3	77.6	93.2	82.2	88.6	165.1	229.4	156.5
南非	39.8	63.0	56.1	60.6	59.8	65.9	—	—	57.1	62.6	53.6	67.4	59.7	55.6	—	—
其他国家	686.1	1041.2	1898.6	1280.0	1356.7	958.2	—	—	1359.9	2017.5	2176.1	2041.5	2587.8	3061.5	—	—
总计	3173.9	4987.1	6275.6	5530.9	6000.8	4916.9	5594.0	6106.8	7230.7	10391.7	11157.1	11012.4	12621.8	13013.0	14163.7	15246.1

资料来源：科特迪瓦国家统计院。

（四）国内贸易

从科特迪瓦国内范围的贸易来看，2000 年以来政治危机造成的长期影响依然在持续。根据科特迪瓦国家统计院 2012 年数据，非食品类的消费产品的进口在 2010 ~ 2011 年下降了 5%。在家庭消费能力方面，2002 ~ 2008 年下降了 18%；2011 ~ 2012 年有略微上升，但大部分家庭处于贫困的状态，全国仅有 40% 被认为生活最富裕的人口可以维持他们的家庭消费能力。另外，内战对城市的不利影响大于乡村，对北方地区的影响大于南方。国内消费市场的不景气、国民消费能力低的因素有多个，除了内战影响之外，还包括地区之间、生产中心与批发市场及消费点之间的商品流通和贸易交往受阻。现实的情况是火车可能停运好几个月，公路网也受到严重的破坏，运输的成本和时间持续提高。因此，2007 ~ 2012 年，科特迪瓦政府将重新整顿国内市场、改善商品流通条件和加强基础设施建设作为政府的重要工作目标。另外，不管是正式还是非正式的贸易交往渠道，都需要进一步打开。而广大北方地区，多年来一直是国家最为闭塞和偏远的地带，成为政府的重点发展对象。2013 年以来，随着科特迪瓦国家政局的稳定以及经济和基础设施建设的快速发展，国内贸易的发展正在逐步改善。

（五）主要企业

在科特迪瓦，尤其是工业领域的大型企业，80% 为外资企业。科特迪瓦政府也一直为外资企业提供良好的落户平台努力。创办企业注册审核所需时间在 2000 年时尚需 60 天，2010 年缩减为 40 天，到 2016 年底仅为 7 天。能源、采掘业以及农用工业为重点领域。目前科特迪瓦立足于振兴国家经济，开展大规模的基础设施建设以及众多的结构性改革。石油化工领域在科特迪瓦累计贸易额中仍然占据最大比重。根据营业额，排首位的企业是科特迪瓦原油提炼公司，其 2014 年的营业额为 16086 亿西非法郎。位居第 2 和第 3 的企业分别是科特迪瓦电力公司和道达尔集团科特迪瓦分公司。此外，进出口以及分销头号企业——科特迪瓦大宗商品进出口分销公司也是科特迪瓦最为重要的企业之一，2014 年的营业额超过975 亿西非法郎。

表 4 – 37　2014 年营业额排前十的企业（矿产和能源领域）

单位：西非法郎

排名	企业名称	营业额
1	科特迪瓦冶炼公司	1608557283510
2	科特迪瓦电力公司	324600262459
3	道达尔集团科特迪瓦分公司	256011074904
4	加拿大自然资源公司科特迪瓦股份有限公司	231101791279
5	敦宫金矿公司	182799691774
6	科特迪瓦威沃能源公司（壳牌石油公司旗下品牌）	151142579135
7	科特迪瓦温科石油公司	93969638133
8	利比亚石油科特迪瓦分公司	77793402848
9	科特迪瓦 LGL 矿业公司	71738305435
10	科莱石油公司科特迪瓦分公司	62506742257

资料来源：西非经济货币联盟法郎区投资网。

四　银行业和保险业

（一）银行业

科特迪瓦是西非经济货币联盟成员，也有自己的政策性银行——科特迪瓦国家投资银行，主要为本国项目提供融资。

尽管经历了 10 多年的经济衰退，科特迪瓦的金融网在西非地区依然最为发达。而早在国内政治危机发生之前，金融业就已经成为科特迪瓦最具竞争力的行业，并且有两家尼日利亚银行入驻科特迪瓦：直接入驻的尼日利亚非洲联合银行、间接入驻并由贝宁全方金融机构管理的尼日利亚通进银行。而摩洛哥阿提哈利瓦法银行和摩洛哥外贸银行则以高达 51% 的参股方式加入科特迪瓦银行和科特迪瓦非洲银行。2010 年 1 月，萨赫勒－撒哈拉贸易与投资银行开始运营。同一时间，科特迪瓦国家储蓄银行获得了银行的通用业务许可。银行系统为国内各项经济活动筹集资金。

根据西非国家中央银行发布的年度报告，至 2019 年 6 月 30 日，科特迪瓦全国共有 30 家银行、2 家金融机构，共计 712 个银行及金融分支机构、899 台自助存取款机或自助银行，55% 的分支机构位于经济首都阿比让。科特迪瓦的银行开户率为 16%，其中活跃账户高达 70%，在西非经济货币联盟国家中首屈一指。2017 年总资产排名前 3 位的银行分别是科特迪瓦兴业银行、科特迪瓦大西洋银行、科特迪瓦泛非经济银行，总资产分别是 1443.36 百万美元、1274.36 百万美元、1256.63 百万美元。科特迪瓦银行与金融机构职业协会（Association Professionnelle des Banques et Etablissements Financiers de Côte d'Ivoire）数据显示，2016 年科特迪瓦银行与金融机构总资产已经达到 99950 亿西非法郎；2017 年 12 月 31 日这一数据为 110950 亿西非法郎，年增幅为 11%；至 2018 年 12 月 31 日则超过127600 亿西非法郎，比 2017 年增长 15%。在存款方面，2017 年度 72%为活期存款，9% 为长期存款，19% 为中长期存款；信贷方面，2017 年51% 为短期信贷，7% 为长期信贷，42% 为中长期信贷。

表 4 - 38　2014 ~ 2017 年科特迪瓦银行与金融机构营业数据

单位：10 亿西非法郎

项目	2014	2015	2016	2017	2016 ~ 2017 年增长率（%）	2014 ~ 2017 年平均年增长率（%）
银行与金融机构总营业额	6638	8474	9659	10878	13%	18%
存款	4887	6173	6679	7262	9%	14%
信贷	3640	4890	5500	6073	10%	19%

资料来源：科特迪瓦银行与金融机构职业协会。

表 4 - 39　科特迪瓦银行营业网点数量排名前十位的银行（截至 2015 年 12 月 31 日）

单位：10 亿西非法郎，个

排名	银行或金融机构名称	总资产	阿比让营业网点	其他城市营业网点	全国营业网点总数	自动存取款机或自助银行
1	科特迪瓦国家储蓄银行（Caisses Nationale des Caisses d' Epargne）	35.00	25	102	127	103
2	科特迪瓦非洲国家新社会保险集团（Nouvelle Société Interafricaine d'Assurance in Côte d'Ivoire）	20.00	40	31	71	111

续表

排名	银行或金融机构名称	总资产	阿比让营业网点	其他城市营业网点	全国营业网点总数	自动存取款机或自助银行
3	科特迪瓦兴业银行 （Société Générale Côte d'Ivoire）	15.56	46	23	69	113
4	科特迪瓦大西洋银行 （Banque Atlantique in Côte d'Ivoire）	14.96	33	33	66	71
5	科特迪瓦泛非经济银行 （Ecobank in Côte d'Ivoire）	21.90	34	18	52	151
6	科特迪瓦银行 （Société Ivoirienne de Banque）	10.00	39	13	52	66
7	科特迪瓦国际工商银行 （La Banque Internationale pour le Commerce et l'Industrie de la Côte d'Ivoire）	16.67	28	16	44	68
8	科特迪瓦国家投资银行 （Banque Nationale d'Investissement）	20.50	13	18	31	87
9	科特迪瓦非洲银行 （Bank of Africa-Côte d'Ivoire）	8.2	19	9	28	28
10	萨赫勒－撒哈拉贸易与投资银行 （Banque Sahélo-Saharienne pour l'Investissement et le Commerce）	13.70	11	5	16	18

资料来源：西非国家中央银行。

表 4－40　2015 年科特迪瓦资金排名前十位的银行

单位：10 亿西非法郎

银行名称	总资产	存款	贷款	总资产国内排名	总资产在西非经济货币联盟排名
科特迪瓦兴业银行	1138224	906471	757122	1	1
科特迪瓦大西洋银行	1079694	725936	507109	2	2
科特迪瓦泛非经济银行	1071880	728795	563408	3	3
科特迪瓦非洲国家新银行保险集团	749130	586162	524894	4	6
科特迪瓦银行	747276	522241	534508	5	7

续表

银行名称	总资产	存款	贷款	总资产国内排名	总资产在西非经济货币联盟排名
科特迪瓦非洲银行	606373	303371	262055	6	15
科特迪瓦国际工商银行	594684	517428	393290	7	16
科特迪瓦国家投资银行	581288	496361	284238	8	17
科特迪瓦 BGFI 银行（Banque Gabonaise et Francaise Internationale）	177213	110914	128353	9	48
科特迪瓦 Orabank（Orabank Côte d'Ivoire）	145786	66854	91887	10	54

资料来源：西非国家中央银行。

表 4 - 41　科特迪瓦财务融资变化

单位：10 亿西非法郎

年份	2010	2011	2012	2013	2014（估算值）	2015（预算值）
净融资额	265.6	484.8	434.0	354.2	385.4	550.3
内部融资	-85.9	-30.3	25.4	80.3	-144.0	-257.0
银行融资	118.3	-1.9	191.9	134.2	130.2	-113.6
非银行融资	-204.2	-28.4	61.5	-53.9	-274.2	-143.4
外部融资	329.6	515.1	180.6	273.9	529.4	807.3

资料来源：科特迪瓦经济与财政部。

此外，西非地区证券交易所（Bourse Régionale des Valeurs Mobilières）位于阿比让，为西非经济货币联盟的所有国家提供服务，阿比让也因此成为西非地区金融中心。西非地区证券交易所的上市公司中，科特迪瓦公司占主体，其次是塞内加尔公司，西非地区其他国家的一些公司也在这里挂牌上市。

（二）保险业

截至 2015 年 12 月 31 日，科特迪瓦保险市场共有 31 家公司，营业额达 2840 亿西非法郎，其中 19 家为非人寿保险、12 家为人寿保险，即近

2/3 的保险公司业务是非人寿保险，提供了 1873 个就业岗位。叙尼保险、撒哈姆保险、安联保险、非洲国家新社会保险是科特迪瓦几家规模较大的保险公司，它们既提供人寿保险业务，也提供非人寿保险业务。除此之外，法国安盛保险在科特迪瓦的非人寿保险业务也有较大影响力。绝大部分保险公司设立在阿比让。科特迪瓦保险公司协会 2018 年报告显示，2018 年，科特迪瓦保险业营业额达 3602 亿西非法郎（约合 6.28 亿美元）。2018 年非人寿保险营业额为 2056 亿西非法郎，占市场份额的 57%；人寿保险营业额为 1546 亿西非法郎，占比 43%。尽管保险业在 2008 ~ 2018 年的年均增长率为 8%，但总体上科特迪瓦的保险普及率不高，其中一大缘由是保险公司在赔偿车辆事故方面的时间过长。

表 4 – 42　2016 ~ 2017 年科特迪瓦人寿保险业绩排行

名称	2016 年		2017 年		2017 年市场份额（%）	2016 ~ 2017 年增长率（以当地货币为基准）（%）
	千西非法郎	千美元	千西非法郎	千美元		
叙尼人寿	43879460	70588	48742936	89200	33.09	11.08
非洲国家新社会人寿	26230508	42179	28853111	52801	19.59	10.00
撒哈姆人寿	20667000	33233	23510881	43025	15.96	13.76
安联人寿	18725341	30110	20857325	38169	14.46	11.39
忠诚人寿	9330428	15003	9016269	16500	6.12	– 3.37
生活人寿	6665536	10718	7275430	13314	4.94	9.15
大西洋人寿	4035190	6489	4970173	9095	3.37	23.17
千年人寿	2592298	4169	2204229	4034	1.50	– 14.97
非洲同盟人寿	861441	1385	1249381	2286	0.85	45.03
非洲保险与分保公司人寿	515736	829	594635	1088	0.38	15.30
安盛人寿	—	—	42481	78	0.03	—
总计	133502938	214673	147316851	269590	100	10.35

资料来源：科特迪瓦保险公司协会。

　　科特迪瓦实行外汇管制制度，外资企业在科特迪瓦境内不允许开设外汇账户，外汇汇出需出具有关贸易单据，财政部审核后方可汇出。汇出外汇须缴纳约 5% 的手续费，但不需交税。外国人携带现金入境没有限制，但每人只允许携带最多 2000 美元出境。

表 4 – 43　2016 ~ 2017 年科特迪瓦非人寿保险公司业绩

名称	2016 年		2017 年		2017 年市场份额（%）	2016 ~ 2017 年增长率（以当地货币为基准）（%）
	千西非法郎	千美元	千西非法郎	千美元		
撒哈姆保险	50516377	81230	52485540	96049	29.54	3.9
安联保险	19456286	31286	18840445	34478	10.60	– 3.17
叙尼保险	13810758	22208	18086300	33089	10.18	30.96
安盛保险	15506209	24934	17092196	31278	9.62	10.23
非洲国家新社会保险	15825253	25447	16090883	29447	9.05	1.68
大西洋保险	10150115	16321	11451224	20956	6.44	12.82
阿比让计程车补充险公司	5019820	8072	5815867	10643	3.27	15.86
科特迪瓦补充险公司	6735540	10831	5016521	9180	2.82	– 25.52
科特迪瓦阿特拉斯保险	4167603	6701	4619784	8454	2.60	10.85
安萨保险	3833094	6164	4254541	7786	2.39	10.99
索南保险	2680254	4310	4248798	7775	2.39	58.52
新世代保险	4349450	6994	3926257	7186	2.21	– 9.73
安详保险	4054432	6520	3776868	6912	2.13	– 6.85
科特迪瓦非洲人保险	2789190	4485	3643074	6667	2.05	30.61
热带保险公司（预估）	5521451	8878	—	—		
科特迪瓦联邦保险	2134529	3432	—	—		
忠诚保险	1718845	2764	—	—		
斯塔纳保险	—	—	3185175	5828	1.79	
非洲保险与分保公司	1163334	1871	2702658	4945	1.52	132.32

续表

名称	2016 年		2017 年		2017 年市场份额（%）	2016~2017 年增长率（以当地货币为基准）（%）
	千西非法郎	千美元	千西非法郎	千美元		
瓦法保险	—	—	2227272	4076	1.25	—
地中海保险与分保公司	—	—	125799	230	0.08	—
阿特朗大保险	—	—	113266	208	0.07	—
总计	169432540	272448	177702468	325195	100	4.88

资料来源：科特迪瓦保险公司协会。

表 4–44　2012~2017 年科特迪瓦国际储备（包含黄金储备，截至当年 12 月 31 日）

单位：百万美元

年份	2012	2013	2014	2015	2016	2017
国际货币基金组织特别提款权	419.3	420.1	395.2	—	—	—
在国际货币基金组织的储备头寸	1.5	1.5	1.4	—	—	—
外汇储备	3507.4	3821.0	4081.9	—	—	—
总储备额	3928.1	4242.7	4478.5	4716	4952	4688

资料来源：国际货币基金组织。

表 4–45　2012~2018 年科特迪瓦货币供给（截至当年 12 月 31 日）

单位：百万西非法郎

年份	2012	2013	2014	2015	2016	2017	2018
银行以外货币	1590.5	1747.1	1926.7	—	—	—	—
储蓄银行的活期存款（包括公共部门或其他社会组织的存款）	1597.8	1870.9	2279.2	—	—	—	—
总额	4708	5242	5986	7072	7853	8575	9274
货币供给占国内生产总值比重(%)	34.4	33.9	34.3	36.1	37.5	38.7	40.69
货币供给年增长率(%)	4.9	11.3	14.2	18.2	11.0	9.2	13.4

资料来源：国际货币基金组织。

五　旅游业

科特迪瓦重视发展旅游业和开发旅游资源。科莫埃国家公园、塔伊国家公园、宁巴山自然保护区、亚穆苏克罗和平圣母大教堂是科特迪瓦重要的景点。前三者均被列入联合国教科文组织"世界自然遗产名录"，历史城镇大巴萨姆也被列入联合国教科文组织"世界文化遗产名录"。经济首都阿比让毗邻海湾，潟湖环绕，风景宜人。

1980 年以前，为了促进经济的发展，科特迪瓦商务旅游远多于休闲旅游。这一方面归功于长期居住在科特迪瓦的外国侨民，另一方面是因为科特迪瓦相对而言有条件建设发展高质量的旅游基础设施，尤其是针对商务型游客群体。然而，科特迪瓦旅游业也因国内的政治军事危机而遭受重创。

法国雅高酒店集团（Accor）早在 1979 年就已经进驻科特迪瓦，并在阿比让设立了铂尔曼酒店（Pullman）、诺富特酒店（Novetel）、宜必思（Ibis）酒店三家旗下品牌，有 727 张床位、400 多名员工。雅高酒店集团在科特迪瓦的经营和收入占据其非洲业务的 50%。近期，雅高酒店集团旗下的索菲特酒店（Sofitel）获得科特迪瓦标志性酒店——科特迪瓦大酒店的经营管理权。

（一）旅游经济与政策

在旅游政策方面，2007 年 4 月，来自"新力量"军队的西迪基·科纳特被索罗政府任命为手工艺与旅游业部长，这也是科特迪瓦历史上第一次将国家形象的建设交给旅游业。巴博和索罗任期的首要任务之一便是改善科特迪瓦的国家形象，消除外界对科特迪瓦战乱的负面形象。但是，2010～2011 年的政治危机又使国家混乱的形象进一步恶化。新任总统瓦塔拉则积极通过吸引游客和商务人士来重塑科特迪瓦的国家形象，兴建旅游基础设施。从 2012 年起，科特迪瓦全国在整体上已经趋于安全稳定。在经济方面，旅游工业在科特迪瓦经济中目前仍然难以开创一片属于自己的天地。国家的二元经济体系以及国内经济开发的不平衡制约了旅游业的发展。具体体现在科特迪瓦人民对旅游业的意识不足，国家和地方均

缺乏开发旅游资源的资金。因此，在国家层面上，科特迪瓦政府在积极探索、努力贯彻执行一系列政策以进一步促进科特迪瓦旅游工业的发展。

（二）海滨旅游

科特迪瓦濒临大西洋的海岸线长达 520 千米。沙滩上的细沙、椰子树、小海湾、海边悬崖、可以游泳的潟湖、健身型垂钓、海上运动、帆船等都成为吸引游客的优势。主要的海滨旅游城市有大巴萨姆、阿西尼和萨桑德拉，圣佩德罗莫诺加加海滨、大贝雷比美人鱼港湾也是久负盛名的海滨旅游胜地。

（三）自然与人文旅游

科特迪瓦有众多的国家公园以及近 300 个自然资源保护区，动物物种和风景都非常多样化。探索科特迪瓦村庄奥秘也成为旅游的亮点之一。然而，很多村庄礼仪、习俗的神圣性与游客观摩世俗化在一定程度上也使乡村旅游陷入比较尴尬的境地。

传统习俗与文化旅游是相辅相成的。科特迪瓦有 60 多个民族，各民族在宗教、语言、传统和工艺上都各具风采。比如，在亚穆苏克罗有和平圣母大教堂，其圆屋顶高过罗马圣皮埃尔大教堂；在以穆斯林为主的国家北部也有很多的百年清真寺。

（四）商务旅游

一些设备齐全的旅游企业或旅游中心为各类研讨会、年会、研修班等提供专业服务。这类企业主要集中在阿比让和亚穆苏克罗，已成为国家经济活动最为活跃的领域之一。在这类旅游企业中，首先值得一提的是科特迪瓦大酒店，它位于阿比让市中心的可可迪区。酒店设施完备，会议厅有使用高科技设备的 1650 个席位。在科特迪瓦大酒店附近基础设施方便，与众多组织与企业为邻，如世界银行（距酒店仅 1 公里）、科特迪瓦工商银行（距离 6 公里）、西非国家经济共同体（距离 5 公里）、非洲儿童基金会（距离 5 公里）、科特迪瓦泛非经济银行（距离 5 公里）、联合国驻科特迪瓦行动（距离 5 公里）、雀巢科特迪瓦分部（距离 3 公里）、诺华药业集团科特迪瓦分部（距离 9 公里）、三星集团科特迪瓦分部（距离 6 公里）、赛诺菲医药集团科特迪瓦分部（距离 4 公里）。

创建于 1973 年的费利克斯·乌弗埃－博瓦尼基金会同样可以为国际会议等提供设施齐备的场地。该机构位于亚穆苏克罗，有众多的会议厅，有超过 2000 个席位。

根据国际旅游组织 2015 年数据，2012～2014 年赴科特迪瓦旅游的游客总数分别为 28.9 万人次、38 万人次、47.1 万人次。而在旅游收入方面，2010 年科特迪瓦旅游收入为 2.01 亿美元，2011 年为 1.72 亿美元，2012 年为 1.81 亿美元。非洲电商巨头 Jumia 集团旗下的网络在线旅行服务平台 Jumia Travel 发布的一份 2017 年科特迪瓦旅游业年度报告显示，2014 年，旅游业对科特迪瓦国内生产总值的贡献率为 4.8%，并预计到 2026 年可能达到 5.6%。2015 年，科特迪瓦旅游业的收入约为 4190 亿西非法郎（约合 6380 万欧元），其中休闲旅游和商务旅游各占 44.4% 和 55.6%，男女旅客比例分别是 61% 和 39%，11% 为国际旅客，89% 为国内旅客。2016 年旅游业收入为 4390 亿西非法郎（约合 6690 万欧元）。2015 年旅游业共有 101000 个就业岗位，占全国就业岗位总数的 1.9%。

今天的科特迪瓦越来越成为撒哈拉以南非洲最具吸引力的国家之一，仅 2015 年全年科特迪瓦就接待了 100 万人次国际旅客。而阿比让在 2016 年成为法语西非地区的商务中心，2016 年全年阿比让国际机场接送多达 182.9 万人次国际旅客，相比同期增长了 11%。从旅游目的城市来看，吸引力从高到低排序依次是阿比让（49%）、大巴萨姆（28%）、亚穆苏克罗（11%）、布瓦凯（3%）、圣佩德罗（3%），以及其他城市（6%）。住宿价格最高的城市是大巴萨姆（51 欧元/晚）和阿比让（51 欧元/晚），随后依次是圣佩德罗（35 欧元/晚）、亚穆苏克罗（25 欧元/晚）、布瓦凯（21 欧元/晚）。从酒店星级的选择来看，三星级酒店最受欢迎。科特迪瓦一至五星级酒店的比例分别是 24%、31%、37%、7%、1%。2018 年，科特迪瓦已经成为仅次于尼日利亚和摩纳哥的非洲大陆第三大商务旅游目的地。其中 2017 年商务旅游入境人数达 347.5 万人次，相比 2016 年增长 12.7%，旅游收入占国内生产总值的 5.86%，新增 2.1 万个就业岗位。

科特迪瓦政府一直在积极发展旅游业，2012～2015 年政府通过自筹或合作项目的方式对旅游业投资超过 1400 亿西非法郎。此外，私有财团

在 2015 年对科特迪瓦旅游业的投资近 800 亿西非法郎。科特迪瓦的酒店接待能力也从 2012 年的 1770 家酒店上升到 2017 年的 2531 家，入住率为 54.55%。科特迪瓦旅游部也计划力争在 2020 年之前使全国酒店数量增加到 4000 家，超过 6 万个房间。2017 年科特迪瓦旅游投资达 1592.61 亿西非法朗。此外，借助科特迪瓦网络、电信的普及，电子商务的快速发展也在一定程度上促进了旅游业的繁荣。

科特迪瓦旅游部 2018 年发布的主要旅游城市及热门旅游景点有：阿比让的圣·保罗天主教堂、阿比让动物园、阿比让市手工艺术中心、邦科国家公园、布莱岛、科特迪瓦文明博物馆、比尼生态园，班热维尔的班热维尔孔布博物馆、植物园、殖民总督府，大巴萨姆的国家服饰博物馆、莫苏王家庭院、法国街、手工艺术村，亚穆苏克罗的和平圣母大教堂、博瓦尼和平研究基金会大厦、鳄鱼湖、阿博库瓦梅克罗动物保护区、博米赞博织布村；阿西尼的马费阿阿西尼博物馆（传统服饰）等。

第五节　财政

一　公共财政

从内战爆发至今，科特迪瓦财政处于连年赤字的状态。2001 年底，科特迪瓦国内逾期公债已经达 3610 亿西非法郎，占国内生产总值的 4.7%。为了提高政府收入，2002 年政府宣布采取新举措，包括将进口关税提高 5%、提高出口可可的税收、对原油免除进口税惯例进行改革等。2004 年，政府公布了一项新的所得税，以应对战争的消耗，同时对商贸领域采取高压政策，以建立一项特殊的"重建基金"。政府在支付公共行业的工资方面出现严重困难，并且在 2004 年之后，停止了对相关开发银行贷款的债务支付。政府的国内逾期债务约占国内生产总值的 3%。

银行领域的情况则更加严重，科特迪瓦债务自治银行已经无法收回 90% 的贷款，并且总体上，国内银行 24% 的贷款属于不良贷款。截至 2005 年底，科特迪瓦国内外逾期贷款已经达到国内生产总值的 26%。2006 年，不包括低息贷款在内的财政赤字已经占国内生产总值的 2.4%，而赤字的填补主要依靠未来几年国内借款来实现；科特迪瓦国内外债务总额约占当年国内生产总值的 85.7%。2008 年 3 月和 7 月，在两次大规模的反对食物和燃料成本增加的示威游行之后，政府采取了一系列应急措施，包括暂停或减少征收进口关税，暂停或减少对基本食品征收的关税和增值税，这部分税收减免达 500 亿西非法郎。2008 年 11 月，在国际货币基金组织的协调下，科特迪瓦政府对 2008 年财政预算进行了修订，将 1860 亿西非法郎纳入亚穆苏克罗和阿比让的总统项目。

2009 年 1 月，科特迪瓦政府通过调整关税等措施，开始对由叛军控制的北部地区进行统一国家税收的改革。4 月，科特迪瓦政府对 2009 年的财政预算进行修订，使国家预算与当年 3 月获得的减贫与增长贷款目标一致，从而使财政预算支持上升到 25250 亿西非法郎，然而大部分为新投资资金，减少了减贫支出和对高债利息的偿还。2009 年，国家税收收入增长至 18400 亿西非法郎。主要有三个原因：一是国家财政政策统一后所带来的海关税收收入的提高，二是国际援助的增加，三是 2008 年严厉的应急措施被撤销。2009 年 6 月，在国际货币基金组织和世界银行的协调下，科特迪瓦政府偿还国内逾期债务达 1289 亿西非法郎。2008 年所采取的应对食物和能源的高价措施取消，大部分商品的进口关税和全额增值税（18%）重新实施。2011 年前 4 个月可可和咖啡被暂停出口，暂停其他商贸活动，停止发放车辆牌照，商业银行被迫关停，这一系列不利因素直接导致当年国家收入急剧下降。

2011～2013 年国家财政收入依然连续赤字，分别占国内生产总值的5.7%、3.5% 和 3.3%。2011 年科特迪瓦政府的总债务为 80.83 亿西非法郎，约占当年国内生产总值的 94.9%。2012 年底，国家的总外债额达 98.71 亿美元，其中 593.7 万美元来自公共和公共担保债务。根据国际货币基金组织数据，2012 年，科特迪瓦国家经常账户余额陷入赤字，约为 1.64 亿美元，主要原因在于与投资相关的进口增加；2013 年，国家经常账户余额赤字进一步增加，达 2.09 亿美元，依然是由于进口的持续增长。2014 年，国家财政收入总额为 29894 亿西非法郎，与目标 30646 亿西非法郎还存在 752 亿的差距。将全国所有税收收入计算在内，与

2013 年底相比，国家财政收入总额仅增长了 5.3%，主要得益于新税收的实施。财政支出方面，2014 年科特迪瓦财政总支出为 36696 亿西非法郎，比 2013 年的 38749 亿西非法郎略低，财政赤字相当于当年国内生产总值的 2.2%。

据科特迪瓦媒体《经济论坛报》报道，科特迪瓦政府 2016 年财政预算总额达到 5.87 万亿西非法郎，较 2015 年增加 12%。2016 年预算由 48774 亿西非法郎（包括税收收入 30020 亿西非法郎、来自金融市场的 11910 亿西非法郎）内部资金和 10137 亿西非法郎外部资金（含预算支持、项目贷款和项目捐赠）支持。财政开支方面，17400 亿西非法郎的预算将用于投资，14270 亿西非法郎用于工资支付，日常运作开支则达到了 10570 亿西非法郎，占总预算的 18%。国债预算为 12599 亿西非法郎，占 2016 年预算的 21.4%，其中国内债务占 61.8%、国外债务占 38.2%。2016 年科特迪瓦外汇储备为 35.7 亿美元。科特迪瓦政府公开表示，2017 年税收收入比例应该为 16.4%，比 2015 年的 16.1% 略高，但是如果把政府特许的免税都算在内的话，税收收入比例将达到 18.3%。而世界银行数据显示，2000~2016 年科特迪瓦的税收收入占国内生产总值的比重基本维持在 14% 左右，其中 2010 年为 14.3%，2016 年 14.0%。

科特迪瓦 2017 年的预算总额达 65014 亿西非法郎（约合 99.1 亿欧元），由 55794 亿西非法郎的国库收入、2443 亿西非法郎捐赠、6777 亿西非法郎贷款构成，同比增长 11.8%。在科特迪瓦政府 2017 年预算案中，投资部分所占的比例为 31.4%，总额达 20433 亿西非法郎（约合 31.1 亿欧元），占科特迪瓦当年国内生产总值的 8.8%，较 2012 年 5.5% 的比例有显著提升。2017 年，科特迪瓦政府将加大在教育、医疗基础设施领域的投入，继续保持经济发展活力，提高国民生活水平。此外，政府在减贫方面的投资预算达 22168 亿西非法郎（约合 33.8 亿欧元），占预算总额的 34.1%，比 2016 年增长 10.9%。2017 年科特迪瓦的主要投资项目有：尤布贡—阿特库贝大桥项目（553 亿西非法郎），初、高中建设项目（150 亿西非法郎），医疗中心项目（150 亿西非法郎），马恩、达洛亚、科霍戈、圣佩德罗及邦杜库的 5 所大学建设和修复项目（480 亿西非法郎），

可可迪湾整治项目（300 亿西非法郎），法国发展减债合同框架项目
（1476 亿西非法郎），体育基础设施建设与修复项目（140 亿西非法郎），
以及国家电网发展与改造项目（1728 亿西非法郎）。此外，科特迪瓦政府
在军队和国家安全项目上的投资分别为 350 亿西非法郎和 541 亿西非法
郎。

表 4 - 46　2004 ~ 2018 年科特迪瓦国家财政与经济数据

单位：%

年份	2004 ~ 2008	2009	2010	2011	2012	2013	2014	2015	2016	2017*	2018*
实际 GDP 增长率	1.8	3.3	2.0	- 4.2	10.1	9.3	8.8	8.9	7.5	6.9	7.2
实际 GDP 增长率（石油产值除外）	1.8	2.1	2.6	- 4.8	12.5	9.0	9.4	8.2	7.1	6.3	7.0
人均实际 GDP 增长率	- 0.8	0.6	- 0.6	- 6.6	7.3	6.5	6.1	6.2	4.8	4.1	4.5
消费者物价指数（年度同比涨幅）	3.2	1.0	1.4	4.9	1.3	2.6	0.4	1.2	1.0	1.5	2.0
总投资占 GDP 比重	12.8	11.6	14.9	9.7	17.2	18.1	17.1	17.8	18.6	19.5	20.3
国民储蓄总额占 GDP 比重	13.9	18.3	16.8	20.1	16.0	16.7	18.6	16.8	16.4	15.5	16.8
整体财政收支平衡占 GDP 比重（包括捐赠）	- 0.1	- 1.4	- 1.8	- 4.0	- 3.1	- 2.2	- 2.2	- 2.9	- 4.0	- 4.5	- 3.7
整体财政收支平衡占 GDP 比重（捐赠除外）	- 2.0	- 1.9	- 2.3	- 4.3	- 3.7	- 3.5	- 3.9	- 4.3	- 5.4	- 6.0	- 5.3
公共收入占 GDP 比重（捐赠除外）	17.5	18.0	17.7	14.0	18.6	18.4	17.1	18.8	18.5	18.7	19.2
公共支出占 GDP 比重	19.5	19.9	20.0	18.2	22.3	21.9	21.0	23.1	23.8	24.7	24.5
公共债务占 GDP 比重	76.6	64.2	63.0	69.2	45.1	43.3	44.8	47.8	48.8	52.1	52.7

年份	2004~2008	2009	2010	2011	2012	2013	2014	2015	2016	2017*	2018*
广义货币供给占GDP比重	11.3	14.1	15.7	18.7	15.3	14.9	15.0	15.8	15.6	15.3	15.8
非金融私营部门债务占GDP比重	14.3	16.4	16.6	16.9	16.8	18.3	19.7	23.0	24.4	—	—
贸易平衡占GDP比重	15.0	17.5	14.5	23.2	11.4	9.6	11.0	9.9	8.5	6.6	6.7
对外直接净投资占GDP比重	1.8	1.6	1.3	1.1	1.2	1.3	1.2	2.1	2.7	2.6	3.2

注：*为预估值。

资料来源：国际货币基金组织。

表4-47 2012~2017年科特迪瓦财政收入来源

单位：10亿西非法郎

年份	2012（联合预算）	2013（联合预算）	2014（联合预算）	2015（联合预算）	2016（联合预算）	2017（预算估算值）
内部收入	2603.3	3156.1	3590.0	4182.3	5140.9	5248.6
税收收入	1934.3	2240.5	2539.0	2719.4	3043.3	3345.4
非税收收入	84.1	100.5	137.3	243.3	108.3	134.7
农村投资基金收入	10.0	8.4	8.4	9.0	13.9	14.5
道路维护基金收入	—	—	—	28.8	91.9	104.1
其他专门性收入	—	—	—	—	345.6	422.7
特殊收入	—	—	—	—	100.0	0.0
公共证券发行收入	575.0	806.7	905.2	1181.9	1437.9	1227.1
外来收入	636.9	727.7	817.5	1013.7	1024.9	1252.8
预算资助	157.4	262.2	261.4	254.1	274.7	330.8
国际债务偿还期限延长或取消	348.6	—	—	—	—	—
项目来源经费与援助项目	130.9	465.5	556.1	759.6	750.2	922.0
总计	3240.2	3883.8	4407.5	5196.0	6165.8	6501.4

资料来源：科特迪瓦财政与预算总署。

表 4 – 48　2012 ~ 2017 年科特迪瓦财政支出

单位：10 亿西非法郎

年份	2012（联合预算）	2013（联合预算）	2014（联合预算）	2015（联合预算）	2016（联合预算）	2017（预算估算值）
公共债务	838.2	984.3	1129.0	1295.0	1340.3	1418.8
内部债务	355.2	725.2	814.3	856.4	860.5	849.6
外部债务	483.0	259.1	314.7	438.6	479.8	569.2
经常性支出	1710.5	1742.3	1964.1	2361.0	2487.9	2616.6
通信及其他征订业务支出	47.2	48.1	49.1	62.5	81.4	90.6
人头费	940.4	1039.1	1175.7	1328.4	1434.0	1508.1
其他日常运营支出	722.9	655.1	739.3	970.2	972.5	1017.9
投资支出	691.5	1157.3	1314.4	1540.0	1992.0	2043.3
国库券	560.6	691.8	758.3	780.4	1241.8	1121.3
借贷	78.7	329.9	319.9	495.4	522.4	677.7
捐赠（对外项目援助为主）	52.2	135.6	236.2	264.2	227.8	244.3
总计	3240.2	3883.8	4407.5	5196.0	6165.8	6501.4

资料来源：科特迪瓦财政与预算总署。

表 4 – 49　科特迪瓦的债务偿还与接收的援助

年份	1990	2000	2010	2016
外债总额存量（DOD，百万美元）	17.251	12.060	11.693	10.028
偿还债务总量占货物、服务和收入出口比重（%）	35.4	22.7	5.9	7.4
已收到的净官方发展援助（百万美元）	686.4	350.9	844.0	653.4

资料来源：世界银行统计数据库。

二　税收制度

科特迪瓦税收规定详细而复杂。征税对象大体上分为个人和行业领域。针对个体的税收有土地税、个人收入所得税、印花税、动产收入税、企业所得税。①土地税包括不动产税和利用不动产取得的收入（租金）税，税率为15%。申报时间上，个人为每年11月1～15日，企业或其他法人为每年1月30日之前。可以分期缴纳，即第一部分在3月31日前；第二部分在5月31日之前。②个人所得税起征点为5万法郎（不含）以上，其中0～5万西非法郎免税，50001～130000西非法郎税率为1.5%，130001～200000西非法郎税率为5%，超过200000西非法郎税率是10%。个人应在每年3月1日之前申报上一年的个人所得税，最晚在5月1日之前申报完毕。税费的缴纳也可以分期完成，第一次为2月15日前，第二次为5月15日前，剩余款项则须在收到税收通知单的30天内缴纳完成。③印花税主要是针对车辆的税收。根据机动车的马力，征收5000～25万西非法郎的税额。公务车有特殊优惠，即两轮公务车的税额为5000西非法郎，两轮及以上公务车为1万西非法郎。全年均可申报。初次获得全新机动车者须自购买日起的2个月内申报。每年第一次进行车检时需同时缴税。

对于行业领域的征税规定，根据征税对象的年营业额，分为四种税收体制：实际常规课税、实际简化课税、固定捐税、综合捐税。具体规定如表4-50所示。

表4-50　科特迪瓦行业税收规定

税种	征收对象	起征点
实际常规课税	实业类个体户或法人主体（尤其是农产品企业和养殖户），服务类企业，或同时经营两类活动的企业	实业类企业年营业额超过1.5亿西非法郎；服务类企业年营业额超过7500万西非法郎
实际简化课税	实业类个体户或法人主体（尤其是农产品企业、种植户、养殖户），服务类企业，或同时经营两类活动的企业	实业类企业年营业额为5000万～1.5亿西非法郎；服务类企业年营业额为2500万～7500万西非法郎

税种	征收对象	起征点
固定捐税	小个体户或手工艺人（街头流动商贩等免征税）	年营业额不超过 5 万西非法郎
综合捐税	实业类个体户或法人主体（尤其是农产品企业、种植户、养殖户），服务类企业，或同时经营两类活动的企业	实业类企业年营业额小于 5000 万西非法郎，服务类企业年营业额小于 2500 万西非法郎

资料来源：科特迪瓦国家税务总局。

表 4 - 51　科特迪瓦主要税种和税率

税种	税率（%）
企业利润税	25
国家建设税	2
设备税	0.08
增值税	18
工资税	1
学徒税	0.4
工业发展税	18.5
职业培训税	0.6
印花税	1

资料来源：科特迪瓦经济与财政部、中华人民共和国驻科特迪瓦大使馆经济商务参赞处。

　　根据行业所从事活动的性质，税收又可以分为工商利润税/农业盈利税、非工商利润税、企业工资税、营业税。①工商利润税主要以科特迪瓦本地的采掘业、海洋专属经济区的海上作业、工业、商业、林业、农业、矿业等企业以及手工业和商业个体户为征税对象，法人税率为 25%，个体户税率为 20%，可以平均分三期缴纳。②非工商利润税主要针对职业人员、公职人员、机关工作人员和事务代理人员。税率与工商利润税规定一致，也可以分三期缴纳。

　　在科特迪瓦，企业首先要在规定的时间内主动前往相关部门报税。报税程序方面，月度税、季度税一般可由企业会计前往申报，但年度税最好委托当地会计师事务所申报（具有法律资格，避免其他麻烦）。报税手续方面，不同企业需提供不同材料，并根据当地税务部门的报税须知表办理报税手续。

表 4 – 52　企业报税与缴费日期

月度税

征收对象	大型、中型企业			符合其他各类税基的企业	
	工业企业、石油企业、矿产企业	商贸类企业	服务类企业	实际（常规/简化）课税类企业	综合捐税类企业
最后报税及缴费日期	每月 10 日	每月 15 日	每月 20 日	每月 15 日	最晚报税日期：每年 1 月 15 日　最晚缴税时间：每月 10 日

季度税/年度税

征收对象		大型、中型企业			符合其他各类税基的企业	
		工业企业、石油企业、矿产企业	商贸类企业	服务类企业	实际（常规/简化）课税类企业	综合捐税类企业
工商利润税/最低包干税（可均分三次缴纳）	第一部分	4 月 10 日	4 月 15 日	4 月 20 日	4 月 15 日	
	第二部分	6 月 10 日	6 月 15 日	6 月 20 日	6 月 15 日	
	第三部分	9 月 10 日	9 月 15 日	9 月 20 日	9 月 15 日	
非工商利润税/最低包干税（可均分三次缴纳）	第一部分			4 月 20 日	4 月 15 日	
	第二部分	—	—	6 月 20 日	6 月 15 日	—
	第三部分			9 月 20 日	9 月 15 日	
营业税（可分期缴纳）	第一期	3 月 10 日	3 月 15 日	3 月 20 日	3 月 15 日	
	第二期	7 月 10 日	7 月 15 日	7 月 20 日	7 月 15 日	
其他税收		每月 10 日	每月 15 日	每月 20 日	每月 15 日	

注：月度税包括增值税，银行交易税，工资所得税，烟草酒水专税，保险合同印花税，传媒、信息技术与电信企业税，传媒、信息技术与电话通信特别税，颗粒橡胶特别税，博彩税，非正规行业收入首付税，非正规行业补助金收入扣缴，工商盈利税收入扣缴，非工商盈利税收入扣缴，设备特别税，旅游发展税，广告税，学徒税，职业培训附加税，农村新技术发展税，部分塑料制品特别税，等等。最低包干税主要由亏损企业缴纳。

资料来源：科特迪瓦国家税务总局。

表 4 – 53　2013～2017 年科特迪瓦税收收入变化

单位：10 亿西非法郎

项目	2013 年		2014 年		2015 年		2016 年		2017 年
	联合预算	实际税收收入	联合预算	实际税收收入	联合预算	实际税收收入	联合预算	实际税收收入	预算
税收收入	2240.5	2260.9	2539.0	2403.9	2719.4	2706.0	3043.3	3043.3	3345.4
科特迪瓦国家税务总局税务收入	1129.7	1202.4	1337.2	1230.1	1438.1	1357.6	1553.9	1553.9	1753.2
直接税收入	679.0	746.9	816.8	721.8	819.8	763.8	825.9	825.9	934.7
企业利润税	331.9	368.6	393.4	336.1	365.9	322.3	342.4	342.4	396.3
工资所得税（职业培训发展基金除外）	274.9	301.7	332.4	310.8	366.1	354.4	397.7	397.7	443.3
财产税	16.7	12.4	14.0	12.9	10.5	10.8	—	—	—
动产资本收入的动产税	55.5	63.5	77.0	61.6	77.3	76.1	85.8	85.8	95.2
间接税收收入	450.6	455.5	520.4	508.3	618.3	593.9	728.0	728.0	818.5
增值税（电力行业除外）	228.5	216.2	243.1	243.3	281.7	270.0	321.0	321.0	366.4
证券交易税（货物与服务税除外）	35.5	34.8	40.0	40.6	47.3	49.0	59.5	59.5	68.6
烟草酒水饮料税	23.0	20.8	28.0	34.4	40.8	33.0	39.5	38.5	44.6
注册登记费和印花税	56.0	70.6	67.5	78.2	128.6	131.4	191.7	188.8	200.8
营业执照和许可证税	9.6	11.1	10.5	9.0	10.4	10.0	11.7	11.2	12.8
电信税收	20.5	21.1	40.7	40.9	50.4	48.8	59.8	59.8	68.8
电话通信特别税	—	—	22.0	16.7	21.5	20.4	24.2	24.2	27.2
橡胶税	19.3	17.7	8.6	3.1	0.0	0.1	0.0	0.0	—
烟酒特别消费税及其他间接税收	4.1	2.4	2.6	2.3	2.4	1.9	2.5	2.0	1.8
石油与天然气开采税	54.2	60.7	57.5	39.9	35.3	28.5	29.9	23.0	27.3
国库费收入	4.2	7.1	6.0	8.4	6.2	8.8	—	8.8	8.5
直接税收	3.0	5.9	5.0	7.2	5.2	7.2	5.3	7.7	6.9
工资收入所得税	3.0	5.9	5.0	7.1	5.2	7.2	5.3	7.7	6.9
财产税	—	—	—	—	—	—	—	—	—
间接税收	1.2	1.2	1.0	1.2	1.0	1.6	1.1	1.1	1.6
印花税票	1.2	1.2	1.0	1.2	1.0	1.6	1.1	1.1	1.1
海关税收收入	1106.6	1051.4	1195.9	1165.5	1275.1	1339.6	1389.4	1480.7	1583.8

续表

项目	2013 年		2014 年		2015 年		2016 年		2017 年
	联合预算	实际税收收入	联合预算	实际税收收入	联合预算	实际税收收入	联合预算	实际税收收入	预算
进口税	846.6	752.2	886.5	840.3	906.9	952.5	976.7	1059.5	1150.0
石油产品进口税	136.0	145.9	166.7	169.7	190.9	228.8	205.9	300.6	338.0
非石油产品进口税	710.6	606.3	719.8	670.6	716.1	723.7	770.8	758.9	812.0
出口税	260.0	299.2	309.3	325.2	368.2	387.1	412.7	421.1	433.8
行业税	41.5	34.2	37.0	41.9	20.7	34.6	23.2	37.3	35.7
专项与附加税	109.4	109.4	126.6	128.1	297.5	338.3	441.6	451.4	541.3
税收收入总计	2391.4	2404.5	2702.6	2573.9	3037.7	3078.8	3467.5	3532.1	3922.5
名义国内生产总值	15252.4	15445.8	—	16890.9	18880.0	18774.5	21124.2	21058.5	23315.6
税收/GDP(%)	15.7	15.6	—	15.2	16.1	16.4	16.4	16.8	16.8

资料来源：科特迪瓦财政与预算总署。

150

第五章

军　　事

第一节　概况

科特迪瓦全国武装力量创建于 1960 年 7 月 27 日，由武装部队、宪兵与共和国卫队组成。国防委员会为最高军事决策机构，总统兼任武装力量总司令，国防部长具体负责武装力量的管理。武器装备主要由法国提供。全国武装力量现任总参谋长为拉西纳·杜米比亚，于 2018 年 12 月 28 日正式任职，接替原总参谋长塞库·杜尔。2012 年 3 月科特迪瓦政府改组后，瓦塔拉总统兼任国防部长，保罗·科菲·科菲任总统府国防事务部长。2016 年 1 月 14 日，阿兰·理查德·东瓦伊代替科菲担任总统府国防事务部长一职。2017 年 1 月 11 日，瓦塔拉再次当选总统后重组内阁，继续兼任国防部长，国务部长由哈米德·巴卡约科担任，同年 7 月，瓦塔拉不再兼任国防部长一职，并晋升哈米德·巴卡约科为国防部长。

科特迪瓦的武装力量主要由海军、陆军、空军、国家宪兵队与国家警察构成。军队、警察和宪兵队等作为国家不同种类的武装力量被赋予了不同的使命。警察和宪兵主要责任在于保护人民和财产的安全，军队主要在于保障国家的领土完整和边界安全，在必要的情况下，军队也可以辅助警察和宪兵队开展维和行动。宪兵队和军队隶属于国防部。2016 年 12 月，科特迪瓦政府取消了义务兵役制。根据世界银行统计数据，1990～2016 年科特迪瓦军费支出占国内生产总值的比重基本持平并略有下降，1990

年为 1.3%、2000 年为 1.4%、2010 年为 1.6%、2016 年为 1.69%、2018 年 1.4%。

表 5 - 1   2009~2018 年科特迪瓦主要军事数据

年份	2009	2010	2011	2012	2013	2014	2015	2016	2017	2018
军费支出占 GDP 比重 (%)	1.73	1.558	1.392	1.521	1.375	1.476	1.74	1.69	1.277	1.358
军费支出占中央政府支出比重(%)	8.701	7.792	7.631	6.819	6.275	7.019	7.538	7.127	5.346	5.976
军费支出金额（百万美元）	420.06	387.69	357.33	407.60	430.00	521.26	569.67	602.54	501.58	607.85
武装部队人员总数(人)	18500	—	—	—	—	25000	25000	25000	27000	
SIPRI 趋势指标值	—	—	—	—	—	6000000	6000000	6000000	14000000	9000000

资料来源：世界银行数据库。

第二节 军种与兵种

一 海军

海军是科特迪瓦四大武装力量之一。科特迪瓦大部分海军部队驻扎在阿比让附近的军港洛科吉约。此外，在圣佩德罗、阿迪阿凯也有海军驻扎。科特迪瓦海军的口号是："人民成长于海上，壮大于海上"。打击海盗、守卫海岸线、保护海上航线的安全、保护港口建筑的安全是海军的主要任务。2016 年科特迪瓦海军数量为 3000 人。科特迪瓦还有海上特种部队。海上特种部队的主要任务是保护港口基础设施、打击破坏设施的行为和敌对分子，拥有一定数量的训练有素、素质极高的"蛙人"

（hommegrenoulle/nageur de combat）。科特迪瓦每一处海军基地都设有海上特种部队。科特迪瓦海军由海军作战指挥中心、海军武器技术服务处、潟湖舰队、海军训练中心、国家海军航海军舰部队等机构和海上特种部队构成。装备队伍有巡逻兵、应急巡逻队、救生艇等。科特迪瓦海军装备不断加强，2016 年有 4 项订购项目，包括 1～2 艘法国的 45 米长巡逻艇、2 艘直升机母舰、1 架 H175 直升机等。其中，2017 年，中国政府将 1 艘价值约 20 亿西非法郎的中国巡逻艇捐赠给科特迪瓦海军。除此以外，2017 年科特迪瓦海军装备有 3 艘 RPB33 型号、33 米长的巡逻艇，4 艘 RPB12 型号、12 米长的哨艇，以及 6 艘 9.3 米长的特遣队专用快艇。

2018 年 12 月，科特迪瓦海军上校恩盖桑·库阿美·塞莱斯坦成为新一任海军指挥统领。

二 陆军

科特迪瓦陆军创建于 1961 年。2018 年 12 月，朱斯坦·阿里·德姆代替原首长于连·夸阿美·恩德里成为科特迪瓦新一任陆军首领，谢里夫·乌斯曼则任陆军副首领。与其他三大军事力量一样，科特迪瓦陆军接受政府的管辖。作战时，陆军的各个分队则听从陆军总参谋长的指挥。陆军总参谋长接受全国武装力量总参谋长和国防部长的监督，负责部队的组织、作战准备、人事就业以及作战计划制订和装备配置等。自 2004 年开始，所有的入伍青年都要接受专业化的训练，至 2018 年，陆军全军在编人数达 22920 人。科特迪瓦陆军的机构组织包括陆军参谋部（负责整个陆军系统的管理和统领）、陆军督察部、陆军人力资源指挥部、军力部、地方战区统领部、后勤服务部、人力资源培训及高等军事教育机构。以上所有的分支机构都受陆军总参谋长的指挥。陆军参谋部为主要的指挥力量，其次是陆军轻型航空指挥部，还有外籍军团指挥部。陆军由多支不同的军队组成，包括 1 支快速反应部队、伞降突击队第一部队、4 支步兵部队、1 支装甲部队、1 支炮兵及防控防御部队、1 支地对地炮兵部队、1 支土木工程部队、1 支特种武装队、1 支指挥与支援支队、1 支后勤基本物资支

援队伍。

科特迪瓦有 4 个地方战区，每个战区由 1 名上校统领。第一战区集中了主要的兵力，位于阿比让地区，阿比让的阿加美布还有 1 支土木工程部队。第二战区位于达洛亚，拥有 1 支步兵部队。第三战区在布瓦凯，其中在阿尼亚马布部署 1 支步兵部队。第四战区在科霍戈，只有 1 支陆军连队。科特迪瓦的陆军装备在接受东欧的装备以前，主要由法国军队提供。自 2002 年以来，科特迪瓦对陆军进行了整顿，并购买了大批武器以提高战斗力。

三 空军

科特迪瓦空军创建于 1965 年，创立之初在编人员有 9200 人，拥有 82 架飞行器，是科特迪瓦四大军事武装力量的重要组成部分之一，其正式名称为"空中联络与运输集团"，这一名字凸显出其后勤和运输功能远大于战斗的功能。截至 2019 年 1 月，科特迪瓦空军拥有 16 架飞行器。科特迪瓦现任空军指挥统领为恩盖桑·科菲·阿尔弗雷德上校，于 2017 年 2 月正式任职，2018 年 12 月获得连任资格。科特迪瓦有四大空军基地，分别位于布瓦凯、布埃港、亚穆苏克罗以及 2019 年 6 月新开辟的达洛亚空军基地。

四 国家宪兵队

科特迪瓦国家宪兵队创立于 1960 年，截至 2018 年，全国共有 18700 名宪兵，其中包括 500 名军官。现任宪兵总指挥为亚历山大·阿帕罗·杜尔。科特迪瓦宪兵队隶属于国防部。科特迪瓦国家宪兵队执行警察的使命，并且受内政部和国防部双重管辖。宪兵队报警电话为 082。每年科特迪瓦宪兵队通过直接招聘竞选的方式聘用大约 1800 名新成员，并主要由两所学校对其进行培训，一处在阿比让，一处在托罗古埃。宪兵队一般情况下主要负责乡村以及城市周围的治安问题，具体职能分为三大类：一是司法职能，即对违法案件进行调查，对触犯刑法的主体进行质询和追踪，进行司法调查；二是行政职能，即维护公共安全、社会秩序、提供协助和救助以及维护交通道路的安全；三是军事职能，作为宪兵队执行对外军警职能。

从地域分布来看，科特迪瓦全国一共有 7 个宪兵团，分别是东南部的阿比让宪兵团、西部的达洛亚宪兵团、东北部的布瓦凯宪兵团、西北部的科霍戈宪兵团、西南部的圣佩德罗宪兵团、中部的亚穆苏克罗宪兵团。其中阿比让宪兵团的机动宪兵队与地方宪兵队（又称"省宪兵"）各自独立，其他地方宪兵团的机动宪兵队与地方宪兵队合二为一。在国家处于紧急状态时，宪兵队可以充当军事武装力量。宪兵队分为作战部队和后备部队，其机构组织主要包括国家宪兵队总指挥处、国家宪兵队总督察处、地方宪兵队、机动宪兵队、共和国护卫队、特种宪兵队、行政支持机构、人员培训机构、国家宪兵队干预部队。

国家宪兵队总指挥处确保各支宪兵队的行动方向。它的主要职能在于制定、协调和指挥宪兵行动，属于国家内政部的一部分。国家宪兵队总督察处创建于 2005 年，有多个服务部门，其中技术督察处的主要职能是监督职业道德与对宪兵队成员的违法行为进行调查。

国家宪兵队干预部队拥有约 420 名成员，其中有 52 名职业军官、300 多名士官。这些士官经过了专业的训练，配备专业装备，主要使命是打击恐怖袭击。尽管它是参照法国的国家宪兵队干预部队而建立，但是它的职能仅仅限于反恐。国家宪兵队干预部队的军衔与其他正规武装力量的军衔授衔规定一致。

五 国家警察

国家警察创设于 1961 年，隶属于国家内政部，总部位于阿比让，目前有 14 多万名在编人员。国家警察由 1 名总指挥官统领，总指挥官由部长委员会任命，下设 3 名副总指挥官、1 名办公室主任、1 名助理、4 名调研员以及 1 名发言人。办公室主任、助理和调研员的行政级别是副主任。在科特迪瓦，国家警察、国家宪兵队、城市警察构成了国家公共武装力量。

国家警察的主要职能是负责国家的国防安全与自由、维持社会秩序与

和平、保护公民的人身与财产安全。具体任务主要包括：保护公民和财产的安全，打击城市暴力、道路犯罪问题，控制非正常移民问题，打击偷渡劳工，打击贩毒、经济和金融犯罪，对违法案件进行调查、追踪，逮捕犯罪主体，并向司法机构提起公诉，打击威胁国家安全的恐怖主义，打击危害国家利益的行为，维持社会公共秩序。国家警察主要配备 7.65 毫米口径或 9 毫米口径的半自动化手枪、烟幕弹或催泪弹、长枪、警棍、手铐、防弹背心、榴弹长枪、维和头盔（遇到城市暴力等情况时）、盾牌、长方形头盔（高级警长佩戴）、警车和直升机等执勤工具。

科特迪瓦国内公共安全主要由内政部负责。内政部主要负责国家内部安全、领土安全问题以及公共自由问题。2012 年，科特迪瓦内政部接收了来自法国国家警察总署、欧盟的资助。其中，法国警察总署捐助科特迪瓦 30 辆车辆、50 台计算机、50 个便携式金属探测器以及身体防护装备；欧盟也提供了 14 亿西非法郎的援助。

第三节　对外军事关系

一　与法国的军事合作

科特迪瓦在 1961 年国家独立之初即与法国签订国防合作协定。这种协议显然是建立在双方殖民与被殖民的历史关系之上。实际上，除了科特迪瓦之外，原法属西非和中非国家，除了几内亚和马里，其他国家均与法国签订了类似的协定。协定的合作内容主要涉及贸易、货币、司法、初中高等教育、技术、邮局、民用航空、海上贸易航线、原材料、战略性资源等。这些协议前后经历过多次修订，但军事、国防以及相关附属条约始终是协定的核心内容，并成为法国军事在科特迪瓦存在的正式依据。相关协议主要内容包括：第一条中关于法国提供军事技术支持的前提是科特迪瓦共和国提出正式申请；第三条关于科特迪瓦武装力量标准化的维持、材料和装备的更新，科特迪瓦应首先向法国提出，并且法国尽可能免费提供；第八条规定法国保证科特迪瓦军事力量的培训和完善，并且在必要的情况下，承诺提供一定的资金和人员，科特迪瓦军事干部由法国出资在法国的军事院校进行培养；第九条规定法国为科特迪瓦制定训练机制、军官和副官干部配备机制以及配备必要的军备成员。

2012 年 1 月 26 日，法国总统尼古拉·萨科齐与瓦塔拉在爱丽舍宫签订了一份新的"安全与国防"协议。新的国防协议主要目的在于淡化法国在科特迪瓦的军事存在。2011 年，科特迪瓦国内军事冲突爆发，使法国"独角兽"军队人员突增至 2000 名，根据新的协议法国在科特迪瓦的军事人员不超过 300 名，并且主要任务在于帮助科特迪瓦进行军事武装力量的培训以及应对非洲海盗以及恐怖主义问题。这是法科签订第一份军事防务协定之后，50 多年来第一次进行大幅度的修订。

二　其他双边和多边军事合作关系

除法国以外，科特迪瓦自独立以来与其他国家也保持着双边或多边军事合作关系。

科特迪瓦与塞内加尔于 1971 年 7 月 10 日在达喀尔签署了军事合作协议，并于当日生效。2011 年 4 月，科特迪瓦选后危机结束后，西部地区暴力冲突频发，为增强科特迪瓦和利比里亚两国边境安全，两国也逐渐加强边境军事安全合作。2014 年 4 月 25 日，喀麦隆与科特迪瓦在雅温得签署《军事技术合作框架协议》。近些年来，科特迪瓦与摩洛哥也在军事官员培训方面签订了合作协议。2016 年，针对马里"博科圣地"问题，科特迪瓦和马里、布基纳法索等周边国家表示为维护边境安全应进一步加强军事合作。科特迪瓦与美国的军事合作也由来已久。科美两国之间的军事合作协定，实际上是一个 3 亿~3.5 亿美元的资金援助协议。这个协议是在"千年挑战基金"框架之下，与法国发展研究院、德国国际合作机构以及日本国际协力机构属于同一级别。

鉴于科特迪瓦目前社会、政治与经济发展平稳，联合国科特迪瓦行动于 2017 年 6 月 30 日撤离，结束了其在科特迪瓦 13 年的维稳使命。

第六章

社　会

第一节　国民生活

一　就业、收入和物价

科特迪瓦从独立至 20 世纪 90 年代末，社会发展相对稳定，经济发展相对较快，百姓生活水平也得到了很大的提高。根据世界银行统计数据，科特迪瓦 20 世纪 80 年代的人均国民总收入为 1130 美元，此后下跌，至 2009 年才恢复 1980 年的水平，随后逐年增长，至 2014 年为 1450 美元，2015 年为 1410 美元，2018 年为 1610 美元。国际货币基金组织 2016 年的年度报告显示，科特迪瓦收入水平处于撒哈拉以南非洲地区的中等收入水平国家之列。2002 年的贫困人口比例为 38.4%；由于国内政治和社会危机，2008 年的贫困人口比例创新高，达 48.9%；2016 年这一数据回落，为 46.3%，2017 年为 47%，实际约 1000 万人口生活在贫困线以下。2015 年的贫困线标准为日收入等于或低于 737 西非法郎，即年收入等于或低于 269075 西非法郎。尽管科特迪瓦积极采取措施，但贫困率在短时间内难以降低。2017 年，科特迪瓦中产阶级占总人口的 27%，约 620 万人，中产阶级收入衡量标准为日收入 4～20 美元，约合 2225～11145 西非法郎。根据联合国开发计划署公布的《2017 年人类发展报告》，2017 年科特迪瓦人类发展指数在世界 228 个国家和地区中排名第 208 位，人类发展指数为 0.492。科特迪瓦是西非地区城市化水平最高的国家，2017 年城市人口占

总人口的 51.6%。2013 年以来，科特迪瓦电力发展也得到较快发展。根据
世界银行数据，2017 年科特迪瓦能够使用电力照明的人口占总人口的
65.64%，其中城市人口的 93.30%、农村人口的 36.59% 已经使用上电力照
明。

表 6-1　1990~2018 年科特迪瓦国民总收入（GNI）数据

年份	1990	2000	2010	2016	2017	2018
按图表集法衡量的国民总收入（10 亿美元）	9.25	10.61	24.42	35.51	36.07	40.42
按图表集法衡量的人均国民总收入（美元）	750	640	1200	1530	1480	1610
购买力平价衡量的国民总收入（10 亿美元）	21.60	35.35	51.80	80.68	83.71	89.98
购买力平价衡量的人均国民总收入（美元）	1760	2120	2540	3650	3670	4030

资料来源：世界银行统计数据库。

在就业方面，中国驻科特迪瓦共和国大使馆经济商务参赞处数据显
示，根据 2015 年世界银行的统计数据，近年来科特迪瓦的就业率达
93%，平均失业率为 7%。但是这一数据统计标准并不完全符合非洲的实
际情况。主要原因在于广大非洲国家还没有建立完善的失业保险制度，一
些通过短期零工实现就业这种并不稳定的就业情况也被统计到就业数据
中。目前科特迪瓦实际就业以自主就业和家庭就业为主，2014 年这两大
主体占就业总人口的 77.2%，月工资仅为 63944 西非法郎（约合 97 欧
元）。从就业的行业来看，2014 年全国仅有 20% 的人口在正规企业就业，
平均工资为 306477 西非法郎（约合 467 欧元）；75% 的人口从事农业和商
业，农业领域从业人员的月平均工资仅为 39612 西非法郎（约合 60 欧
元），商业领域从业人员的月平均工资为 52125 西非法郎（约合 79 欧
元）。收入最高的行业为金融业和采矿业，月平均工资分别达到 230 万西
非法郎（约合 3500 欧元）和 160 万西非法郎（约合 2440 欧元），然而这
两个领域的从业人员占总就业人口的比例不足 0.5%，对国家国内生产总
值的贡献率仅为 8.2%。此外，2012 年以来，建筑、运输、通信等行业得
到快速发展，从业人口占比约为 6%，从业人员月收入为 10 万西非法郎

左右（约合 152 欧元），处于中等水平。根据世界银行统计数据，2016 年
科特迪瓦全国劳动者的月平均工资为 127 美元，年均 1520 美元，处于非
洲大陆平均线以下（156 美元/月，1877 美元/年），而这一工资水平在
2011 年以后才逐步实现。2016 年，科特迪瓦政府规定正规企业录用员工
的最低工资标准为 6 万西非法郎（约合 91 欧元）。就业仍然是科特迪瓦
政府面临的一大挑战。科特迪瓦官方公布数据显示，2016 年的失业率为
2.6%，但实际加上短期零工等半就业状况，失业和就业不足高达
27.8%。科特迪瓦失业人口主要集中在城市，女性的失业率高于男性，
14~35 岁的年轻人为主要失业群体。国际劳工组织的数据则显示，科特
迪瓦 2017 年的就业人口占总人口的 54.2%。其中就业于农业领域的人口
比例为 41.9%，就业于工业领域的人口比例为 12.5%，就业于服务业的
人口比例为 45.6%。目前科特迪瓦的劳动人口正以每年 35 万人的速度急
速扩张。到 2025 年，预计科特迪瓦的劳动人口将增长 40% 以上，达 2200
万人。

表 6 - 2　2011~2018 年科特迪瓦主要就业与失业数据

年份	2011	2012	2013	2014	2015	2016	2017	2018
国家公务部门及国有企事业单位就业人数（人）	—	158865	165354	173375	187579	195242	—	—
现代私有制企业就业人数（人）	—	328479	351984	413590	417583	526426		
农业从业人口占总就业人口比重（%）	46.65	45.61	45.17	47.29	48.46	48.89	48.42	48.00
工业从业人口占总就业人口比重（%）	11.65	11.74	11.82	9.08	7.47	6.30	6.27	6.24
服务业从业人口占总就业人口比重（%）	41.70	42.65	43.01	43.63	44.07	44.81	45.31	45.76
失业率占总人口比重（%）	7.29	7.22	4.25	3.67	3.11	2.60	2.49	2.48
就业不足（含失业,%）	—	—	—	25	25.3	27.8	—	—
女性失业占适龄就业女性总数比重（%）	7.18	7.34	5.22	4.55	3.94	3.36	3.21	3.12

续表

年份	2011	2012	2013	2014	2015	2016	2017	2018
男性失业占适龄就业男性总数比重(%)	7.36	7.15	3.62	3.06	2.55	2.07	1.98	2.03
无文凭、无技能男性失业青年占比(15~24岁)	—	—	—	—	—	23.69	25.24	—
无文凭、无技能女性失业青年占比(15~24岁)	—	—	—	—	—	46.45	44.22	—
中等教育水平失业人口占总就业人口比重(%)	—	—	—	—	—	5.74	6.40	—
高学历女性失业人口占总就业人口比重(%)	—	—	—	—	—	11.72	12.39	—
高学历男性失业人口占总就业人口比重(%)	—	—	—	—	—	9.74	9.31	—

资料来源：世界银行、国际劳工组织、科特迪瓦国家统计院。

物价方面，目前科特迪瓦使用西非法郎（Franc CFA），最小的货币单位为生丁（Centime），1 西非法郎 = 100 生丁。从 2012 年 1 月 1 日起，西非法郎兑欧元采用新的固定汇率，即 1 欧元 = 655.957 西非法郎或 1 西非法郎 = 0.0015 欧元。与美元和英镑实行浮动汇率制度，西非国家中央银行 2019 年 9 月 27 日数据显示，1 美元买入价为 597.500 西非法郎，卖出价为 604.500 西非法郎；1 英镑买入价为 734.500 西非法郎，卖出价为 741.500；1 元人民币买入价为 83.500 西非法郎，卖出价为 85.250 西非法郎。

1977 年科特迪瓦的通货膨胀率为 27.42%，创历史新高；2010 年的通货膨胀率为 1.23%，2015 年下降到 1.25%，2016 年为 0.72%，2018 年为 0.44%。近四五年物价基本趋于稳定。科特迪瓦经济自 2011 年以来处于稳步上升阶段，世界银行数据显示，2012~2015 年科特迪瓦国内生产总值的年平均增长率高达 8.5%。

表 6 – 3 科特迪瓦居民收入水平及主要消费数据

年份	2009	2010	2011	2012	2013	2014	2015	2016	2017	2018
人均国内生产总值(美元)	1210.29	1211.93	1207.00	1243.34	1245.47	1559.39	1426.46	1481.65	1557.18	1715.53
居民消费(百万美元)	16803.00	17316.60	16630.80	19240.30	23237.30	25462.00	22135.00	23184.00	—	—
居民消费增长率(%)	-0.57	3.06	-3.96	15.69	20.77	9.57	-13.07	4.74	—	—
通货膨胀率(按消费者物价指数衡量,%)	1.02	1.23	4.91	1.31	2.58	0.46	1.25	0.72	0.70	0.44

资料来源:科特迪瓦投资促进中心、世界银行。

表 6 – 4 2011~2018 年科特迪瓦生活成本 (阿比让非洲家庭消费者物价指数)

年份	2011	2012	2013	2014	2015	2016	2017	2018
食物、饮料和烟草	120.5	—	122.5	—	—	—	—	—
所有商品	139.4	141.3	144.9	109.51	111.88*	111.69	112.45	112.95

注:基数 2000 = 100;烟草消费指数基数为 2008 = 100。
资料来源:国际劳工组织、世界银行。

二 住房

科特迪瓦属于西非富有的国家之一,尽管城市在不断地扩大,但是国家仍然保留着非常丰富的文化和传统。同样,表现在建筑方面,科特迪瓦兼具现代性与传统性。

科特迪瓦广大乡村建筑技术具有上千年的历史。从北至南,根据不同的族群、文化、信仰,住所的风格也各异。除了海滨地区的房屋以外,大部分农村地区的房屋将土坯作为原材料。土坯是一种未经烧制的生泥土,

经过太阳风干而成，容易制造各种形状、坚硬。科特迪瓦农村土坯房的墙壁、地表、地基和整个房屋的构架都使用土坯砖。

在科特迪瓦的中部和西部地区，即茂盛的森林和热带稀树草原高草丛生的地带，以传统的圆形或者方形的茅屋为主，在不同的地区，屋顶使用稻草、麦秆或其他风干的植物搭建。例如，达纳内省一个名叫"芒东古伊内"的村庄是典型的雅库巴童话故事里的传统村庄，村庄的房屋主要使用麦秆建造屋顶。在广大西部地区，迪达族人则将酒椰叶或棕榈叶作为屋顶材料，当族人使用茎秆建造屋顶。达纳内、马恩、图莱普勒、邦戈洛等地民族村庄的道路宽敞，方形的土砖房显眼而朴素，使用瓦楞铁皮建造的房屋显得非常整齐，但与最为古老传统的茅屋相比特色不明显。

科特迪瓦北部地区的建筑则在很大程度上受苏丹建筑风格的影响，主要使用土坯或者柴泥为原材料。由于北部地区在历史上经历了移民、军事政府等，这个地区的建筑风格各异、颜色纷呈。在这个地方有真正的城堡，也有清真寺，还有一些大商人或者大领主富丽堂皇的住宅。

在科莫埃国家公园中，有一处"母狼村"（Les villages lobis），这里的住所构成了真正的堡垒，被称作"苏卡拉"（Soukala）。"苏卡拉"建筑呈方形，墙壁由非常厚实的土坯砌成。平整的屋顶底层是密实的棕榈树叶，上层则浇筑了一层土坯灰浆。这种房子的出入口非常少，在冲突战争时期可以作为避难所使用。它们以大本营的方式聚合在一起，每家一般拥有好几间茅屋。类似的房屋建筑在布基纳法索的摩西族和古鲁西族中也能看到。离国家公园不远的地方则仍然保留着一处古老而富有的商业城市遗迹，主体风格是苏丹建筑风格，尤其是其周五礼拜的清真寺。清真寺由土坯砖、混合了麦秆的黏土以及加固梁柱构成。

在科特迪瓦南方，仍然能感受到海滨村庄的独特风格。在埃布里埃潟湖周边，一些用土坯建成的茅屋仍然零星可见，但村庄的主要建筑物大多以植物为原材料。

（一）殖民建筑

受法国殖民的影响，至今在科特迪瓦各个地方仍可以看到一些已经成为历史遗产的殖民建筑。这些曾经用作殖民当局行政办公楼或者其他机构办事处今天大部分已经成为普通住所，它们仍然体现出独特的建筑风格：巨大、倾斜且向外延伸的屋顶有效地挡住雨水；台阶略高于地面，主要是为了防潮；房屋正面设有长廊，主要是为了遮阳；门的入口很大，这种设计是为了通风，尤其是减少雨季期间的湿度。

大巴萨姆曾经作为殖民者的第一个首都，留下了为数众多且非常典型的殖民建筑。透过众多的殖民建筑遗迹仍能感受到曾经的奢华，在这些遗迹中夹杂着极为朴素的普通建筑住所。这些殖民时期的建筑今天也成为国家的重点文物保护对象。

（二）现代楼房

在阿比让，尤其是勒普拉托区，今日作为城市的行政、机构院所和商业中心，是在法国殖民部的领导下发展起来的。昔日的村庄大部分被迁走，具有欧洲特色的城市迅速发展，这座后起的城市仍然呈现殖民时期的建筑格局：新建的为数众多的住宅街区与原始村庄严格分离，这些住宅区主要位于潟湖与军事营地之间。这里已经找不到具有明显的殖民时期建筑风格的住所了，但是仍有一些被列入重点文物保护对象的建筑物。实际上，阿比让和亚穆苏克罗的当代建筑主要是从20世纪60年代城市化运动开始设计的，不再考虑凸显传统的乡村小茅屋的民族特色风格，更多的是楼房，并且根据街区和用途的不同，楼房的风格也各异。

在住房政策和住房建设方面，科特迪瓦经历了从20世纪60年代末至80年代的国家主管的"福利房"制度到80年代末放开住房建设，鼓励和支持私营部门开发建房，鼓励和支持私人自建住房或买房，通过银行提供多种低息购房贷款，等等。根据科特迪瓦住建部信息，当前科特迪瓦不动产市场每年建设几千套住房，但这个数量远远无法满足实际需求，仅阿比让每年就有至少约2.5万套住房需求，国内其他地方每年的住房需求总数约为2.5万套。2016年，科特迪瓦城市规划与公共卫生建设部积极参与

国家社会性住房的建设。房地产开发商也承诺今后 3 年内建成至少 3000 套住房，即每年至少建 1000 套住房。政府也积极促进社会性住房的建设，为房地产开发部门尽可能多地提供购房者信息和订购数量，确保房屋交易信息通畅。

三　环境保护

科特迪瓦今天仍然有大片原始森林和茂密的树林，森林面积占国土总面积的 32% 左右。但随着城市化的进展，森林面积不断地减少，尤其是在科特迪瓦国内政治军事危机期间，森林遭遇重大创伤，如非法砍伐树木，工业开发缺少环境监管，林区被开发为农田、果蔬种植园或采矿区，偷猎野生动物等，浓密的原始森林锐减。农业的不合理开发是主要原因之一。至今在科特迪瓦，火耕仍然是当地农民的主要种植技术。

截至 2018 年，科特迪瓦陆地和海洋保护区域面积占国土总面积的 14.9%。科特迪瓦漫长的海岸线周边成为全国人口最为密集的地区，同时也是最重要的经济增长地区。人口的快速增长以及海滨城市化的发展也带来了一系列环境压力。海上油田开发也使海滩面临石油外泄的风险。其中阿比让面临的最大问题是固体垃圾的处理。阿比让每日产生将近 3000 吨的垃圾。目前在阿比让的大部分街区设有垃圾回收点，阿比让的垃圾处理站设在阿库埃多。但这是一个旧式的垃圾场，地表缺少防渗透表层，没有排水系统，也没有浸滤处理。阿比让自由港与圣佩德罗港口均仅有对普通垃圾的处理，没有对危险垃圾的处理。垃圾收集也转包给私人企业。科莫埃国家公园也面临偷猎和无序放牧的挑战。根据《2015 年科特迪瓦环境竞争力评价报告》，科特迪瓦环境竞争力指数在 133 个国家中排在第 112 位。

尽管挑战重重，但科特迪瓦现任政府非常重视环境保护，并且将国家发展建立在可持续发展基础上。科特迪瓦卫生、环境和可持续发展部门积极应对挑战，寻求多方国际援助，积极开展环境保护工作。

表 6 - 5 1990 ~ 2018 年科特迪瓦主要环境指标

年份	1990	2000	2010	2016	2017	2018
森林面积占国土总面积比重(%)	32.15	32.48	32.71	32.71	—	—
陆地与海洋保护区域占国土总面积比重(%)	14.7	14.7	—	14.9	14.9	14.9
年度淡水抽取量占国内水资源总量比重(%)	1.4	1.8	2.0	2.0		
享有清洁饮用水源人口占总人口比重(%)	76	78	81	82	—	
享有卫生设施人口占总人口比重(%)	15	18	21	23		
城市人口年增长率(%)	4.56	3.56	3.23	3.42	3.43	3.45
人均能源使用量(千克石油当量)	354	407	498	616		
人均二氧化碳排放量(吨)	0.47	0.41	0.30	0.41		
人均电能消耗(千瓦时)	156	172	216	276		

资料来源：世界银行统计数据库。

第二节　社会福利与管理

一　保险制度概况

科特迪瓦针对工薪阶层的保险主要包括疾病医疗、家庭补助（重点包括生育津贴）、工伤或职业病、其他补助金（养老金、残疾补助金、抚恤金）几大项内容。科特迪瓦没有专门针对自由职业者的特殊保险制度，但这些自由职业者可以自愿参加保险，尤其是工伤保险。根据 2014 年 3 月 24 日颁布的第 2014 - 131 号法令，从 2015 年 9 月开始，科特迪瓦正式实施全民医疗保险，科特迪瓦全体公民均被纳入医疗保险体系，从而实现了全民医疗保险的覆盖。

二　组织机构与相关规定

在组织机构方面，主要分为两大类。第一类为国家社会人寿保险基金和国民健康保险基金。这两个机构均受科特迪瓦国家社会团结、互助与扶

贫部和国家经济与财政部的管理及监督。前者的主要职能在于对社会养老补助金、工伤保险金、家庭补助金的征收、管理和发放，下设 15 个地方分支机构，分布在全国各个区域；后者的主要职能在于处理与全民医疗保险相关的资金缴纳、征收、服务与管理，该机构根据 2014 年 6 月 25 日颁布的第 2014 - 395 号法令成立。第二类为国家公务人员退休普通基金，它是 2012 年 4 月 18 日根据第 2012 - 367 号法令创设的社会人寿机构，主要职能是对国家公务退休人员的社会福利进行管理并提供服务。

企业主必须到国家社会人寿保险基金注册投保，为其员工获取社会保险号码。自由职业者或者个体从业者可以自愿考虑购买工伤保险。这类从业者在购买了职业工伤保险后，除了不能享受日津贴外，国家社会人寿保险基金提供的其他关于工伤保险的服务均可以享受到。从 2015 年 9 月开始，全民医疗保险对以下人员是强制性的：在岗的军人和公务员，享受并领取国家公务人员退休普通基金养老津贴的退休公务人员，投保了国家社会人寿保险基金的私营企业的退休人员及工薪阶层，在非正式领域或农业领域从业的自由个体户，大专院校的学生和 5 岁及以上的其他类别学校的学生，待业人员。由此可见，只有不满 5 岁的孩子可以不参加全民医疗保险。每一位参保人都拥有一个终身唯一的全民医疗保险号码。

保险金缴纳比例分为工薪阶层、自由职业者/非工薪阶层两大类，具体如表 6 - 6 所示。

表 6 - 6　科特迪瓦工薪阶层保险金缴纳比例（2017 年 10 月 1 日）

项目	企业缴纳比例	员工缴纳比例	月缴纳金额上限（西非法郎）
全民医疗保险（强制义务投保）	—	1000 西非法郎/月	5 岁及以上的投保人每人 1000 西非法郎/月
家庭补助	5.75%（其中 0.75% 为生育津贴）	—	70000
工伤保险	根据企业的主要经营领域 2% ~5%	—	70000
养老金	7.7%	6.3%	1647315

资料来源：科特迪瓦国家社会人寿保险基金。

从 2013 年 11 月起，科特迪瓦的行业最低保障工资以每周 40 小时的工作时长计算，最低为 60000 西非法郎。科特迪瓦法律规定，纳入保险金缴纳的最低工资基数金额不得低于行业最低保障工资。

表 6 - 7　科特迪瓦自由职业者、非工薪阶层保险金缴纳要求 （2017 年 10 月 1 日）

投保项目	缴税税率
工伤保险（自愿投保）	根据企业的主要经营领域 2% ~ 5%
全民医疗保险（强制义务投保）	1000 西非法郎/月

资料来源：科特迪瓦国家社会人寿保险基金。

三　主要社会福利

科特迪瓦的社会福利主要包括全民医疗保险、家庭补助、生育保险、工伤或职业病保险、养老金及其他补助。

（一）全民医疗保险

科特迪瓦全民医疗保险是主要针对科特迪瓦全体公民的强制义务保险。全民医疗保险体系下又包含两个体系：一是基础全民医疗纳税体系，主要通过收取投保人的税金运作；二是基础药物保障非纳税体系，主要针对那些低收入或者失业群体，国家为他们承担社会保险中的医药费自理部分。新投保人在投保协议正式生效之前，有 3 个月的"保险空档"自费期。另外，投保人中断保险协议后，投保人享受延长 3 个月的脱保"保护期"。全民医疗保险的具体投保项目主要包括疾病或意外事故、生育、肢体运动功能重塑、疾病预防。投保人享受的具体保险报销项目包括挂号门诊费（普通内科或专科挂号、医疗护理挂号、生育挂号）、医药费、外科手术费、化验费、住院费、急诊费。投保人不管是来自公立领域还是私营领域，必须与国家健康保险基金签订全民医疗保险合同之后才能享受全民医疗制度的报销。全民医疗保险制度的报销比例为 70% ~ 80%。

（二）家庭补助

家庭补助主要包括分娩补助、产前津贴、生育津贴、家庭津贴、生育

日常补助、在生产期间所产生的手术和药物费用的报销。享受家庭津贴的投保人条件包括：必须为工薪阶层，有固定收入；必须为合法已婚人士或者被社会承认具有抚养权的单亲妈妈；名下有一个或几个孩子的抚养权；其企业主必须在国家社会人寿保险基金注册，并且该投保人必须提供在该企业连续工作 3 个月以上的证明；丧偶的寡妇如果其配偶为工薪阶层且是在岗期间亡故的，仍可以继续领取家庭补助。

分娩补助（主要针对工薪阶层的补贴）金额为 18000 西非法郎，每对头婚夫妇的前 3 个孩子均可以得到这份补助，或者二婚夫妇，其中前一任妻子亡故。新生儿必须存活，在正规医院分娩，并且登记户籍后才能领到这份补助。

产前补助，所有工薪阶层女性员工或者女方的配偶为工薪阶层，从确认怀孕到其后 9 个月的孕期内都可以获得这份补助。这份补助分 3 次发放：怀孕第 3 个月做第 1 次产检时领取 3000 西非法郎；孕期第 6 个月前后，即做第 2 次产检时可以领取 6000 西非法郎；在孕期第 8 个月，即做第 3 次产检时可以领取 4500 西非法郎。此外，领取产前津贴必须在孕期第 3 个月之前向国家社会人寿保险基金提供受孕医疗检查证明。

生育津贴也是针对所有工薪阶层女性或者男性配偶为工薪阶层的女性，并且其名下有存活新生儿、在正规医院产检出生、孩子有合法户籍。生育津贴主要针对 2 个月至 1 岁的新生儿，是新生儿每两个月检查一次，一共 6 次的检查费用补助，每个孩子总计 18000 西非法郎。同样也分 3 次发放：第 1 次是在婴儿出生时发放 9000 西非法郎；第 2 次在婴幼儿 6 个月时发放 4500 西非法郎，第三次是在婴幼儿 1 岁时发放剩余的 4500 西非法郎。如果新生儿是双胞胎，则可以领取同样金额的两份津贴。

家庭津贴，主要针对有孩子监护权的家庭，并且每位孩子应符合以下标准：1～14 岁的未成年；18 岁以下的在校学生或做学徒的青少年；21 岁以下还在继续升学的青年，或者因病无法从事薪酬工作、尚需护理的青年。每个孩子的家庭津贴为每月 1500 西非法郎。领取家庭津贴必须提供父母一方有连续 18 天或者连续工作 120 小时的薪资证明，还需要提供其他证明，包括工作证明，单身母亲需要提供亲生母亲身份证明，孩子在 6 岁以下或者因病需要护理则要提供医学证明，孩子在上学或做学徒需要提供在校证明或者学徒证明，孩子出生证明。

（三）生育保险

生育日常补助主要是针对工薪阶层妇女因产假而暂停工作期间的生育补助（科特迪瓦的产假为 14 周，其中分娩前 6 周、分娩后 8 周）。产妇在生育之后如果可以提供孕期或分娩疾病证明，最多可以再获得 3 周的额外日常补贴。申请享受生育日常补助的妇女所在的企业在国家社会人寿保险基金注册参保的时间必须达 3 个月以上。在产假期间，国家社会人寿保险基金还会给工薪阶层产妇支付在休产假之前的税后纯工资。分娩手术及分娩护理报销，主要针对从孕期第 3 个月开始到产妇恢复上班这段时间的住院、药物以及医疗护理所产生的费用。产妇必须在正规的医院分娩才能获得报销。如果是在私立医院分娩，报销的费用则依照公立医院第二等级的费用标准报销，此外，还额外增加 5000 西非法郎的分娩补助，如果是两胎或多胎生育，每胎再多加 2000 西非法郎。如果是在公立医院分娩，报销金额则依据公立妇产科医院的标准，并根据产妇实际住院天数报销。生育期间所产生的门诊挂号费按照公立医院的转诊标准进行报销。生育期间的药物费用报销从孕期第 3 个月产生的费用开始算起。

（四）工伤或职业病保险

所有在工薪岗位工作的员工、学徒或者实习生均可以享受工伤或职业病保险。从事自由职业或非工薪职业的劳动者在自愿缴纳工伤或职业病保险后，方可享受此保险。工伤或职业病保险主要覆盖在工作地点或者在上班期间发生的事故、在工作路途中发生的事故、国家法律规定或公认的职业病名单中的职业病。职业病发生第一时间从第一份医学检查报告时间算起。工伤发生后应在 48 小时内告知社会与工作监管局。此外，企业雇主还应提供以下证明：为负伤员工开具工伤证明，为负伤员工提供初步紧急护理，通知医生，带领负伤员工到就近的医疗中心就诊。

工伤或职业病保险主要包括以下五个方面。其一，免费医疗护理。国家社会人寿保险基金免费覆盖以下项目：负伤员工必要的治疗费用、假肢、附属医疗设备以及进行肢体技能训练所产生的费用。如果负伤员工因雇主要求转院治疗，并在转移过程中死亡，雇主还应担负将尸体运送到葬

礼地点的费用。

其二，因工负伤暂停工作期间的补助。负伤员工在休工期间的日补助应根据其负伤前的日平均工资给付，员工负伤前的 30 天的所有收入除以实际工作天数为日平均工资，上限补贴为每月 36695 西非法郎。日常补助在负伤员工负伤的第二天开始发放，以及整个负伤休工预申请期间的日常补贴都应该按足额的日均补贴给付。日均补贴在负伤员工停工的第 28 天可以按其日均工资的 50% 发放。在负伤员工停工的第 29 天或者在负伤休工预申请结束当天，日均补助的总费用应达到其原来工资的 2/3。

其三，因工负伤导致永久性停工的补助。这项补助仅发放"年度有效工资"，即对于超出年度工资上限的金额将不被计入或仅少部分计入。年度有效工资补助的最高上限为 26615484 西非法郎，用于计算工伤报销的年度工资下限为 950553 西非法郎。因工伤永久停工的受害人通过"残疾的修复程度"有权申请把"年度有效工资"转为年金发放的方式，发放总金额与年度有效工资总金额相当。残疾的实际修复程度由医生确定，如果修复程度低于 50%，则视伤残修复不过半；如果修复程度超过 50%，则视为过半。赔偿还可能增加 40% 的费用，用于负责照顾伤残的受害人饮食起居的第三人的费用。在领取了 5 年的年金之后，受害人可以再次申请非年金发放方式，通过资本金转账领取剩余工伤伤残抚恤金。如果受害人伤残程度不足 10%，并且以年金发放的方式执行了 5 年及以上，剩余资金可以一次性给付；如果伤残程度高于 10% 但小于 50%，则可以发放部分剩余资金；如果伤残程度等于 50%，给付资金最高只能是剩余资金的 1/4，即相当于年金的金额；如果伤残程度高于 50%，给付资金不得超过剩余资金的 1/4，相当于年金发放中针对伤残程度 50% 的单次发放金额。

其四，外国国籍因工致残受害者，如果准备离境回国，除当事人明确表示之外，年金必须改为以资本金方式发放。当事人将收到一笔涵盖赔偿金总额的资本金赔偿，相当于应给付年金数额的 3 倍。

其五，针对因公殉职者家属的抚恤金赔偿。如果投保人发生因工伤致死的意外事故，受害者家属作为受益人可以获得一笔年金，具体的受益人包括：在受害人事故发生日之前取得合法婚姻关系的在世配偶，并且在受害人生前未与受害人离婚或分居；受害者生前监护的直系卑亲属，主要根据家庭补助的规定进行赔偿；受害人生前赡养的直系尊亲属（主要为受害人的父母）。受害人的在世配偶领取的年金原则上为受害人年度工资的30%，并且这部分补助包含在对受害人的年金计算的范围内；如果受害人为二婚，并且其名下无子女，受害人二婚在世配偶则可以领取其年度工资3倍以上的年金金额。发放给受害人子女（主要是指不满14周岁的未成年，或者还在上学的未成年，仍为学徒或仍在求学的18岁子女，或者21岁仍在求学或者患有疾病而无法工作的成年子女）的年金金额取决于子女的数量。前两个子女分别获得受害人年度工资15%的抚恤金；如果有3个孩子，则一共发放受害人年度工资的40%；如果超过3个孩子，每增加一个孩子，则增加10%的年度工资金额；如果是独生子女，最高只能领取受害人年度工资的20%。受害者直系尊亲属双方可以各自领取受害者年度工资的10%。发放给受害人在世亲属的年金总额不得超过受害者年度工资的85%。葬礼费用一次性支付给受害者的家人，占从受害者年度工资的25%或为950553西非法郎（受害者年度最低工资），涵盖举行葬礼所产生的所有费用。

（五）养老金及其他补助

这部分补助主要涉及退休养老金、团结扶贫金、买断工龄补偿、可复归养老金、残废抚恤金。2012年2月1日，科特迪瓦通过对养老制度的改革并生效，具体内容包括：退休金的结算年龄逐年推后，即2012～2016年逐年从55岁推后到60岁；退休金的结算从原来的最高工资的10年改成以最高工资15年内的平均数为计算基准；退休金的重新估算不再局限于工资水平，而是主要考虑生活物价成本。养老金主要包括退休养老金和一次性养老津贴。①退休养老金，领取条件为：在2016年满60周岁，从事工薪工作并且缴纳养老金至少15年，不再从事任何其他工薪职业。2016年55周岁的人可以领取养老金，但因提前退休每年将削减5%的养老金，除非55周岁申请退休的人领取的退休金金额比例达到其退休前工资水平的50%，或者根据政府相关条例申请人确实不能再从事任何其他工作。2016年退休的退休金金额等于员工在岗期间最高工资15年内的工资平均数乘以退休金系数，即乘以员工退休前缴纳养老金的上缴系数（2000年1月1日前为每年1.33%，超出这个系数则最高为1.7%）。如果申请退休人员名下还有未成年孩子需要监护抚养，那么在核算其退休金时，则以每个被抚养的孩子增加10%的金额核算，直到孩子满21岁。养老金最低不得低于行业最低工资保障的50%，即30000西非法郎。②一次性养老津贴，所有在2016年满60周岁参加了养老保险的员工，已经停止一切工作活动，并且总的工作年限超过2年但不满15年，他们有权利申请一次性养老津贴。如果这类员工缴纳养老金满13年，那么他们可以将剩下的2年缴纳完毕，以享受正常的养老金发放制度。一次性养老金的核算是根据申请退休人员的所有就业年限的平均工资乘以替代率（其计算方式与正常退休员工方法相同），再乘以一个养老金乘积因子（该乘积因子根据养老金平均发放年限与技术水平系数共同核算得出）。一次性养老津贴以一次性结算付清的方式支付给退休申请受益人。

科特迪瓦个人缴纳养老金制度主要针对至少缴纳了2年的养老金并且决定彻底退出养老金制度的工薪阶层。个人缴纳的金额与员工自己当初缴纳的金额相等。企业为其支付的养老金金额不能归还。这种制度主要是针对在科特迪瓦工作并且决定彻底离开科特迪瓦，而其所在国又没有与科特迪瓦签订社会福利保险协议的人员。

科特迪瓦社会福利体系中还包括以下几种补助。①团结扶贫金。受益申请人满足以下条件方可享受团结扶贫金：在2016年满60周岁，在1960年国家退休制度建立以前就已经开始从事工薪工作，2016年已经完全终止了所有职业活动，在岗工作年限超过15年。团结扶贫金不得低于最低保障工资的50%，即不得低于30000西非法郎。如果受益人家里还有未满16周岁的未成年，则每个孩子可以再增加10%的团结扶贫金。②可复归养老金。参与养老保险的投保人或者企业正规员工在退休前亡故，其直系亲属享受可复归养老金。这类养老金的受益人主要是亡故投保人的配偶及其子女。其中对亡故投保人在世配偶的要求包括：2016年满55周岁；如果2016年只有50周岁，那么可复归养老金将削减5%；在投保人亡故以前必须结婚满2年；与亡故的投保人共同生育有子女且子女不满16周岁。如果亡故投保人的配偶重新与他人结婚，那么可复归养老金将在其结婚日的下个月第一天终止给付。亡故者的配偶可以申请亡故者本应享有的养老金总额的一半。对亡故投保人子女的领取要求包括：子女申请人必须是投保人合法婚姻内所生；未满 21 周岁的子女有权申请投保人退休金总额的 20%；如果孩子众多，并且申请总金额超过投保人退休金的 100%，那么这些子女应在投保人退休金总额范围内均分比例领取，总数不得超过投保人退休金总额。③残疾抚恤金。残疾抚恤金主要针对原来在职的员工由于工作事故而永久性无法工作或者因为非职业病而无法工作的投保人。具体领取条件包括：在同一家或者多家已经在国家社会人寿保险基金注册缴费的企业工作不得少于 15 年，残疾程度经过医学认定并且达到 2/3 的伤残等级。残疾抚恤金的计算方法与养老金的计算方法完全一样。如果残疾抚恤金受益人名下还有未满 21 周岁的子女，那么在计算残疾抚恤金时将以每个不满 21 周岁的子女增加 10% 的津贴计算，给予照顾，直至子女满 21 周岁。残疾抚恤金不得低于最低保障工资的 50%，即不得低于30000 西非法郎。

第三节 医疗卫生

一 医疗卫生管理机构

自国家独立起，科特迪瓦就制定了在原来殖民时期医疗条件的基础上进一步加强医疗基础设施建设和医疗从业人员培训的政策。1992 年，科特迪瓦通过了一项"巴马科创议"；1994 年，国家开始实施医疗分区分级制度，标志着现代医疗机构体系和医疗体系权限下放进程的开始。科特迪瓦的整个医疗体系呈现一个金字塔形结构，具体包括医疗卫生管理和医疗服务两大方面。

根据"巴马科创议"，在科特迪瓦医疗卫生管理机构金字塔最顶端的中央机构包括国家卫生部各科室及其附属行政管理部门，具体有 2 个负责统领医疗卫生事业的管理部门、11 个医疗管理服务科室、13 个国有医学

院以及 23 个负责医疗项目规划的服务部门。位于金字塔中间的则是 19 个大区的医疗管理部门；位于金字塔下端的则是 83 个省辖专区一级的医疗管理部门，这些部门的主要任务是对医疗卫生区进行管理，也是直接与医疗实践部门接触并提供管理和服务的部门。在每一个医疗卫生区，又设置了多个初级医疗机构，为百姓提供最初级的医疗服务。总体上，科特迪瓦的医疗设备配置在非洲大陆处于中等水平，医疗机构地理分布不均，并且专业医疗人员主要集中在科特迪瓦大城市，国家在人均医疗方面的投入甚少，并且缺乏共同的疾病风险预防体系，因此广大百姓仍然以传统的医疗方法为主，现代医疗技术的使用率低。

二　医疗服务和从业人员管理

截至 2010 年，科特迪瓦的医疗服务机构主要包括：1781 家初级医疗机构，平均 12348 人使用 1 家初级医疗机构，57 家初级综合性医院，17 家二级大区级别医疗中心。从国家层面上来看，国家拥有 4 所综合性医学院（其中 3 所在阿比让、1 所在布瓦凯）以及 8 所专业医学院，如阿比让心脏病学医学院、阿佐佩拉奥尔·佛勒豪中心（1 所治疗布如里氏溃疡和麻风病的专科医院）、公共卫生国家医学院、公众健康国家医学院、国家输血中心、公众健康国家化验中心、医疗急救服务中心等。除了公立医疗服务以外，在私立医疗服务方面，全国共有 5 家综合性医院、61 家普通诊所、79 家牙科诊室、97 家药物诊室、521 家护理中心以及 417 家配药房。

根据 2010 年的数据统计，全国的医疗机构共有 5135 张床位，即 5318 人/张。全国仅有 1391 名医生，即平均 15810 名患者共享 1 位医生。这与世界卫生组织建议的 1 万名患者共享 1 位医生的目标还有较大的距离。在辅助医疗人员方面则是 6955 名患者对应 1 名护士，3219 名育龄妇女对应 1 名妇产科大夫。这一数据基本接近世界卫生组织的标准（5000 名居民对应 1 名护士，3000 名育龄妇女对应 1 名妇产科医生）。然而，自国家社会政治危机以来，科特迪瓦面临医护人员分布严重不均的问题。绝大部分医护人员集中在科特迪瓦大城市，其中仅阿比让就集中了全国 60% 的医护专业人员。2013 年以来，科特迪瓦医疗服务与从业方面的情况有较大的改善。人员方面，2015 年的数据显示，科特迪瓦公共卫生系统共有 6850 名医生、8757 名护士以及 3333 名助产医生，还有 712 名牙科医生，全国共有 1501 家配药房与药物诊室。2017 年，瓦塔拉总统签署通过了一项金额达 8330 亿西非法郎的国家预算，主要用于医疗基础设施建设和医务人员培养。

科特迪瓦医疗服务将现代的生物医学与传统医学结合。但传统医学仍然是广大乡村以及城市相对贫穷的百姓的首选医疗手段。此外，2001 年科特迪瓦针对传统医疗所颁布的一项国家项目，在一定程度上也促进了国家医疗管理机构对传统医疗手段的重视。

三 公共卫生

科特迪瓦医疗卫生在国家财政预算中处于边缘地位，并且呈现逐渐下降的趋势：1998 年为 12%，2000 年为 8%，2012 年则下降到 7%，2013 年为 5.82%，2014 年为 5.72%，2015 年为 5.40%。2018 年，科特迪瓦宣布在医疗领域支出 4150 亿西非法郎，与 2011 年的 1050 亿西非法郎相比，增长近 300%。科特迪瓦医疗卫生的建设主要依靠外来资金。在医疗卫生投入方面，国家与个人的投入比例分别是 47% 和 53%。在 2015 年以前，享受国家医疗保障的人数仅占全国人口极小的比例，全国仅 15% 左右的人口享有，即官方注册通过的私营企业员工可以享用"社会未来风险国家保险金"，科特迪瓦国家公务员享受国家公务员社会保障制度，军事武装力量人员享受军事风险保障基金。此外，国家还有一些私立的医疗保险公司。2014 年，科特迪瓦政府正式建立全民医疗保险制度，对疾病和生育进行全面覆盖，2015 年 9 月正式实施。根据世界卫生组织 2018 年的统计数据，科特迪瓦居民医疗自费占医疗总支出的比重有所下降，2010~2015 年分别为 58.1%、60.2%、53.7%、56.9%、52.3%、36.0%。

科特迪瓦一方面对公共医疗卫生投入不足；另一方面，医疗卫生资源分布不均，尤其在广大乡村，医疗卫生资源更为稀缺。这在一定程度上限制了国家医疗卫生事业的发展。实际上，科特迪瓦至今仍有 65% 的人口在离最近的医疗机构 5 千米以外的地方生活，24% 的人口距离最近的医疗中心 5 ~ 15 千米，还有 11% 的人口距离最近的医疗机构超过 15 千米。科特迪瓦政府近几年也正在大力实施医疗卫生管理服务地方分权制度，以进一步促进和优化医疗服务资源，增加医疗设备，加强医疗基础设施建设。在医疗信息管理方面，尤其是医疗数据评估是科特迪瓦医疗机构长期存在的一大弱项，在医疗卫生方面的数据及其分析严重不足。私立医疗机构缺乏规范管理，医疗从业人员培训不足，数据传递和共享也无法实现。

表 6 – 8   科特迪瓦健康及福利关键指数

总人口出生率（以每位育龄妇女生育子女为基数，2013，‰）	4.9
5 岁以下儿童死亡率（以每 1000 名婴儿中存活的出生婴儿为基数，2016，‰）	93
12 ~ 23 个月婴幼儿疫苗、麻疹接种比例（2016，%）	72
艾滋病感染率（以 15 ~ 49 岁人口为基数，2016，%）	3.2
内科医生比例（以每 1000 人为基数，2008，‰）	0.14
医院床位比例（以每 1000 张床位为基数，2009，‰）	0.54
人均健康消费支出（2012，美元）	181
健康消费支出占 GDP 比重（2012，%）	6.5
健康消费支出占公共财政支出比重（2012，%）	30.4
人均健康安全饮水百分比（2014，%）	60.5
人均环境卫生支出百分比（2012，%）	22
二氧化碳释放总量（吨，2011）	6446.6
人均二氧化碳排放量（吨，2013）	0.409
人类发展指数（2013）	0.452
人类发展指数排名（世界 187 个国家排名，2013）	171

资料来源：Europa Publication ed. , *Africa South of the Sahara 2016*, 45e edition, Routledge, 2015, p. 387；世界银行、科特迪瓦国家统计院。

第七章
文　化

第一节　教育

一　教育发展简史

历史上，科特迪瓦的教育先后受历史传统、伊斯兰教和基督教的影响。直至 2010 年，科特迪瓦还存在一小部分教会学校。但今天科特迪瓦的教育主要建立在非宗教的世俗教育基础之上。

历史上，科特迪瓦早期最为古老和传统的教育是社会教育。传统的社会教育在西方教育和伊斯兰教育出现之前在科特迪瓦领土范围内的各个地方广泛存在。但每个民族都有各自不同的传统的社会教育方法。传统的社会教育方法往往与同一群体内人民的日常生活经验息息相关。社会教育的启蒙阶段，一般将"神秘树林"选为教育地点。教育的内容与集体的生活相关，并且融入日常生活。除了铁匠等特殊工种的从业者外，其他所有人都必须经过这一神秘的启蒙教育，这一仪式对教育对象的身体、心理和精神信仰进行全方位启蒙，以让接受教育者直接更好地适应社会的生活生产方式。这种传统教育的精髓在于培育个体的合作和本族群的集体主义精神。所有未成年人在成年之前都必须接受这一仪式，仪式也充满神秘主义和拜物主义色彩。

伊斯兰教从 14 世纪开始在科特迪瓦的北部和西部地区断断续续渗入，但是伊斯兰教大规模且稳定有序地进入始于 18 世纪。伊斯兰教首先由迪

乌拉商人引入。为了使商品更好地流通，迪乌拉商人以一种和平的方式在他们所处的领地建立了第一批古兰经学校，此后获得巨大的发展。1938年，在法属西非地区，古兰经学校的入学儿童数量是欧洲学校入学儿童数量的3倍。但随后，在与西方殖民主义者的竞争和争夺中，古兰经学校逐渐收缩并被边缘化。

殖民者到来之初，当地的孩子主要接受传统的成人礼或古兰经学校的教育，殖民者通过天主教教士逐步将西式的现代教育引入科特迪瓦。但是早期传教士的传教并不顺利。1637年，第一批西方传教士进入科特迪瓦，但是没有获得成功。半个世纪之后，传教士再次来到科特迪瓦，但在1842~1845年，由于不适应非洲恶劣环境，传教士死亡率高，传教计划再度流产。西方传教士真正得以在科特迪瓦传教是在1893年，即法国殖民者的侵略取得"胜利"之后以及科特迪瓦隶属于法属殖民地之后。法国殖民长官首先求助于里昂非洲传教士协会来推广西式教育。

历史上首位试图通过西式教育教化当地被殖民者的人叫阿蒂尔·韦迪耶，他希望对其种植园的女工人进行扫盲，因此科特迪瓦埃利马村第一次尝试进行扫盲教育。1887年8月8日，1名来自阿尔及利亚名叫弗里茨·埃米尔·让德尔的法国人在科特迪瓦克林雅布的埃利马村建立了第一所西式学校，学校的教育体系依照法国的小学教育体系设立，弗里茨·埃米尔·让德尔本人也成为科特迪瓦第一位西式小学教育教师。1890年，这所学校被迁至法国人在科特迪瓦的新居留地阿西尼。1893年，学校运行开始正常化，并已经接收了35名在校注册学生。这35名学生也是科特迪瓦历史上第一批会阅读法文的受教育者。同时，法国又陆续建立了其他乡村学校。但所有学校均建立在沿海地区。

1895年，天主教教育开拓者抵达大巴萨姆地区并开始施教。随后，在周边地区相继开设了一些天主教会学校。但20世纪初，随着法国国内政教分离的发展，教士减少，科特迪瓦的一些教会学校也先后在1906年、1907年被关闭，至1914年，科特迪瓦仅剩3所教会学校，并且都是以非正式学校的形式存在，科特迪瓦开始逐渐进入公立和世俗学校时代。1922年，科特迪瓦私立学校获得法律准许并开始发展。

　　直到 20 世纪 50 年代末，作为法国的殖民地，科特迪瓦还尚未出现中级教育学校。而科特迪瓦历史上首批进入初高中就读的学生是在法国接受教育的，即通过博瓦尼提议的"1946 年探险之旅"（L'aventure 46）[①] 赴法国的高中就读。博瓦尼于 1945 年 11 月在宪法议会上被选为科特迪瓦民主党议员，尽管当时的法国殖民统治长官安德烈·拉特里耶仍然存有几份顾虑，但仍然采纳了博瓦尼的提议。

二　国民教育体系

　　从 1960 年独立开始，科特迪瓦政府就把教育放在了首要位置。2008年，全国教育、培训投入约为 11.24 亿美元，占国家预算的 17.5%。现任政府也十分重视对国民教育的投入，2015 年为 9548 亿西非法郎，2016 年的教育经费预算占中央政府经费总支出的 22%（12330 亿西非法郎）。2010～2016 年国家对教育和培训投入的增长率为 107.4%，仅2015～2016 年就增长了 18.1%。2017 年，科特迪瓦教育经费占国内生产总值的 4.4%，占中央政府支出的 18.6%。大力发展国民教育与继续教育是国家扶贫的重要内容。这些资金有相当部分用于战后大学修复重建和扩建。

　　科特迪瓦的教育为世俗非宗教教育，国民教育体系完备，总体上沿用了法国教育体制，包括学前教育、小学教育、初高中教育、高等教育以及职业教育。其中，学前教育 3 年，分为小班、中班、大班，学习年龄为3～5 岁；初等教育 6 年，学习年龄为 6～11 岁；中等教育分两个阶段共 7年，第一阶段初中教育学习年龄为 10～15 岁，第二阶段高中教育学习年龄为 12～18 岁；高等教育 3～4 年。

（一）小学教育

　　1960 年，科特迪瓦取得国家独立，根据联合国教科文组织统计数据，在独立初期，科特迪瓦拥有 1543 所小学，其中有 939 所是公立学校、604

---

①　1946 年，博瓦尼向法国殖民政府提出选拔 148 名优秀小学毕业学员（其中含 13 名女学生）赴法国中学继续深造。

所是私立学校。1970～1971 年，由于国家大力推行视频教学，并且禁止私立学校进行视频教育，科特迪瓦小学数量迅速增至 2252 所，其中公立学校达 80%。1995～1996 年，科特迪瓦有 207 所学前教育学校，1996～1997 年小学数量为 7599 所。但 1981～1982 年，由于国家的财政预算锐减，逐渐回归到传统的教育模式，私立教育学校数量又有所增加，尤其是在学前教育领域。在国家遭遇政治军事危机之前，科特迪瓦全国一共有 391 所公立和私立的学前教育机构。

根据联合国教科文组织的统计数据估计，2012～2013 年科特迪瓦小学学生与教师的比例为 41∶1，2017 年的学生与教师比例为 42∶1。科特迪瓦的义务教育入学率与扫盲水平在近年来逐年升高。2012 年，小学入学率为 60.8%，识字的成人比例为 41%，其中男性占 51.6%、女性占 30.5%；2015 年的入学率为 78.9%，其中男孩入学率比女孩略高，分别是 80.6%、77.1%，识字的成人比例为 45.0%，其中男性占 53.3%、女性占 36.3%；2017 年的入学率为 91.0%，其中男性入学率为 91.90%、女性为 90.10%，识字的成人比例为 56.2%；2019 年的入学率为 91.3%。

科特迪瓦教育部发布的 2016～2017 学年教学数据显示，在学前教育方面，全国共有 2502 家学前教育机构（公立 1802 所、私立 682 所、集体筹建 18 所）、5892 间教室，城市与乡村的学前教育比例分别为 65% 与 35%，有 174264 名注册的学前儿童、7549 名学前教育教员；小学教育方面，全国共有 16324 所小学（公立 13195 所、私立 2128 所、集体共建 1001 所），城市与乡村的学校比例分别为 34% 与 66%，有 84730 间教室、3772136 名正常升学的在校小学生、416745 名留级学生、88756 名小学教员，其中在公立、私立和集体共建小学上学的学生比例分别为 84%、14%、2%，城市与乡村小学入学的学生比例分别为 45% 与 55%。

（二）中等教育

科特迪瓦中等教育分为两大阶段，第一阶段为 4 年，第二阶段为 3 年。在科特迪瓦，中等教育以私立学校为主。2010 年，实际上，在超过 522 所中等学校当中，超过 370 所属于私立学校。2012 年，科特迪瓦中等教育的入学率仅为 20%。在具体的人数方面，根据科特迪瓦教育部 2005 年的数据统计，全国公立、私立中等教育学校共有 660152 名学生、19892 名教员。而在 2001 ~ 2002 年，即在国家发生危机之前，相应的数据比这更多，有 682461 名学生、22536 名教员。科特迪瓦教育部发布的 2016 ~ 2017 学年的教学数据显示，全国共有 1641 所中等教育机构（含公立 468 所、私立 1173 所）、29988 间教室，1791183 名正常升学在校学生、217470 名留级学生、58866 名中等教育教员，其中公立与私立学校的比例分别为 29% 与 71%，公立与私立学校的学生比例分别为 50.2% 与 49.8%，男性与女性学生的比例分别是 58% 与 42%。在文凭方面，第一阶段在毕业时会获得初中会考文凭（BEPC），第二阶段会获得高中会考①文凭（BAC）。科特迪瓦高中教育体制也基本沿袭了法国的教育体制，其中高中会考分为三大方向——文学方向、经济与社会学方向、自然科学方向。其中哲学属于经济与社会学分支。

阿比让高等师范学院是一所创立于 1964 年 1 月 9 日的高等院校。它主要为国家培养中等教育领域的教师和干部队伍。至 2010 年，共计培养了 8 万名干部，并且成为科特迪瓦教育部最为重要的师资培训合作机构。此外，在科特迪瓦独立伊始，国家就建立了多所高等技术教育学院，为国家培养、输送技术人才和专业干部。

表 7 - 1 科特迪瓦学前、初等、中等教育师生与教室数据

教育阶段	项目	2012 ~ 2013 学年	2013 ~ 2014 学年	2014 ~ 2015 学年	2015 ~ 2016 学年	2016 ~ 2017 学年
学前教育	教室数量(间)	3803	4308	4584	5668	5892
	学生数量(人)	111384	129371	144128	161696	174264
	教师数量(人)	5378	5921	6524	7045	7549
初等教育	教室数量(间)	68557	70296	74671	76564	84730
	学生数量(人)	2920791	3021417	3176874	3370558	3772136
	教师数量(人)	73691	74703	80155	85109	88756

---

① 相当于中国高考。

续表

教育阶段	项目	2012~2013 学年	2013~2014 学年	2014~2015 学年	2015~2016 学年	2016~2017 学年
中等教育	教室数量(间)	20491	22339	25709	28357	29988
	学生数量(人)	1215672	1321556	1479005	1621874	1791183
	教师数量(人)	57065	49550	51192	53537	58866

资料来源：科特迪瓦教育部。

（三）高等教育

早在 20 世纪 70 年代，政治首都亚穆苏克罗就成立了国立综合理工学院和国立高等工程学院，这两所学校为国家培养了大批高级技术人才。今天这两所高等院校已经合并为博瓦尼国立综合学院。与此同时，科特迪瓦还有大批私立的技术与专业院校。

最近几年，科特迪瓦又有多所综合性的科技大学创立。2011 年的一项评估显示，全国共有 38 所私立的综合性大学和 148 所私立的高等专科学校，但这些私立院校的实力和教育水平参差不齐。公立高等院校方面，至 2012 年 8 月 8 日，全国共有 5 所公立的综合性大学，即位于可可迪的费利克斯·乌弗埃－博瓦尼大学、位于阿波波－阿加美的南贵·阿布罗古阿大学、位于布瓦凯的阿拉萨内·瓦塔拉大学、位于科霍戈的佩莱福罗·戈本·库利巴利大学、位于达洛亚的让·洛鲁尼翁·盖代大学。根据联合国教科文组织的数据统计，2011 年，科特迪瓦高等教育学生人数为 169351 人，男性 104950 名、女性 64401 名，学生与教师的比例为 6.06∶1。2016 年科特迪瓦高等教育的学生与教师的比例为 11.54∶1。在预算支出方面，世界银行数据显示，2015 年科特迪瓦高等教育支出占国家公共支出的 21.44%。国际劳工组织数据显示，2017 年科特迪瓦拥有高等教育文凭的劳动者占总劳动人口的 6.7%。

（四）教育行政管理与地方教育管理权限

国家把教育管理权限下放到地方。国家通过大区委员会、省委员会以

表 7 - 2　1990 ~ 2017 年科特迪瓦教育入学率

年份	1990	2000	2010	2016	2017
获得初等教育文凭人口占总人口的比重(%)	42	44	54	63	—
适龄儿童小学入学率(概数,%)	70.9	74.3	81.6	93.6	98.8
中学入学率(概数,%)	18	24	—	44	49.7
初等、中等受教育性别平等指数(GPI)	—	1	—	1	—
高等教育入学率(概数,%)	2.70		7.93	9.16	—

资料来源：世界银行统计数据库。

及省辖专区委员会将有关教育的特权如公立教育的日常管理以及建设方案的制定都下放到地方。中央机构负责教育体系的总体管理工作，小学和中学的教材、教具等都由地方设计和生产。同时，众多的乡村委员会也积极参与当地初等教育的建设和孩子的入学工作。

（五）优质教育的主要挑战

尽管国家在教育和培训方面做了非常多的努力，但科特迪瓦的教育发展仍然存在诸多的困难。一方面，城市与乡村之间的教育发展不平衡；另一方面，班级人满为患。技术和职业教育被边缘化，学校教育培训与社会对人才的需求缺乏匹配和衔接，教育资金的获取也成为一个非常棘手的问题，以及科特迪瓦在教育方面的国际负债率居高不下。当前科特迪瓦私立教育在各个教育阶段均占有绝对优势，而入学率和师资队伍配备在不同地区又非常不均衡，教育水平的衰退日益严重。受国家财政能力的限制以及有限的统计数据分析，国家实现预先制订的开设新学校的计划或教育目标，尤其是在师资方面等比较困难。

三　继续教育

科特迪瓦重视继续教育。在独立初期，职业培训与技术教育就成为科特迪瓦政府工作的重要内容。

1959 年，科特迪瓦成立技术教育部，其宗旨在于培训干部、技师以及技能工人，以满足促进国家工业发展以及农村发展的需要。随着国家经济的发展，技术教育部职能扩展至职业教育培训，名称也改为"职业教育与技术教育部"，主要对学员的技术水平进行认定，颁发职业技术文凭，以提高生产力。正是在这些积极有效的措施下，在20世纪六七十年代，科特迪瓦培养了成千上万名工程师、技师、优秀工人，推动七八十年代经济的快速发展。然而，自20世纪80年代末以来，国家经济危机导致对职业与技术培训方面的投入急剧下降，国民教育与继续教育出现全面衰退。2014年科特迪瓦就业、社会事务与继续教育部公布的数据显示，2014年科特迪瓦职业教育领域总体师生人数只占国民教育总人数的5.5%，国家在继续教育领域的投入也仅占公共支出的1%。

今天，科特迪瓦的职业与技术教育培训机构的构成如下。一是国家职业培训所，目前为国家技术教育管理机构，对培训需求进行分析和调查，制订和实施培训计划；二是国家职业与技术教育教学所，培养职业与技术教育教员，为这类教育提供进修机会和研究教学方法；三是科特迪瓦职业培训发展中心，通过相关信息和文献资料拓展职业培训；四是通信和信息新技术拓展中心，主要推进技术教育和职业培训方面的通信和信息技术的发展。

科特迪瓦现有的59所公立培训学校中，包括：3所技术高中（LT），含高中会考和高等技术文凭①（BTS）两个方向；10所职业高中（LP），含技术文凭（BT）和高等技术文凭两个方向；11所职业进修中心（CPM），毕业后可获得职业学习证书（BEP）或技术文凭，或职业高中会考证书（BP）或高等技术文凭；35所职业培训中心（CFP），主要颁发专业技术合格证书（CAP）或者职业学习证书。

科特迪瓦的农村继续教育机构主要包括：10个流动培训分队（UM），

① 在科特迪瓦的技术高中内部，分为职业教育和普通全日制高中教育两个部，学生初中毕业直接进入高中，选择BTS方向和具体的专业，学制3年，毕业以后即获得高等技术文凭，文凭由学校发放，获得文凭者可直接就业。

为乡村学员提供优质职业培训；3 个生产与运用学习小组（AAP），主要为手工艺者提供进修机会，也为青年毕业生提供技术支持，以帮助他们实现手工艺职业理想。

国家还认证通过了 333 所私立职业与技术培训学校或机构。科特迪瓦的综合性高校也纷纷推出继续教育培训，面向具有一定文凭的学员。此外，职业培训发展基金会还对私企的员工进行培训。这些机构使 66000 名学员受惠，覆盖了 70 个就业领域，其中 14 个领域为第三产业、56 个领域为第二产业。

第二节　科学技术

一　早期科学研究发展简史

科特迪瓦科学研究很早以来就与多国展开合作，尤其是与法国和加拿大等国的合作。从科学研究发展的阶段来看，可以大致分为独立前和独立后两个阶段。

（一）独立前的科学发展

科特迪瓦在独立前只有法国的一些科研机构，其中相对比较重要的有：1921 年，法国在科特迪瓦的梅河地区建立了第一个研究站，主要是为了改善棕榈油的开发；1925 年，法国在达布和萨桑德拉分别以罗贝尔·米肖和达尔文为名建立了种植实验基金会；1942 年，多所法国研究所在科特迪瓦创立，如在布埃港的植物油和油料作物研究所、比姆布雷索橡胶研究所以及阿扎吉耶法国海外水果和柑橘类作物研究所等；1946 年，法国海外科技局在阿迪尤坡杜美创立，以研究土壤和植物为主，同时也在布瓦凯建立了法国外来棉花及纺织纤维研究所；1948 年，法国在布瓦凯建立了畜牧兽医研究所；1958 年，法国在班热维尔市建立法国咖啡、可可及其他兴奋神经植物研究所，在阿比让市建立了海洋学研究中心。

（二）独立后的科学发展

独立后科特迪瓦的科学研究又可以分为五个阶段。

第一个阶段为 1960～1970 年。独立前的研究机构继续占据主要地位，但同时也进一步重视农艺学方面的研究。这一时期为适应出口和实现粮食自给，建立了布瓦凯热带农业和粮食作物研究所、阿比让热带森林技术中心以及布瓦凯渔业研究中心。至 20 世纪 60 年代末，科特迪瓦共有 267 名全职研究员、214 名教研人员以及 263 名技术员。

第二个阶段为 1971～1980 年。科特迪瓦在 1971 年创立了科学研究部。1975 年创立科研管理商议机关，主要包括计划委员会、技术委员会、预算委员会、培训就业委员会以及综合委员会，1976 年技术委员会并入计划委员会。1977 年在阿比让创立科特迪瓦国立大学，并在 1978 年确立科学研究干部人员的研究员身份，同年邀请法国科研人员对科特迪瓦的科研人员进行培训，并且进一步拓宽科学研究的领域，除了农艺学之外，还有海洋学、水产学、科技和生态学。

第三个阶段为 1981～1991 年。受国家经济危机的影响，科特迪瓦研究机构进行了重组调整。1982 年，国家将萨瓦纳地区的研究机构全部合并成国家研究所。同年，在阿比让建立了一所科特迪瓦科技研究中心，以替代原来的农产品工业加工研究所。1984 年，科特迪瓦与法国签订协议，法国承认由法国早期在科特迪瓦境内创建的所有研究机构的动产和不动产都属于科特迪瓦。1988 年，科特迪瓦和法国又签署了一份共同管理协议，对法国国际农业合作中心在森林区域的农业研究中心实行共同管理。但在 1991 年，法国单方废除法科共同管理法国国际合作农业合作中心协议。

第四个阶段为 1992～1999 年。1992 年，科特迪瓦创建森林研究中心，1994 年 12 月 22 日，高等教育部发布《科学研究基本政策宣言》。1996 年，国家推动高等教育与科学研究相结合的改革。1997，科特迪瓦成立高等教育国家商议机构。1998 年，科特迪瓦成立科特迪瓦国家农艺研究中心，这是一个混合经济研究机构，但由于国家经济危机，科研经费逐年下降。

第五个阶段为自 1999 年开始至危机结束的十年，其间科特迪瓦的科学研究遭到重创。科研机构与大学研究中心的科研基础设施遭到破坏，科研人员工作条件恶劣，国家对科研经费的投入非常少。可喜的是，自 2010 年以来，随着国家政治和社会渐趋稳定，科特迪瓦的科学研究逐步回归正轨，并且在科学技术领域已经实现高技术产品出口。2010 年科特迪瓦高技术产品出口占制成品出口的比重仅为 4.315%，到 2017 年底这一比重已达 7.189%。

表 7 - 3 科特迪瓦科技产品出口

单位：%

年份	2010	2011	2012	2013	2014	2015	2016	2017
高技术产品出口占制成品出口的比重	4.315	17.159	9.013	4.743	12.457	8.682	4.827	7.189
信息和通信技术产品出口占产品出口总量的比重	0.21	0.054	0.062	0.081	0.175	0.112	—	—

资料来源：世界银行统计数据库。

二 当代科学研究发展与管理

（一）当代科研政策和科研管理

从 2005 年开始，科特迪瓦部委经过重组和调整，原科学研究部和高等教育部合并为高等教育和科学研究部。它在科学研究领域的任务包括：贯彻实施科学研究政策，保证科学研究的推进、导向，科学研究及其成果的评估和转化；对学科研究的实施进行协调和监督；管理相关科研机构；对研究院的培训和职业晋升前景进行规划；推进科技创新。1994 年 12 月至 1995 年 3 月，科特迪瓦制定《科特迪瓦科学研究基本政策宣言》，确定科学研究的目标和基本政策，但是这些基本政策并没有得到认真执行或实现。实际上，在科特迪瓦，有相当一部分科研机构有自己的科研政策，如国家各部委，包括高等教育和科学研究部，动物资源和农业部，公共卫生、石油与矿产资源部，中小企业与工业发展部，林业与环境部，发展计划与规划部等；又如公立大学和重点院校、私营企业的研发中心、国立技术与科学研究基金、技术与鉴定研究局以及国家的相关科学协会等。

根据科特迪瓦的科学研究政策，科学研究的基本目标为：发展关于生态系统的知识，进一步推进技术开发与科学研究，推进与公共卫生相关的研究，推进非洲药物研究，促进国家的经济、文化、社会进步，丰富社会和人文学科知识，推广科学和技术知识，转化科研成果为经济、社会和文化发展服务，等等。

科特迪瓦科学研究的重点领域是农业。农业领域的科学研究目标包括：改进农产品和提高农业生产力，使农业更加稳定地发展，加强食品安全，以及增加农民的收入；加强农业发展，保护茂密丛林的覆盖率；保护和利用生物科技改善农产品质量。

大学科学研究的特殊目标则包括：促进科特迪瓦经济、文化和社会的进步；提高培养学生的质量；培养教研人员以及研究人员，改善教研人员在大学的职业生涯；确保大学在社会和国际上的科学研究声誉。

2014 年，科特迪瓦高等教育和科学研究部设立了针对科学研究工作者的研究奖项，以进一步促进科学研究的创新。

（二）科研经费的来源

科特迪瓦的科学研究经费一直未中断过，其中一部分来自外部援助，一部分来自国家财政预算。但是，科特迪瓦国家财政预算关于科学研究的部分并没有遵守西非国家的"拉各斯计划"，即每个国家在科研上的预算必须达到其国内生产总值的 1%。1987 ~ 1996 年，科特迪瓦在科研领域的国家财政预算仅为国内生产总值的 0.24% ~ 0.46%。

2016 年，科特迪瓦的国家财政预算为 58130 亿西非法郎（约 89 亿欧元），比 2015 年增长 11.9%。2016 年的财政预算向教育、培训和科学研究倾斜，总计 19 亿欧元，占国家财政预算的 21%。实际上，2010 ~ 2016 年，国家在教育和培训方面的投入涨幅为 107.4%，仅 2015 ~ 2016 年就增长了 18.1%。2018 年国家用于教育、培训和科研领域的预算为 12854 亿西非法郎，2019 年为 13409 亿西非法郎。其中，用于高等教育与科研领域的预算 2018 年为 2263 亿西非法郎，2019 年预计为 2506 亿西非法郎。

（三）当代科学研究机构

科特迪瓦的科学研究机构主要分为大学科学研究和专门的科学研究中心。其中，至 2016 年底，大学科学研究主要有以下 5 所大学。①费利克斯·乌弗埃-博瓦尼大学。位于阿比让可可迪区，其前身为 1977 年建立的科特迪瓦国立大学，在 1958 年曾用名"阿比让高等教育中心"。该大学在西非地区以综合性多学科盛名，它拥有 13 个教学与研究单位、2 个独立研究中心、1 个继续教育学院，14 个研究中心或研究院，141 栋建筑物，1355 名教研人员、88 名专职研究员、805 名行政服务岗位人员、大约 7 万名学生。②南贵·阿波罗古阿大学位于阿比让，是一所以医学、药学、口腔学等为主要学科的医药大学，也有其他基础学科，如数学、计算机、物理、化学、生物科学以及其他自然科学等。在机构设置方面，有 4 个教学与研究单位、1 个医学预科学院、3 个研究中心和研究院、1 个继续教育学院。③阿拉萨内·瓦塔拉大学成立于 1992 年，设立于布瓦凯，其前身为布瓦凯大学。至 2016 年该校拥有 4 个教学与研究单位、3 个研究中心和研究所、1 个继续教育学院，262 名教员，319 名行政和技术人员，其中 136 名为公务人员、183 名为合同工，在校生达 3 万名。④位于达洛亚的让·洛鲁尼翁·盖代大学拥有 3 个校区，占地 415 公顷。该校的专长在于农林和农业食品、物理和自然科学、技术与科学、环境工程与管理、经济管理学、政治与行政司法学、社会学等。⑤科霍戈的佩莱福罗·戈本·库利巴利大学的主要学科是农业畜牧业管理、人文与社会科学、生物科学、文学和艺术等。

根据科特迪瓦高等教育和科学研究部年度统计数据，2013～2014 年度科特迪瓦共有 176504 名大学生，分布在 217 所高校当中。这 217 所高校中包括 5 所公立普通大学、32 所公立重点大学①、27 所私立普通大学和 153 所私立重点大学。在科学研究方面，2013～2014 年度科特迪瓦共有 73 个科学研究机构、208 名专职研究员和 3482 名教员/研究员。

---

① 重点大学（les grandes écoles），又译为"高等专科重点大学"，类似于中国专业性较强的重点名牌大学。

表 7 - 4　科特迪瓦主要科研领域和方向

科研领域	主要科研分支
农学	农林学
	食品安全
文化	文化多样性、语言学
	移民融入与发展
环境	生物的多样性、生态系统的保护
	水
	城市化与生活质量
政府管理	伦理学和发展
	政府管理学
矿产与能源	可再生能源的发展
	石油与矿产的发展
卫生	垃圾处理与风险评估项目
	突发与复发疾病项目
自然资源	科特迪瓦药用植物的普及项目
技术	技术发展
	纳米技术
特殊科研项目	生物技术
	气候变化与海岸腐蚀研究
	水稻发展
	数学在生命科学与地球科学中的应用
	肿枝病

资料来源：科特迪瓦高等教育和科学研究部。

第三节　体育和休闲活动

科特迪瓦的运动项目可以分为传统运动项目和现代运动项目。

一　传统运动

科特迪瓦传统社会中一直存在各种不同的运动，尤其是各种不同形式的搏斗或者海上运动，如游泳、独木舟比赛，或者其他类型的田径运动，如赛跑。这些运动项目一般以娱乐的形式呈现，如融入游戏或者舞蹈。传统的运动项目完全是出于个人的行为和意愿，只要足够勇敢，有意愿参加比赛，而不存在任何协会组织形式。搏斗则主要在非洲传统的木薯节举行，旨在感谢神灵养育了村庄。搏斗一般在晚上进行，村民们整宿围绕搏斗者观摩。胜利者不仅是个人的胜利，而且代表着他所在集体的荣誉。历史上比较有名的搏斗者有克利波、乌桑姆·巴·加斯顿、德·马恩以及达纳内。赛船、垂钓、独木舟比赛是河流流域以及沿海地区最为流行的传统运动。舞蹈也是科特迪瓦传统的娱乐项目之一，尤其是在姆本盖地区。传统的舞蹈节目，如杰姆贝舞、巴拉风舞、杰波罗戈舞是科特迪瓦传统婚礼上常见的娱乐项目。科特迪瓦的传统运动和娱乐项目一般在下半年即旱季举行。科特迪瓦的所有传统运动和娱乐节目在一定程度上都具有某种神秘性。在某些传统娱乐或运动项目中，女性是不允许参加的。

二 现代运动

科特迪瓦的现代运动始于 20 世纪初，欧洲现代运动首次传入非洲。早期如足球、篮球、网球等在殖民时代已经开始引进。这些"现代运动"早期是专属于欧洲殖民者的娱乐项目，后来非洲人在不断坚持下才得以接触现代运动，并随后在这些运动中占有一席之地。科特迪瓦历届政府把运动休闲放在国家发展战略的重要位置。今天，科特迪瓦各类运动协会也非常多，主要涉及柔道、足球、手球、篮球、自行车运动、橄榄球、田径运动、跆拳道、游泳、汽车运动、空中运动、台球、帆布独木舟运动、拳击等。

在众多运动项目中，以足球为最。1903 年，来自拉丁美洲牙买加一个名叫布里顿的体育老师为几内亚"政府学校"的学生教授英国板球运动，随后，他决定开创第一个几内亚足球协会。1919 年来自黄金海岸（即加纳）的恩济马人首次向科特迪瓦人展示了这项运动。足球成为从国外引进科特迪瓦的首批现代运动。由于足球容易操作，这项运动在科特迪瓦得到快速普及，尤其是在大巴萨姆、博努阿和大拉乌省，随后在全国也逐渐展开。1920 年，科特迪瓦举办了第一场国内足球比赛，主要面向大巴萨姆市区的年轻雇员，随后也逐渐向学生开放。1925 年，科特迪瓦大巴萨姆小学成立了一些足球队。但绝大部分早期的足球队成员是欧洲殖民者，直到第二次世界大战之后，本地人才真正接触足球运动。科特迪瓦参加世界足球赛最早可以追溯至 1930 年的足球预赛，随后也断断续续参加国际足球比赛。直到 1970 年，科特迪瓦才开始持续参加国际性足球赛事。科特迪瓦足球联盟也是在 1970 年首次建立，并于次年加入国际足球联合会。足球是科特迪瓦国民最为热爱和富有激情的运动。每一次足球比赛都犹如一次节日。在科特迪瓦有著名的全国"马拉卡纳"足球联赛。此外，还有科特迪瓦足球锦标赛、科特迪瓦 D3 足球锦标赛、科特迪瓦地区足球锦标赛、博瓦尼足球杯等比赛。足球是国内众多运动项目中有最多联盟的一项运动，同时也是发展得最快的一项运动，国内有为数众多的足球专业人士开设了一些青少年足球培训学校。在运动设施方面，科特迪瓦拥有两个符合非洲足球联合会和国际足球联合会标准的体育馆，一个为阿比让的博瓦尼体育馆，另一个为布瓦凯市体育馆。其他城市也有大小不一的体育馆。

科特迪瓦现代运动还有其他众多的项目。①篮球。科特迪瓦在 1952 年就建立了科特迪瓦篮球联盟，这个篮球联盟下还有多个分布在各地的篮球俱乐部。篮球运动在高中生中最为流行，很多篮球俱乐部也主要由青少年人士组成。②排球。排球也是科特迪瓦一种常见的运动，尤其是在初高中学生中颇为盛行。科特迪瓦有两支排球国家队，男队、女队各一支。男队、女队在奥林匹克非洲锦标赛中曾分别取得金牌和银牌的成绩。但总体上，排球运动在科特迪瓦仍然是小众的运动项目，国内运动基础设施落后在一定程度上也制约了排球的发展。③高尔夫球。科特迪瓦有三大高尔夫球场地，分别位于阿比让、亚穆苏克罗和圣佩德罗。每年科特迪瓦都会举行一场高尔夫球国际比赛，为胜利者颁发"博瓦尼奖"。但高尔夫球由于设备费用高昂以及运动场地的限制，在广大民众中并没有得到普及。④汽车拉力赛。汽车拉力赛最为有名的是科特迪瓦邦达马拉力赛，1969 年由让·贝特朗创立。近年来这个比赛每年都会集众多的国内外参与者，比赛路线途经的乡村和城市也因赛事而变得热闹非凡。⑤手球。手球首次于 1958 年由欧洲裔的体育教师引进科特迪瓦。由于操作便利,手球运动很快在青年中得到普及。1960 年,科特迪瓦首次参加手球比赛,即马达加斯加塔那利佛的手球大赛,科特迪瓦获得季军。⑥柔道。柔道刚引入科特迪瓦的时候,只有当地的欧洲殖民者感兴趣。第一位对柔道感兴趣的当地人名叫路易·吉郎东·恩迪耶,他在当时已经获得黑带三段。在他的鼓励下,1955~1956 年,柔道开始进入科特迪瓦人的日常生活,但随后的发展跌宕起伏。1961 年,科特迪瓦参加了第一次区域性柔道比赛,以加斯东·巴古为首的国家代表队获得了铜牌。随后在布拉柴维尔的非洲柔道大赛中,穆萨·道赢得金牌。今天在科特迪瓦,柔道俱乐部以及从事柔道职业的人越来越多。⑦田径运动。田径运动是科特迪瓦的长项,在历史上也曾取得过骄人成绩。历史上为国争光的运动员有加布里埃尔·蒂亚科、高苏·科内等人,他们不论在地区性的田径赛事中还是在国际赛事中都取得了极好的成绩。

科特迪瓦其他娱乐项目还有潜水、帆船运动、潜水型垂钓、运动型垂钓等。

第四节　文化艺术

一　文化管理

科特迪瓦的文化具有明显的多样性,艺术和文化一直以来都是知识分子、艺术家和部分政治家所关心的重要内容。1971 年,科特迪瓦设立了"国家文化事务管理秘书处",1977 年改称"法语推广与文化部"。但科特迪瓦在艺术和文化方面至今还没有正式的官方政治纲领。科特迪瓦针对文化艺术的发展曾经出台过一些重要文件,例如"1975~1980 发展计划",1978 年在大巴萨姆举办了一场关于"文化在科特迪瓦的地位和角色"的小型学术研讨会,1978 年加布里埃尔·费弗尔·达尔西耶撰写了一份参考性文化政策报告,1980 年科特迪瓦发布了文化发展报告,1992 年在阿比让举办了一次"非洲文化发展空间"学术研讨会,1998 年科特迪瓦前文化部长贝尔纳·扎迪·扎乌鲁发布《科特迪瓦共和国文

化政策导言》，2000 年举办了关于西非文化资金的研讨会，2000 年萨赫勒－撒哈拉投资商业银行乍得分行与科特迪瓦共同举办了关于音乐、舞蹈、戏剧、文化演出、出版以及造型艺术的行业学习，等等。

二 文学

同大多数其他非洲国家一样，科特迪瓦的文学始于民间口述文学。口述文学的内容和形式多样，以神话、寓言或者谚语故事为最。故事内容常与自然或动物世界联系在一起。这些故事在 20 世纪五六十年代被弗朗索瓦·约瑟夫·阿蒙·达比、马里于斯·阿诺·恩聂桑等翻译成法文，从而得到更广泛的传播。在科特迪瓦，法语作为文学创作语言主要兴起于 20 世纪中叶，在一定程度上被认为是法国殖民的一个直接影响后果。口述文学与法语文学今天同时存在于科特迪瓦，前者被视为传统文学，受到国际法语组织的极力保护；后者被视为现代文学，成为当今非洲文学的主要研究对象。科特迪瓦文学的发展与整个撒哈拉以南非洲大陆的文学发展趋势总体上一致。

科特迪瓦法语文学的兴起与政治独立背景是紧密相连的。科特迪瓦现代文学的发展与三大因素——殖民、学校的建立以及对书记办事员的培训紧密相关。早期的殖民者或西方传教士如殖民行政长官莫里斯·德拉福斯就曾对 1885 ~ 1907 年的科特迪瓦进行过长篇写作。此后，德拉福斯还与莱奥·弗罗贝纽斯合著《黑人之魂》（1922），德拉福斯由此成为首位对非洲和科特迪瓦的历史、种族、语言和文学进行研究与论述的作家。但这些作品中往往表现出为殖民主义正名和服务的特点。1887 年，阿蒂尔·韦迪耶和弗里茨·埃米尔·让德尔在科特迪瓦埃利马创办了首批学校，随后至 1912 年法国殖民者相继在科特迪瓦南部、海滨地区、中部、北部和西部等创立多所学校，其中班热维尔高级小学最为著名。至 1930 年前后，科特迪瓦共有 6700 名学员，科特迪瓦现代文学先驱即诞生于这一时代，也为科特迪瓦现代文学的诞生奠定了基石。

科特迪瓦的现代文学从诞生至今已经 50 余年，其发展可以大概分为3 个阶段：1930 ~ 1959 年、1960 ~ 2000 年、2000 年至今。

（一）1930～1959 年：现代文学先驱

科特迪瓦现代文学的诞生离不开兴起于 20 世纪 30 年代的一场黑人文化运动（La négritude）。它是由留学于巴黎的几位黑人青年知识精英倡导的一场文化和文学运动，以列奥波尔德·塞达·桑戈尔、莱昂·贡特朗·达马和艾梅·塞泽尔等为代表。它以 19 世纪末的黑人文化复兴运动为思想基础，以 20 世纪 20 年代美国"黑人文艺复兴"为直接前导，旨在重新挖掘黑人价值，唤起非洲社会民众对于黑人文化个性、文化归属的自尊、自信和认同。在这股文化思潮运动的影响下，科特迪瓦现代文学先驱开始在 1930～1932 年毕业于班热维尔高级小学的知识分子中诞生，主要包括热尔曼·科菲·加多、贝尔纳·达迪耶、阿卡·比莱、罗贝尔·阿尼曼·阿蒙兰和弗朗索瓦·约瑟夫·阿蒙·达比。其中阿卡·比莱在 1935 年英年早逝，但他留下了多部幽默短剧，如《乡村税收》、《电工泰勒》、《（中非）班吉的贼》、《在哈瓦那的一晚》以及《情敌们》等。但科特迪瓦现代文学史上第一部真正的非即兴的文学作品是贝尔纳·达迪耶在 1933 年初创作的戏剧《城市》，在这部戏剧获得成功之后，他又在 1936 年创作了《阿西眠·戴莱》《桑维国王》戏剧作品。与此同时，科特迪瓦还出现了新的文化运动，如科特迪瓦本地戏剧运动和创立科特迪瓦民俗与文化社。热尔曼·科菲·加多先后创作了《孔德·瑶》（1939）、《我们的女人们》（1940）、《老战斗者》（1943）等戏剧作品。另一位先驱弗朗索瓦·约瑟夫·阿蒙·达比则创作了《库瓦·阿乔巴》（1953）和《拍卖会上的皇冠》（1956）等戏剧作品。这些戏剧作品仍然以批评非洲传统社会为主，深受殖民意识形态的影响。1945 年，受到发起于西方的"黑人文化运动"的影响，贝尔纳·达迪耶开始以诗歌——《站立的非洲，日间的巡逻》开启自己的文学生涯。

（二）1960～2000 年：文学折射的信条与精神

科特迪瓦独立时期的文学发展与国家当时两个大的历史背景一致，最早是与泛非主义相关的内容，文学作品中往往充满去殖民化的语调。随着对独立以后国家未来憧憬的幻灭，文学作品转向对内批评，尤其是对独立以后国家发展的失望情绪的表达。1960～2000 年，这种对国家独立后的发展憧憬幻灭的情绪，在知识分子精神上和各类文学作品中，如戏剧、诗歌、短篇小说、长篇小说以及根据口头表述改编的文本内容，均有不同程度的体现。

在 20 世纪五六十年代的泛非主义热潮时代，科特迪瓦的现代文学作品主要围绕西方殖民进行批判，对西方去神秘化，并在文学作品中对自己的家乡进行田园般地美化。这一时期的主要代表作家及其作品包括：贝尔纳·达迪耶的《克兰比耶》（1956）和三部曲《在巴黎的一名黑人》（1960）、《纽约的老板》（1960）、《万物不死的城市》（1968），热拉尔·阿克·洛巴的《黑人学生科库姆波》（1960），拉斐尔·阿塔·科菲的《库瓦梅的最后遗言》（1961），莫里斯·科内的《布瓦凯的年轻小伙子》（1963），德尼·乌苏·埃叙的《朝向新的地平线》（1965），泽古阿·夏尔·诺康的《暴力之风》（1966）。

1960～1980 年，科特迪瓦的文学创作领域逐渐出现两种倾向。一种为"微型民族主义"倾向，如同大多数新独立的非洲国家一样，科特迪瓦的文学作品中也兴起了"寻根"热潮，多体现出口述文学特征，或对国家历史性事件、民族英雄进行赞颂，其中以尼昂戈朗·波尔凯的戏剧和诗歌《玛丽亚姆与宏诗》（1978）、《扎乌里德》（1985）为代表。前文化部长贝尔纳·扎迪·扎乌鲁将传统猎人的历险故事或当地艺人的口头诗歌艺术融入他的文学作品中，如其代表作《矛头》（1975）。此外，还有众多的历史民族英雄如萨姆里·杜尔、松迪亚塔、波库女王等在文学作品中都有大量的体现。作为弘扬民族价值的标杆，这一类作品的重要代表作家及作品有贝尔纳·扎迪·扎乌鲁的《眼盯着的沙发》（1979）、前总统巴博的《松迪亚塔：曼丁哥人的狮子》（1971）、泽古阿·夏尔·诺康的《阿布拉·波库：一位伟大的非洲女人》（1970）。另一种倾向为文学作品中出现了对国家独立后发展的"幻灭"。这种幻灭最早出现在 20 世纪 60 年代初，科特迪瓦经济形势因受咖啡和可可国际市场价格下跌的影响而出现下滑。这一现象在 70 年代更加明显，文学成了批评社会和政治的主要工具与阵地，这一时期的文学与之前的文学相比不论是主题还是写作形式都明显是一种"决裂"。最为突出的代表为阿马杜·库鲁玛的《独立的太阳》

（1968），贝尔纳·达迪耶的《托格－尼尼先生》（1970）和《刚果的贝亚特丽斯》（1970），让·马利·阿迪亚飞的《闪电与雷鸣》（1980）和《身份证》（1980），泽古阿·夏尔·诺康的三部曲《小河流》（1983）、《清晨将是红色的》（1984）和《我的人生向大道》（1985）。

除此之外，杂文和专论也数不胜数，比较突出的有巴泰勒米·科奇的《黑色的象牙号角》（1982），尼亚乌莱·乌波的《等待自由》（1982），加斯东·瓦瑟南·科内的《往返》（1987），德尼·乌苏·埃叙的《煅烧层》（1973）和《旱季》（1979），保罗·阿科托·瑶的《织布鸟的飞翔》（1985），阿马杜·科内的《直到非真实的门槛》（1976）、《逝者的敬意》（1980）、《埃班托的恶作剧》（1975）、《在黑人青年的统治下》（上、下册，1980，1982）。

20 世纪七八十年代，科特迪瓦现代文学领域出现了女性文学作品，这些作品与传统相交融，但拒绝粗俗化，拒绝对女性权利的异化。主要代表作家和作品有法图·博丽的《基贝戈》（1977）、安娜·玛丽·阿迪亚飞的《被抵押的人生》（1983）、塔内拉·博妮的《迷宫》（1984）、韦罗妮克·塔娇的《红土》（1984）以及雷吉娜·雅乌的《阿菲芭的反抗》（1985）。

1990～2000 年，科特迪瓦的作家阿马杜·库鲁玛无论在科特迪瓦本国的文学领域还是在整个非洲大陆的文学领域都占据举足轻重的地位。阿马杜·库鲁玛从 1990 年出版的作品几乎描绘并涉及非洲独立前和独立以后的政治生活全貌。其中，他在 1990 年出版的《百年凌辱与挑战》讲述了法国入侵非洲的简要历史，在这部作品中作者揭发了各种政治关系，尤其是法国的殖民以及在后殖民主义时代如何在前法属殖民地继续保持其影响力的问题。1999 年，他的长篇小说《等待野兽们的选举》描绘了在冷战时期一系列非洲独裁者的形象，这本书还获得法国国家电台文学奖。他的《真主不必》（2000）提及西非地区各国的内战，尤其是利比里亚、塞拉利昂以及科特迪瓦，这部小说在 2000 年获得法国雷诺多文学奖。另一部小说《拒绝时说"不"》（2004）继续前一部小说主人公童子军方塔和比拉希马的故事，作者将两位童子军主人公放在 2001 年 9 月 19 日早晨科特迪瓦政治军事危机的大背景下。这部小说是在危机时期创作的一种"危机文学"，具有明显的科特迪瓦现当代文学特征。这部小说由法国作家吉勒·卡尔庞捷对作者的遗作进行整理，于 2004 年出版。

除了阿马杜·库鲁玛以外，其他作家诸如让·马利·阿迪亚飞的《安静！我们开始讲述了》（1992），莫里斯·邦达马的《雄性母亲的儿子》（1993）、《圣经和枪支》（1997），塔内拉·博妮的《玫瑰湖的戏水者》（1995），法图·凯塔的《反叛者》（1998），以及韦罗妮克·塔娇的《伊玛纳的影子，至卢旺达尽头之旅》（2000）也值得一提。

（三）2000 年至今：新趋势

21 世纪第一个十年的作品可以说是在危机阶段诞生的"危机文学"。这一时期的文学大量反映了科特迪瓦从 2002 年以来国家军事政治危机所带来的危害性后果。这一时期的文学创作有两个明显的特征：一是虚构与现实几乎难以区分，二是作者写作的客观性严重受到其政治立场倾向性的影响。代表性的小说包括卡马拉·南加拉的《又见阴险狠毒人》（2000）、博泰·扎迪的《白蚁追随的女人之战》（2001）、韦罗妮克·塔娇的《波库女王，祭奠协奏曲》（2005）、塔内拉·博妮的《宵禁之晨》（2005，该作品获得 2005 年阿马杜·库鲁玛文学奖）和《黑人将永不上天堂》（2006）、蒂比尔斯·科菲的《上帝的尴尬》（2004）和《耻辱的奖牌》（2005）等。

这一阶段的文学创作体裁以评论性杂文或随笔为主。比较突出的杂文有前总统巴博夫人——西蒙·艾薇·巴博的《荣誉之言》（2007），塞里·巴伊的《不要失守北方》（2005）、《文化的眼光》（2010），马马杜·库利巴利的《法国针对科特迪瓦之战》（2003），阿涅丝·克雷迪的《一场败战的传闻》（2004），泰奥菲勒·夸穆欧的《非洲的重新殖民——以科特迪瓦为例》（2007），莫里斯·邦达马的《科特迪瓦：宣战连载》（2015），蒂比尔斯·科菲的《花园的没落》（2006）等。这些作品所涉及的社会中的"我"与创作者"我"难以区分，并且具有非常明显的政治倾向性。

新生代的纯粹主义作家如伊塞伊·比东·库利巴利、恩达·弗朗索瓦·达西资、福阿·厄内斯特·德·圣·索弗尔等极有可能会给科特迪瓦的现代文学带来新鲜血液。

三 电影

科特迪瓦的影视业包括电影和电视片。20 世纪 60 年代,科特迪瓦的电影获得发展主要归功于电视的普及。1964 年,科特迪瓦一位名为乔治·凯益达的导演制作了科特迪瓦首部电视片作品——《科罗戈》。科特迪瓦第一部电影是蒂米泰·巴索里的作品《刀背上的女人》(1969)。1981 年朗西内·克拉莫·法迪加的作品《杰利:今日微故事》和 1993 年罗歇·尼奥昂·姆巴拉的作品《以基督之名》先后参加瓦加杜古泛非电影节。法语仍然是影视作品的主要语言。

2004 年,科特迪瓦电影首次出现数字化跨越,如法迪加·德米拉诺的《切-挪音乐舞》、亚历克斯·夸西和阿兰·吉库合作的《迪戈伯士官的珠宝》以及玛丽-露易丝·阿瑟的《姐妹俩的同一个男人》。自 2013 年以来,科特迪瓦基本每 3 个月发行一部数字化电影。但是影视作品集数过多,并且影片质量较差,难以在市场上推广。

长期以来,科特迪瓦影视局限于短片的制作。2013 年,科特迪瓦首次以动画片的形式开启了长片的制作,首部为导演阿贝尔·夸梅的动画电影长片作品《波库:阿散蒂的公主》。此外,非洲卡通工作室也发行过几部动画电影。至今,科特迪瓦已经有多家动画电影工作室。2015 年,为进一步促进国家动画电影的发展,这些动画电影工作室还联合组成"科特迪瓦动画电影协会"。

但不可否认,科特迪瓦的电影业发展面临多方挑战和困难。资金和专业化是目前科特迪瓦电影业面临的最大挑战。截至目前,科特迪瓦还没有一所电影院校。此外,科特迪瓦著名的导演,如亨利·迪帕克、耶欧·科佐劳阿、德西雷·埃卡雷先后于 2007 年、2008 年和 2009 年去世。科特迪瓦的电影总体发展趋势是在走下坡路,具体原因有三点。第一,科特迪瓦没有能有效保护电影职业的机构或者法令。第二,电影制作成本相对较高,科特迪瓦国家没有预算去支持这项对其来说比较昂贵的艺术。近几年能够在国际电影节上获得提名的电影要么是获得私人资金的赞助拍摄,要么是获得法国国家电影中心的资金支持。科特迪瓦本国几乎没有能力资助电影的创作。第三，科特迪瓦电影还面临推广渠道窄的难题。其国内的电影厅多数已经改造成宗教祈祷场所或成了表演厅。加上盗版问题非常严重，诸多因素共同阻碍了科特迪瓦电影业的发展。

2015 年 5 月，在经历了数家如昔日的 Les Studios、Le Paris 和 L'Ivoire 大影院关停 15 年之后，阿比让重新开放了 3 家影院。其中由青年企业家让·马克·本贾尼引进法国美琪影院集团，在阿比让的科特迪瓦索菲特酒店内部开设了一个可以容纳 385 人的电影厅。2015 年 12 月，又相继开设了两家影院：在阿比让可可迪的勒普拉托区索克赛商业区开设了一家有 180 个座席的"索克赛美琪影院"，在马克里街区普里马长廊开设了一家有 233 个座席的"普里马美琪电影院"。目前这 3 家影院都装配了先进的 3D 技术和数字影院系统。目前，法国美琪影院集团是阿比让唯一的影院运营商。2014 年，法国文化中心在阿比让重新对外开放，其在勒普拉托的放映厅有时候也会用来放映电影，但是放映效果与正规电影院相差较大。3 家影院也十分注意在一周的中间时段在人口聚集的街区贴海报做广告。3 家影院每周 7 天都开放，每周共上映大约 45 部影片，其中包括美国电影与每周三、周日和节假日专门给儿童播放的儿童片。票价为 4000 ~ 5000 西非法郎（约合 6.1 ~ 7.6 欧元），观影人数相对而言比较理想。此外，影院还与法国电影海外推广署合作，举办一些电影活动。2015 年 12 月 8 ~ 10 日，科特迪瓦美琪影院举办了第一届"约会法语电影"，选择了 6 部法语电影（含法国、瑞士、科特迪瓦和塞内加尔影片），每场电影票价为固定的 2000 西非法郎。

表 7 - 5　科特迪瓦主要影视作品

时间	作品
1964 ~ 1969	《科罗戈》(*Korogo*, 1964) 《流亡协奏曲》(*Concerto pour un exil*, 1968, 黑白中长片, 42 分钟) 《刀背上的女人》(*La Femme au couteau*, 1969, 黑白电影) 《姆纳：一位艺人的梦想》(*Mouna ou le rêve d'un artiste*, 1969, 短片)

续表

时间	作品
1970～1979	《该我们俩了,法国》(*À nous deux France*,1970,黑白中长片,60 分钟) 《家庭》(*Abusuan/Famille*,1972) 《有什么新消息?》(*Amanie/Quelles sont les nouvelles?* 1972,黑白短片,32 分钟) 《帽子》(*Le Chapeau*,1975) 《歌唱着的胜利》(*La Victoire en chantant*,1976) 《彩色的黑与白》(*Noirs et blancs en couleur*,1976) 《野草》(*L'Herbe sauvage*,1977)
1980～1989	《杰利:今日微故事》(*Djéli,conte d'aujourd'hui*,1981) 《阿加·蒂奥:因为遗产》(*Adja Tio：à cause de l'héritage*,1981) 《达洛康》(*Dalokan*,1983) 《佩唐琪》(*Petanqui*,1983) 《异域喜剧》(*Comédie exotique*,1984) 《阿布拉孔》(*Ablakon*,1985) 《女人们的脸庞》(*Visages de femmes*,1985) 《阿雅》(*Aya*,1986) 《黑色阴谋》(*Black Mic Mac*,1986) 《我选择了活着》(*J'ai choisi de vivre*,1987) 《疯子的眼神》(*Regard de fous*,1987) 《白金色的生活》(*La Vie platinée*,1987) 《丛林中的阿达》(*Ada dans la jungle*,1988) 《尘舞》(*Bal Poussière*,1988) 《布卡》(*Bouka*,1988) 《治病者》(*Les Guérisseurs*,1988)
1990～1999	《第六个手指》(*Le Sixième doigt*,1990) 《以基督之名》(*Au nom du Christ*,1993) 《公主路》(*Rue princesse*,1994) 《瓦里科,中头彩》(*Wariko,le gros lot*,1994) 《纳粹营中的黑人》(*Noirs dans les camps nazis*,1995,纪录片,52 分钟) 《布兹》(*Bouzie*,1997,法科合资短片) 《黑色的眼镜》(*Lunettes noires*,1998) 《纳德罗》(*Nadro*,1998) 《亲爱的巫比》(*Woubi Chéri*,1998) 《爸爸的恩格洛》(*Ngolo di papa*,1999) 《孪生姐妹》(*La Jumelle*,1999) 《给在非洲的白人的三个寓言故事》(*Trois fables à l'usage des blancs en Afrique*,1999)

科特迪瓦

续表

时间	作品
2000～2010	《阿丹格曼》(*Adanggaman*,2000,法、瑞、意、科与布基纳法索多方合资) 《布容－巴尔柏贫民窟》(*Bronx-Barbès*,2000) 《我叫法尔加斯》(*Je m'appelle Fargass*,2000,法国独资,52分钟中长片) 《出租车司机穆萨》(*Moussa le taximan*,2001) 《吉亚塔拉》(*Djaatala*,2002) 《自由轮》(*Roues libres*,2002) 《爱情的赌注》(*Le Pari de l'amour*,2003) 《焦糖》(*Caramel*,2005) 《"纯"新娘新郎》(*Les mariés du net*,2005)
2000～2010	《天空中的飞鸟》(*Les Oiseaux du ciel*,2006) 《迪戈伯士官的珠宝》(*Les Bijoux du sergent Digbeu*,2007) 《长期险境》(*Danger permanent*,2007) 《姐妹俩的同一个男人》(*Un homme pour deux sœurs*,2007) 《病毒》(*Le Virus*,2007) 《玛丽娅娜的选择》(*Le choix de Mariane*,2008) 《共同的院子》(*La cour commune*,2008) 《盯梢男们》(Les Dragueurs,2008) 《不肆无忌惮的家庭》(*Une famille sans scrupules*,2008) 《不速之客》(*Invités surprises*,2008) 《骗子》(*L'Escroc*,2008) 《马尔科和克拉拉》(*Marco et Clara*,2008) 《对不起！我爱你》(*Pardon！je t'aime*,2008) 《我的父亲抢了我的妻子》(*Mon père a pris ma femme*,2008) 《冲撞三重奏:家庭的丑闻》(*Trio de Choc-Scandale dans la famille*,2008) 《贫民区着火了》(*Le Djassa a pris feu*,2010,动作片) 《幻灭》(*Illusion Perdue*,2010) 《幸福住所》(*Résidence du bonheur*,2010)
2011～2015	《理想男人》(*Le Mec Idéal*,2011) 《尤布贡的阿雅》(*Aya de Yopougon*,2013,动画片) 《波库:阿散蒂的公主》(*Pokou，princesse Ashanti*,2013) 《奔跑》(*Run*,2014) 《非洲式持枪抢劫》(*Braquage à l'africaine*,2014) 《松迪亚塔·凯伊塔，狮王的觉醒》(*Soundjata Kéïta，le réveil du roi Lion*,2014) 《韦族,乞丐的面具史》(*Wê，l'histoire du masque mendiant*,2015) 《欢迎来到冈瓦纳古陆》(*Bienvenue au Gondwana*,2017)

四　音乐、舞蹈

（一）音乐

科特迪瓦音乐可以分为传统音乐和现代音乐。传统音乐以族群划分，科特迪瓦全国共有近 70 个民族，每个民族都有自己的音乐特色。传统音乐中具有代表性的有阿居克鲁族音乐和鲍勒族音乐。现代音乐又可以分为三种：一是先驱音乐，以阿梅代·皮埃尔［被誉为"夜莺王"（roi du Dopé）]、阿拉·泰蕾兹、蒂马·戈巴伊、盖伊·让、扎克利·诺埃尔、盖伊·维克多为代表；二是革新派音乐，以阿努芒·布鲁·费利克斯、马马杜·杜姆比亚、路加·弗朗索瓦（已逝）、厄内斯托·杰杰（已逝）、斯塔尼斯拉斯·朱斯坦为代表；三是现代派音乐，其音乐种类最为丰富，包括雷鬼音乐、祖格鲁音乐、曼丁哥人音乐、通俗流行歌曲、宗教音乐、情感音乐、爵士乐等。实际上，在西非地区，科特迪瓦文化发达，有非常多来自其他国家的艺人在科特迪瓦成名。但是，在现代音乐领域，近几年来，"切－挪音乐舞曲"（coupé-décalé，意译）在科特迪瓦年轻人中十分流行。祖格鲁音乐也深受科特迪瓦青年欢迎，但总体处于下降的趋势。摇滚乐、雷鬼音乐以及说唱音乐的发展也呈下降趋势。

（二）舞蹈

科特迪瓦的舞蹈也分为传统舞蹈和现代舞蹈。

传统舞蹈的节奏和动作在一定程度上是民众生活的写照。舞蹈在生活中的任何重大事件中均有需求：出生、洗礼、婚礼、割礼、葬礼、升学或晋升等。为舞蹈伴奏的乐器种类也非常繁多，如达姆达姆鼓及西非木琴是科特迪瓦舞蹈伴奏中最为常见的两种乐器。非洲传统社会中，日常生活中的每一件大事都被认为是所有人的大事，大家共同分担喜怒哀乐。舞蹈形式多样，并加入多种元素，如喊叫声、歌词、面具等。舞蹈将个人与其所在的集体联合一起，共同应对生活里的喜怒哀乐。舞蹈具有多种功能。首先是娱乐作用。面具舞蹈可以是一种娱乐或者发泄，尤其是流行舞蹈即兴和自由表达的一面，让每一个人都可以参与。从早到晚，露天随地就可以跳舞。其次是宗教作用。宗教仪式舞蹈主要是针对接受洗礼的人群。未成

年人在接受启蒙教育、学习社会知识以及特殊仪式中，通过宗教舞蹈与神灵沟通，使其身体与精神达到和谐统一，舞者的跳舞时长、日期和具体地点均根据举行仪式所选择的吉日而定。面具不仅仅用来表达对生灵、鬼魂或者动物的敬畏，更是对神性的一种表达，是凡人与神灵沟通的一种方式，在仪式中起着举足轻重的作用，尤其是在葬礼中。戴面具的舞者也被称为"面具"。这些面具舞者穿着特殊的服饰，被视为神圣的化身。在传统社会中，"面具"被视为上帝、祖先和人类之间的传话人。

非洲的舞蹈大多具有一定的含义。舞蹈是娱乐方式，也是一种拉近人际关系或者消除孤独、误解的一种方式，也可以被视为与上帝沟通的宗教方式，还可以是人生不同阶段重要事件的标志，如出生、成年仪式、婚礼或者死亡等。科特迪瓦舞蹈有如下特点：动作的规律性重复，随意站位但遵循舞蹈的技巧和主题，所有舞者大致站成圆圈；舞者可以在遵循一定的舞蹈技巧或者舞蹈主题基础上进行自由的发挥，即可以有即兴的动作；每个动作都有具体的含义，如数次跺脚为高兴之意。传统舞蹈的服装颜色一般非常艳丽，并且舞者常常戴着面具，伴奏一般是打击乐器，节奏急促。

科特迪瓦现代舞蹈兴起于 20 世纪 80 年代，例如，来自喀麦隆的马科萨舞，一直盛行至 20 世纪 90 年代中期；来自中非共和国的苏库斯舞；发展至今天的非洲恩东波罗劲舞，成为今天科特迪瓦人喜爱的现代舞蹈之一。现代舞蹈与现代音乐的发展紧密相连，20 世纪 90 年代初，祖格鲁音乐的流行产生了一系列与之相配的现代舞蹈，如尼亚克帕舞、克帕克罗舞、尤苏姆巴舞。今天科特迪瓦最流行的现代舞蹈为慢摇舞——姆马库巴舞，该舞蹈发源于科特迪瓦南部的尼贵－萨福。这种舞蹈在其他周边国家也得到传播。今天在整个非洲大陆，"切－挪音乐舞曲"盛行，衍生了多种新型现代舞蹈，这些风格不一的舞蹈被统称为"概念舞蹈"。

五　文化设施

（一）博物馆

科特迪瓦的博物馆数量不多。比较值得一提的有位于大巴萨姆市的国家服饰博物馆以及在阿比让的 3 家博物馆——科特迪瓦文明博物馆、阿比让框饰及工艺品艺术长廊、阿比让姆邦格艺术长廊。除此之外，地方博物馆只有两处：一处在国家北部的科霍戈，但目前该馆已关闭，所在地已经成为荒芜地带；另一处在阿本古鲁，目前仅艰难维持运营。

科特迪瓦国家文明博物馆是国家级博物馆，隶属于科特迪瓦文化部。在历史上该馆是殖民政府的手工艺中心，于 1942 年建立，随后经历了多次变迁。1943～1961 年，手工艺中心改名为"法国黑非洲研究基地"，成为法国达喀尔"法国黑非洲研究基地"总部[①]在科特迪瓦设立的一个分支机构；1961～1972 年改名为"人文科学中心"，1972 年又改名为"阿比让国家博物馆"；1994 年，在前馆长及大学教授乔治·尼昂戈郎·布阿的提议下，正式更名为"科特迪瓦国家文明博物馆"。2006 年 5 月开始，西尔维·梅梅尔·卡西女士接任馆长一职，博物馆由她成立的团队进行管理经营。科特迪瓦国家文明博物馆位于阿比让，占地 2 公顷，有 6 栋楼，其主体建筑呈"U"形，有多功能厅、图书馆、行政楼和馆藏室，其他延伸的部分为长期展馆、大馆藏室、藏品修复工作间、纪念品商店、主任办公室和餐厅。餐厅向所有的公众开放，同时还可以举行洗礼、婚礼、生日庆祝等仪式。目前馆藏艺术品数量为 1 万多件，大部分艺术品自殖民时期收藏至今。藏品类型涉及人种志、肖像以及考古学，是科特迪瓦物质与非物质文化的写照。绝大部分产品为面具和小雕像，同时也有颇具艺术价值的乐器、考古出土文物、称金子的砝码、日用品、武器、权力象征物品等。藏品中 40% 为有机材质、60% 无机材质，木质产品占了绝大多数。

国家服饰博物馆为科特迪瓦第二大国家级博物馆，1981 年建立，位于大巴萨姆。服饰展览主要包括君王服饰、酋长服饰、农民服饰、宗教服饰、创意服饰、舞蹈服饰、成人仪式服饰以及其他文化服饰等。科特迪瓦四大族群的传统服饰都有所体现，每个民族的服饰几乎也有所体现。

（二）图书馆

科特迪瓦国家图书馆建立于 1924 年，最早是作为"法国黑非洲研究

---

① "法国黑非洲研究基地"总部设在塞内加尔的达喀尔，专门研究社会种族学、人类学和史前史学。

基地"阿比让分支机构的文献资料中心，1960 年改成国家文献中心，1966 年正式更名为"科特迪瓦国家图书馆"。科特迪瓦国家图书馆的设立主要依据 1971 年 9 月 10 日第 71－434 号法令，图书馆隶属于科特迪瓦教育部文化事务管理局下属的出版与图书馆服务处。今天的国家图书馆大楼由加拿大政府捐建。1970 年 11 月，科特迪瓦和加拿大两国签订协议；1971 年 3 月 9 日，加拿大时任外交部国务大臣米切尔·夏普参与奠基典礼；1974 年 1 月 9 日博瓦尼参与竣工典礼，图书馆正式启用。

根据第 71－434 号法令，科特迪瓦国家图书馆的主要任务在于：收集、保存和传播所有在国内印刷或者与本国相关的图书、期刊、版画、地图、音频文件、电子文件和图像等；建立国家文献资料中心，为广大读者和研究员提供尽可能多和全面的文献资料；建立涵盖其他所有图书馆资料的国家总资料信息中心，依据收缴本制度建立国家图书文献资料目录。此外，国家图书馆还通过其儿童图书馆和借书业务鼓励公众阅读。目前国家图书馆下设行政事务管理部门、财务部门、图书资料和丛书发展馆、研究馆、特殊资料和珍贵资料珍藏馆、儿童馆、图书外借馆以及人事处、对外合作交流与档案处、技术服务中心等多个服务处。科特迪瓦国家图书馆自 2016 年 5 月开始至 2020 年，将花费 500 亿西非法郎建立国家数字图书馆。

除了国家图书馆之外，还有众多的大学图书馆，如博瓦尼大学图书馆等。其他专业多媒体图书馆有基督图书馆、科特迪瓦就业发展介绍所基督图书馆、法国文化中心图书馆、科莫埃文化图书馆、西班牙文化中心图书馆、国家司法文献中心、德国驻科特迪瓦哥特文化中心图书馆、圣·诺埃尔图书馆等。2009 年前后国家图书馆和大学图书馆在内战中都遭到不同程度的破坏和洗劫。近几年国家正在集合各方力量恢复重建。

2007 年以来，为了提高人民素质，国家提出了"流动图书馆"概念，2007 年 9 月，圣·洛朗教堂率先在阿比让的库泰、尤布贡街区建立了一家流动图书馆，该图书馆设有两个阅览室，包括各类型图书，所有人都可以自由借阅，以便让社会各阶层都有阅读的条件。2012 年，这一做法得到进一步的普及。2013 年底，博瓦尼大学建成数字图书馆，将历届学生的毕业论文和教员的研究成果收录进数据库，促进了教学和科研的发展。

第五节　新闻和出版

一　广播与电视

（一）广播电台

广播电台包括科特迪瓦本国广播电台和一些外国的广播电台。科特迪瓦第一家广播为阿比让广播（Radio Abidjan），成立于 1949 年。现在科特迪瓦有众多调频广播。本地广播一般立足于本地人的社会、经济和文化生活。1991 年 12 月 27 日，科特迪瓦制定了第 91－1001 号法令，从法律上对广播电视媒体信息进行了规范。但 1999 年前后的国家内政危机在一定程度上给广播电视媒体的发展带来了一些影响，尤其是在新闻媒体报道的公正性方面。2004 年 12 月 14 日，科特迪瓦通过了第 2004－644 号法令，至今仍在施行。

科特迪瓦广播既有国有广播电台，也有很多私营广播电台。国有广播电台包括：①科特迪瓦电视广播，为科特迪瓦最大的国有广播电台，其旗下还有两个国有电台，即科特迪瓦电台和第二频道（工作语言为柏柏尔语），用法语、英语和当地语言广播；②英国 BBC 电台非洲分台；③法国国际广播电台非洲分台；④美国之声电台非洲分台。科特迪瓦主要的私营广播有怀旧音乐电台（Radio Nostalgie）、我爱广播学生电台（Radio Jam）、科特迪瓦联合国电台（OUNCI FM）、科特迪瓦本戈秀网页电台（Bengueshow Radio）、科特迪瓦新城电台（HIT Radio）。其中，科特迪瓦联合国电台成立于 2004 年，为时政新闻电台；科特迪瓦本戈秀网页电台则主要播放音乐以及与割礼、艾滋病主题相关的报道。此外，科特迪瓦还有 2 家商业电台、123 家地方电台。科特迪瓦广播电视集团旗下有 3 个电视频道、3 个广播频道。

（二）电视

RTI 创建于 1963 年，刚开始该电视台每周只播出 5.5 小时的节目。1973 年，该电视台开始播放彩色电视节目，并推出新闻、体育、电影和其他娱乐节目。1983 年，RTI 改名"La Première"，另外，新成立 Canal 2

电视台。Canal 2 成立之初每周只播出两天节目，并且只有阿比让能收到 Canal 2 的节目。1991 年，Canal 2 改名"TV2"，以娱乐节目为主，每天都有节目播出。2011 年，国内大选危机之际，La Première 与 Canal 2 分别改名为"RTI1"和"RTI2"，即科特迪瓦电视 1 台和科特迪瓦电视 2 台。科特迪瓦电视 1 台覆盖率在 2010 年 12 月的选举危机之前为 80%，科特迪瓦电视 2 台覆盖主要在阿比让区域。科特迪瓦国家电视台有 RTI1、RTI2、布瓦凯 RTI、体育频道（RTI Sport TV）、音乐频道（RTI Music TV）以及国际频道（Canal + Horizons）。此外，科特迪瓦还有非常多的地方电视台。在科特迪瓦，有卫星电视与收费电视，如国际频道就是一个来自法国的电视台，它在科特迪瓦取得成功，并且成为科特迪瓦公共电视的竞争对手。此外，还有多家影视制作公司，如科特迪瓦制作中心的"Media Ox"、"Nikady's"或"Focale 13"等。

二 主要纸媒与通讯社

1960～1990 年，科特迪瓦只有两家报纸，即《博爱晨报》和《科特迪瓦晚报》；两家杂志，即科特迪瓦民主党派官方杂志《博爱周刊》以及文化和艺术方面的杂志《科特迪瓦周日》。1990 年，科特迪瓦开始实行多党制，新闻媒体也开始变得多样、自由。1997 年，科特迪瓦媒体市场就有 187 种不同种类的媒体，但到了 2001 年，仅剩 50 余家媒体。总体上，纸媒市场竞争激烈。多数纸媒是国有的，例如，报纸《博爱晨报》《科特迪瓦晚报》，杂志《非洲妇女》、《汽车特刊》和《导报》。科特迪瓦最大的日报《博爱晨报》在 2001 年重组机构，进行私有化改革。科特迪瓦专业纸媒，例如，音乐纸媒《音乐排行》的发行量达 5 万份；抨击时政类纸媒《鄙讯》的发行量达 4 万份。还有体育类纸媒《阿比让含羞草足球队》、女性纸媒《慕淑》等。私有报纸也非常活跃，如《时事》、《信息晚报》、《国内时报》、《国民报》和《光明报》等。除此之外，其他绝大部分报纸的发行量较小。

同全世界其他国家的传统纸媒一样，科特迪瓦纸媒当前也面临诸多挑战而日益萎缩。2005～2015 年，科特迪瓦报纸销售量萎缩了近 63%。

2005 年的报纸销售量为 6986047 份，而到了 2015 年第三季度仅为 2628180 份。其中的原因，一方面来自互联网技术、电子阅读的飞速发展与普及，另一方面也有报纸政治倾向的影响。例如，2005～2015 年，"有色"报纸是衰落最快的一类，亲近博瓦尼共和人士的"绿色阵营"纸媒就失去了近71.2%的读者，而亲近瓦塔拉的"蓝色阵营"《时代》也从纸媒销售排行榜的第 3 位跌到了第 4 位，处于第 3 位和第 2 位的分别为奥兰普集团的《国内时报》和《信息晚报》，第 1 位是《博爱晨报》。奥兰普集团的纸媒之所以畅销，主要原因在于它在一定程度上保持着较好的中立性，不代表任何党派的意识形态。尽管如此，奥兰普集团纸媒的读者群也减少了近50%，而《博爱晨报》减少了60%。传统纸媒衰落还有一个原因是价格的提高。2014 年 4 月，科特迪瓦纸媒出版集团决定统一提高纸媒的价格，如报纸从原来的 200 西非法郎涨到 300 西非法郎，期刊从原来的 300 西非法郎提高到 500 西非法郎。这直接影响了纸媒的销售量，如《博爱晨报》在 2014 年第一季度的销售量为 790144 份，2015 年第三季度下降到495230 份，下降了37%。此外，根据国家纸媒委员会官网数据，今天科特迪瓦纸媒大约有 93 家，其中有 22 家日报机构、47 家周刊、19 家月刊，信息门户预计有 40 个。

表 7 - 6 科特迪瓦主要纸媒网站

主要纸媒	国有报纸	《博爱晨报》(*Fraternité Matin*)
		《我们的道路》(*Notre Voie*)
		《国有光明报》(*Le Jour Plus*)
		《爱国者》(*Le Patriote*)
		《新觉醒》(*Le Nouveau Reveil*)
		《阿比让智者》(*L'intelligent D'abidjan*)
		《新消息》(*La Nouvelle*)
		《时代》(*Le Temps*)
		《信息晚报》(*Soir Info*)
		《南北日报》(*Nord-Sud Quotidien*)
		《国内时报》(*L'Inter*)
		《信息联盟》(*Lg Info*)
		《超级运动》(*Supersport*)
		《今日报》(*Aujourd'hui*)

续表

主要纸媒	国有报纸	《阿比让日报》(*Le Quotidien D'abidjan*)
		《新信使》(*Le Nouveau Courrier*)
		《委任报》(*Le Mandat*)
		《运动报》(*Le Sport*)
		《表达报》(*L'expression*)
		《最后时刻》(*Derniere Heure*)
		《费加罗报》(*Le Figaro*)
		《实报》(*Réalités*)
		《共和党人报》(*Le Républicain*)
		《晨报》(*La Matinale*)
		《博瓦尼快报》(*Boigny Express*)
		《阿比让 24 小时》(*Abidjan 24*)
		《每天电视报》(*Le Télégram Du Jour*)
		《交替报》(*L'alternative*)
		《信号旗报》(*Fanion*)
	国有周刊	《音乐排行》(*Top Visages*)
		《顿悟杂志》(*Declic Magazine*)
		《幻象》(*Prestige*)
		《小鹰加油》(*Allez Les Aiglons*)
		《伊斯兰信息》(*Islam Info*)
		《鄙讯》(*Gbich*)
		《都市女性周刊》(*Go Magazine*)
		《阿比让含羞草足球队》(*Asec Mimosas*)
		《嗨！警察》(*Allo Police*)
		《经济周刊》(*Le Journal De L'economie*)
		《时代周刊》(*Le Temps Hebdo*)
		《新航帆周刊》(*Le Nouveau Navire*)
		《明星周刊》(*Star Magazine*)
		《自由周刊》(*Libération*)
		《我们的视野》(*Notre Vision*)
		《义务周刊》(*Le Devoir*)
		《爱情与美》(*Amour Et Beauté*)
		《新消费者》(*Le Nouveau Consommateur*)
		《经济讲坛》(*La Tribune De L'économie*)
		《雏鹰》(*Les Aiglons*)
		《阿比让运动周刊》(*Abidjan Sport*)
		《妆容时尚周刊》(*Coup De Rose*)
		《和平与发展》(*Paix et Développement*)
		《机密周刊》(*Le Confidentiel*)

续表

主要纸媒	其他国有杂志	《中小企业杂志》(*PME Magazine*) 《生活杂志》(*Life*) 《大亨》(*Tycoon*) 《非洲健康之最》(*Top Santé Afrique*) 《新纪元》(*Nouvelle ère*) 《民主主义者》(*Le Démocrate*) 《足球杂志》(*Le Foot*) 《翻车机》(*Tips*) 《蓝饰带》(*Cordon Bleu*) 《科特迪瓦经济》(*Côte D'ivoire Economie*) 《人文之地》(*Humaniterre*) 《科特迪瓦石油新闻》(*Ipetrole News*) 《阿比让行星》(月刊)(*Abidjan Planet*) 《非洲时尚》(*Afrik Fashion*)
主要网站		阿比让网(*Abidjan. net*) 阿比让秀网(*Abidjan show*) 阿比让说网(*Abidjan Talk*) 阿比让电视网(*Abidjan TV. net*) 阿比让 24 小时网(*Abidjan 24. net*) 阿比让直播网(*Abidjandirect. net*) 手机电子产品快讯网(*Acturoutes*) 225 街网(都市新闻)(*Avenue 225*) 科特迪瓦快讯网(*Connection ivoirienne*) 科特迪瓦本族侨民(*Diaspo Ivoire*) 科特迪瓦教育网(*Educarriere. ci*) 科特迪瓦政府官网(*Gouvernement de Côte d' Ivoire*) 科特迪瓦早间新闻网(*Imatine. net*) 科特迪瓦信息网(*Informateur. info*) 科特迪瓦博客(*Ivoire blog*) 科特迪瓦贸易网(*Ivoirebusiness. net*) 科特迪瓦论坛网(*Ivoireforum*) 科特迪瓦免费下载音乐网(*Ivoiremixdj*) 科特迪瓦大众信息网(*Ivorian. net*) 邦戈新闻网(*Le Banco. net*) 科特迪瓦生活网(*Live. ci*) 非洲文化网(*Nouchi. com*) 科特迪瓦运动员网(*Proivoirines. com*) 科特迪瓦文化参照网(*Reseauivoire*) 科特迪瓦国家广播电台网(*RTI*) 科特迪瓦运动网(*Sport-ivoire. ci*)

科特迪瓦通讯社为官方通讯社，成立于 1961 年 6 月 2 日，总部位于阿比让。它在全国各地设有 10 个分社和 6 个省级记者站，同法新社、路透社及泛非国家通讯社经常有业务联系。

三　图书出版

科特迪瓦图书出版始于 20 世纪 60 年代，与国家主权独立几乎同步。科特迪瓦图书出版发展从 1960 年至今可以大致分为两个阶段。

（一）1960 ~ 2000 年

科特迪瓦国内诞生的第一家出版社是非洲图书出版与流通中心（Centre d'édition et de diffusion africaines），由法国的两家教辅出版社——阿捷儿童出版集团（Edition Hatier）和迪迪埃教辅出版集团（Editions Didier）控股，主要出版教辅类图书。非洲社会经济发展研究所出版社（INADES Edition）在耶稣会教士的努力下于 20 世纪 60 年代成立，起初主要推广与经济和社会发展相关的实用图书，后来逐渐将出版业务扩大到出版社会调查、青年、妇女和宗教方面。1972 年，非洲新出版跨国出版社（Nouvelles éditions africaines）分支机构在科特迪瓦成立。这家出版社是在塞内加尔总统列奥波尔德·塞达·桑戈尔的促成下建立的，总部位于塞内加尔的达喀尔，随后在科特迪瓦的阿比让和多哥的洛美开设了两个分支机构。20 世纪 80 年代，科特迪瓦将小学教辅的出版权交给非洲新出版跨国出版社，其位于阿比让的分支机构获得飞速的发展。在股东法国阿谢特出版集团的技术和资金支持下，阿比让的非洲新出版跨国出版社分支机构开始向文学市场进军，出版小说、儿童文学、精装艺术图书、散文等。1982 年，国家同时作为非洲图书出版与流通中心和非洲新出版的股东，对"学校与发展丛书"教辅出版权限进行了调整，以更好地分配出版资源。由此出版市场出现了更为活跃的竞争态势，推动了文学市场的繁荣发展。20 世纪 80 年代广播和电视上的文学节目非常多，日报和周报上的文学评论也逐渐增多。此外，还举办了众多的书展、图书签售等。1988 年，非洲新出版跨国出版社解体。国家接手重整后的出版社，并在同年 4 月成立了科特迪瓦非洲新出版社，1990 年，这个机构被私有化。1992 年，私有化之后的科特迪瓦非洲新出版社重新接纳了老股东法国阿谢特出版集团，后者持有 29% 的资产。

除了以上两大出版社，科特迪瓦还有一些小型出版机构，这些出版机构的图书发行量较小，并且多数需要作者自费出版。比较突出的有非洲大学与教辅出版社、小花儿童读物出版社（现改名为"天桥出版社"，Passerelle）、南方图书出版社。此外，内特出版有限公司是一家联合出版公司，主要出版与非洲文化和思想相关的图书，也出版教辅类图书；博尼尼文学出版社是一位退休作家兼公务员以自己的名字命名的出版社。

1999 年和 2000 年，非洲图书出版与流通中心和科特迪瓦非洲新出版社先后上市。相应的外资股东有法国阿谢特出版集团、法国阿捷儿童出版集团，以及一些来自加拿大、比利时、非洲其他国家的机构和私人股东。

（二）2000 年至今

今天科特迪瓦所有出版公司都加入了科特迪瓦出版协会，主要成员有：非洲图书出版与流通中心、内特出版有限公司、南方图书出版社、博尼尼文学出版社、科特迪瓦非洲新出版社、非洲大学与教辅出版社、科特迪瓦高教出版集团、宇宙出版集团。此外，一些需要作者自费出版的出版社仍然存在，但是图书流通存在比较大的困境。

图书的宣传主要有五大渠道。①纸媒：日报或者周报设有文化专栏，科特迪瓦成为非洲少有的有专门的文学和文化批评媒体专栏的国家。②广播和电视上的文化类节目。③展览：每年在科特迪瓦都会举办图书展会或者展览活动。④签名售书：科特迪瓦的图书在出版印刷之前一般会有著名政治人物的签名致辞；一些儿童文学作家经常到学校与儿童见面交流，扩大图书的影响力。⑤图书馆：科特迪瓦大部分市镇有图书馆，其中阿比让藏书最多，同时也吸引了最多的读者。在图书的流通渠道方面，在科特迪瓦，有"法兰西书店"，仅在阿比让就有多个店面，在其他城市也有店面；"科特迪瓦新书店"，开设于布瓦凯和亚穆苏克罗。其他书店还有"公园书店"、"家乐福书店"和"索迪亚书店"等。此外，还有纸媒分销出版、科特迪瓦书店联合公司等图书分销商，各书店一般 2~4 天就能收到征订的图书。

总体上，科特迪瓦出版业在西非地区相对发达，主要原因有：经济与其他西非国家相比相对发达；国家重视教育的发展，入学率相对其他国家较高；有大批优秀的文学作家，还有优秀的插图画家、图书排版设计公司以及众多印刷公司等。

四　媒体职业管理与发展

科特迪瓦管理新闻和出版的机构主要是广播通信高等署和国家纸媒委员会。另外，纸媒领域的重要机构，还有"纸媒自由观察、职业道德与行为准则"和"传媒职业与记者职业资格证发放联合委员会"。

科特迪瓦的新闻媒体协会及工会相对发达，科特迪瓦记者国家联合会从 1993 年起，每两年给来自不同协会或者工会的记者颁发"最佳纸媒从业者埃博尼诺贝尔奖"。比较有影响力的协会或者联合会有科特迪瓦文化记者联合会、科特迪瓦网络在线纸媒从业网、科特迪瓦记者国家联合会、国际法语传媒联盟、科特迪瓦私媒从业者国家工会、科特迪瓦纸媒出版集团、科特迪瓦女记者团体、科特迪瓦出版经理国家联盟、科特迪瓦女媒体人、科特迪瓦职业记者组织、科特迪瓦地区邻近广播电台联合。

在媒体记者职业教育领域，科特迪瓦目前有三所记者培训学院：传媒技术与科学学院、博瓦尼大学传媒研究与学习中心、法国非洲新闻专员学校。

第八章

外　交

第一节　外交政策

科特迪瓦的外交与其国家主权同步获得独立，即 1960 年 8 月 7 日。1960 年 9 月 21 日，科特迪瓦马马杜·库利巴利作为科特迪瓦代表进驻联合国并做发言，从此科特迪瓦第一次以独立国家的身份步入了国际社会。50 多年来，科特迪瓦外交关系的特点是决裂与持续共存。从 20 世纪 60 年代至今，影响科特迪瓦外交政策的政治人物主要有 4 人——博瓦尼、贝迪埃、巴博和瓦塔拉。

科特迪瓦外交原则几经演变。在博瓦尼执政时代（1958 ~ 1993 年），其外交政策主要分成两个不同阶段，和平与发展是其外交政策的主旋律。国际社会大背景是东西方的对立。博瓦尼为了保证国家的经济发展，避免遭受军事政变，科特迪瓦需要一个由国家担任监护人的角色。因而，1958 ~ 1985 年，科特迪瓦的外交原则是："只与一国交友，不与任何国家树敌"，即这一时期科特迪瓦只与法国保持着亲密的外交关系，同时不与法国以外的任何国家树立敌对关系。确立这一原则的主要原因在于 1961 年科特迪瓦与法国签订了一系列合作协议，尤其是关于对科特迪瓦经济的扶持。1980 ~ 1993 年，科特迪瓦开始放开外交关系的界限，并确立"与所有国家睦邻友好，不与任何国家树敌"，主要原因在于意识形态的影响。博瓦尼不接受法国在 20 世纪 80 年代提出的多党制，尤其是由社会党执政的要求，因此他有意放开了与世界上其他国家的对话。这一政策至今未变。然而，不可否认，在冷战时代，尽管科特迪瓦一直奉行和平合作与发展的外交政策，然而它与所有国家交好的外交原则遭遇了一系列的困难甚至威胁，"敌人与朋友"的界限一时难以分清。在博瓦尼之后，贝迪埃的外交努力方向在于法治国家的建立以及对国家最高主权的承认。到了巴博时代，为安全和民主政权的巩固、和平以及对国家主权的维护、国家经济的独立等做努力。至今，科特迪瓦全方位友好外交的原则仍然未变，即在强调主权至上的基础上，科特迪瓦有权利选择任何一方建立合作关系。

科特迪瓦在世界五大洲均建立了外交关系，并与多国互设驻外使馆。在非洲大陆与科特迪瓦建立外交关系的国家有南非、阿尔及利亚、安哥拉、布基纳法索、喀麦隆、中非民主共和国、埃及、埃塞俄比亚、加蓬、加纳、几内亚、赤道几内亚、利比里亚、利比亚、马里、摩洛哥、尼日利亚、塞内加尔、乍得、突尼斯；在美洲与科特迪瓦建交的国家有巴西、加拿大、美国、海地、墨西哥；在亚洲与科特迪瓦建交的国家有沙特阿拉伯、中国、韩国、阿联酋、印度、伊朗、以色列、日本、土耳其；在欧洲与科特迪瓦建交的国家有德国、奥地利、比利时、丹麦、西班牙、法国、意大利、荷兰、英国、俄罗斯、瑞士、梵蒂冈。根据科特迪瓦外交部公布的数据，截至 2013 年 6 月 30 日，科特迪瓦在全球范围内共派驻 50 家大使馆或领事馆，包括 44 家双边一对一大使馆、在国际组织内部设立的 2 家大使馆、4 家领事馆，主要集中在与科特迪瓦经贸交往较多或者科特迪瓦侨民较多的国家。从科特迪瓦驻外大使馆的分布来看，除领事馆以外，使馆分布数量具体为：非洲大陆 20 家、北美洲 2 家、南美洲 2 家、欧洲 14 家、亚洲 3 家、中东 3 家、大洋洲 0 家。从数据上来看，仅非洲大陆的科特迪瓦大使馆数量就占了 43%，欧洲占 30%、美洲占 9%、亚洲占 7%、中东占 7%、多边国际组织占 4%；非洲大陆和欧洲的科特迪瓦大使馆总数为 34 家，即占全部数量的 74%。实际上，至 2013 年 6 月，科特迪瓦与全球 94 个国家、9 个多边国际组织建立了外交关系。2013 年联合国统计的主权国家总数为 194 个，与科特迪瓦建交的国家数量占比达 48.45%。这个数据在科特迪瓦官方看来还比较薄弱，科特迪瓦的主要外交关系大部分局限于非洲大陆和欧洲，科特迪瓦在世界上其他地区的影响力还相对较弱。至 2016 年，科特迪瓦已经与超过 60% 的国家建立了外交关系，现任政府还力争在 2020 年将建交国家数量提升到 90%。

另外，科特迪瓦还是一些区域和国际组织的成员，区域组织如西非国家经济共同体、西非经济货币联盟、非盟，国际组织如欧盟、联合国等。其中，在西非地区的区域组织中，科特迪瓦起着重要的作用。科特迪瓦还是非盟的创始国之一。

第二节　欧洲地区

一　与法国的外交关系

科特迪瓦与法国的外交关系历史悠久。科特迪瓦在国家独立之初即以主权国家的身份在 1961 年 5 月 18 日与法国建立了外交关系。两国长期保持特殊关系，签订了外交、军事、经济、文化、技术等合作协定。1960～1980 年，法国一直是科特迪瓦唯一的"朋友"。经济上，法国是科特迪瓦多年来最大的双边经济贸易伙伴；政治和国防上，法国是科特迪瓦的监护人，文化上科特迪瓦也与法国有着千丝万缕的关系。

（一）政治关系

科特迪瓦从独立后至 20 世纪 80 年代末，首任总统博瓦尼一直与法国在政治上保持紧密关系。20 世纪 60 年代，法国与科特迪瓦签订了国防、文化等领域的合作协议。20 世纪 70 年代，博瓦尼在政治上与法国高度亲近。1993 年，博瓦尼去世，法国公开支持贝迪埃上台。1999 年，贝迪埃遭遇军事政变，时值法国国内左右党派共治时期，法国对非采取"不干预，不放任"的模糊原则，为了捍卫其新的外交政策与利益，法国政府没有积极干预挽救贝迪埃政权。政变领袖盖伊被推上国家公共安全委员会主席的位置，成为国家临时领袖。随后法国与欧盟向盖伊施压，希望科特迪瓦尽快举行新的总统选举。2000 年 10 月，巴博与盖伊同时宣布总统竞选胜利，造成国内混乱，经过多番调解，最终巴博获胜。2002 年 9 月 18～19 日的午夜，科特迪瓦再次遭遇政变。2002 年 9 月 19 日，在科特迪瓦政变中，法国以保护其侨民为借口进行军事介入。很快，这次介入使法国成为科特迪瓦武装力量与反政府军的调停者，联合国在法国的推动下进入科特迪瓦以帮助其解决政治危机，联合国安理会授权法国"独角兽"军队调停科特迪瓦军事争端。

2010 年 10 月，科特迪瓦举行总统选举，法国与联合国、一些非洲组织以及其他国际社会组织一致认定瓦塔拉获得合法多数票数，为科特迪瓦新总统，并呼吁巴博和平让出权力。在争取了多方国际组织的默许下，法国"独角兽"军队几乎摧毁了巴博的所有军事组织和装备，并把近 5000 名侨民安置在其布埃港军营中。至今，法国与科特迪瓦仍然保持着密切的军事合作关系。

自瓦塔拉上台以来，法科关系又翻开了新的一页。2017 年法国总统马克龙上台执政以来延续了前几任法国总统与科特迪瓦的政治合作重点，即安全、发展与减债、中小型企业以及科特迪瓦城市地铁规划项目的推进等问题。2017 年 11 月 29～30 日，法国总统马克龙正式访问科特迪瓦，与科特迪瓦签订了两份有关发展与减债的协议。2017 年 8 月 31 日，瓦塔拉访问法国爱丽舍宫，受到法国总统马克龙的接见，双方就促进合作、科特迪瓦城市地铁规划项目、2018 年欧非峰会的筹办以及萨赫勒五国集团反恐合作等问题进行了交流；2019 年 2 月 12 日及 7 月 9 日，瓦塔拉先后访问法国，在爱丽舍宫受到法国总统马克龙的接见，双方多次提及磋商科特迪瓦城市地铁规划项目与区域反恐问题，同时瓦塔拉表示支持法国在非洲的货币政策。

（二）经济关系

科特迪瓦是法国外贸优先合作国家之一。在法郎区，科特迪瓦是法国第一大贸易伙伴，是法国在撒哈拉以南非洲的第三大贸易伙伴，仅次于南非和尼日利亚；法国则是科特迪瓦仅次于尼日利亚的第二大贸易伙伴。2015 年，法国与科特迪瓦贸易增长值达 0.8%，其中法国对科特迪瓦的出口值达 10.2 亿欧元，出口到科特迪瓦的主要产品为机械装备、电子和计算机产品、农产品、林业产品、鱼产品、水产品、化工产品、药品等。法国从科特迪瓦进口值达 7.72 亿欧元，进口的产品主要是农产品、可可、咖啡等。

法国在科特迪瓦的主要企业为跨国企业的分支机构，共有约 140 家跨国企业，雇用员工达 4 万人。此外，还有近 500 家法国中小企业根据当地的法律而设立，在撒哈拉以南非洲，在科特迪瓦设立的法国中小企业最多。这些中小企业主要是农产品企业、食品加工企业以及能源企业，分布于科特迪瓦各大城市。2016 年 5 月，在阿比让举办了"首届中部与西部非洲地区法非事务论坛"，法国企业组织主席皮埃尔·加塔兹出席论坛，同时参会的还有来自法国的 190 多名企业家。

（三）发展援助

法国是科特迪瓦最大的发展援助提供国。自 2009 年以来，法国通过其国际性援助机构对科特迪瓦的债务进行了减免，提供了大量的资金支持，以帮助科特迪瓦早日走出政治军事危机。2009 年 5 月 15 日，法国与科特迪瓦签订了重新调整债务的双边协议；2009 年 12 月 9 日，法国与科特迪瓦签订了一份新的双边协议，减免了科特迪瓦 4.55 亿美元的债务，分别对 6.97 亿美元和 22 亿美元的债务偿还进行了延期。

2012 年 6 月，科特迪瓦达到了重债穷国减债计划水平。2012 年，法国与科特迪瓦签订了一份双边协议，一方面旨在直接减免科特迪瓦 9.13 亿欧元的商业借贷债务；另一方面希望通过双边"发展与减债合同"减免科特迪瓦 29 亿欧元的债务。而这份"发展与减债合同"的主要目标是对可行并且有利的发展项目提供资金支持。实际操作规则是，一旦到期债务还清之后，法国立即给科特迪瓦的其他发展项目提供资金支持，法国开发署负责实施执行。第一份"发展与减债合同"设定的援助期限为2012～2015 年，资金达 6.3 亿欧元，其中 1 亿欧元是用于科特迪瓦的国家财政预算。这份"发展与减债合同"主要援助 6 个领域：交通基础设施（1.53 亿欧元），教育、培训和就业（9300 万欧元），水资源（8600 万欧元），医疗卫生（7650 万欧元），农业和乡村发展与生态多样性保护（7900 万欧元），司法建设（2300 万欧元）。法国对科特迪瓦水资源领域的援助尤具成效，解决了 58 万名科特迪瓦人的饮用水问题，并为 2000 名青年解决了就业问题。第二份"发展与减债合同"的期限是 2015～2020 年，金额达 11.25 亿欧元，于 2014 年 12 月 3 日由法国外长洛朗·法比尤斯与科特迪瓦总理共同签订。这份援助合同在第一份援助合同的基础上延续，涉及的重点领域包括：城市发展，行政权力下放，水资源和卫生整顿（1.95 亿欧元），教育、培训和就业（1.91 亿欧元），交通基础设施（1.91 亿欧元），农业和乡村发展与生物多样性保护（1.22 亿欧元），医疗卫生和社会保障（6800 万欧元），司法建设（800 万欧元）。另外，还有 3.35 亿欧元是对科特迪瓦国家预算和国库的援助。

实际上，在科特迪瓦 2002～2011 年国内政治危机期间，由于法国的债务得不到正常的偿还，法国开发署一度取消了对科特迪瓦的援助。2011 年 4 月，就在科特迪瓦刚刚走出危机的时候，法国为科特迪瓦提供了 3.5 亿欧元的特别资金援助借贷，另外提供 5000 万欧元作为对私人借贷的保证金。而在这一阶段，科特迪瓦人均年毛收入仅为 1380 美元，世界银行预测科特迪瓦的公共债务将会持续增加。但是，即使在科特迪瓦国家危机期间，法国开发署也没有停止对科特迪瓦私有行业的援助，尤其是对中小型企业的援助。法国经合投资公司是法国开发署下属的一个专门针对私有企业进行投资援助的机构，从 2008 年以来，该机构在能源、银行、农用工业和基础设施方面进行了投资，受益企业达 12 家。2013 年，法国与科特迪瓦的合作更加密切和具有创新性，并且法国对科特迪瓦减免了 99.5% 的债务，约 24630 亿西非法郎。其他国家如比利时、加拿大、中国、美国、意大利和英国等也再次承诺对科特迪瓦的债务进行减免。

在科特迪瓦危机期间，法国文化中心处于关停的状态。利用关停的机会，法国对科特迪瓦的法国文化中心进行了大幅度的翻修。2014 年 12 月，法国文化中心重新对外开放。法国使馆通过第 185 号项目在 2015 年为法国文化中心拨付的经费为 73 万欧元，主要用于高等教育奖学金发放，对法国文化中心、法语联盟以及和科学研究的支持。

同样，法国使馆的第 209 号项目规划了 4.3 万欧元用于两国政府的合作。

二 与欧盟的外交关系

自 1961 年开始，科特迪瓦就与欧盟保持着密切的政治和经济关系。《科托努协议》的签订正式确立了它们的双边政治与经济关系。为更好地帮助科特迪瓦减贫，使其逐渐融入非加太国家集团，这份协议先后在 2005 年和 2010 年进行了两次修订。

在政治上，尽管科特迪瓦历经政治军事危机，政府数次更迭，但欧盟与科特迪瓦的双边关系始终保持在持续、互相尊重和利益共享的基础之上。欧盟也积极为科特迪瓦的和平和民主发展、政府稳定与国际经济增长、科特迪瓦在西非地区的经济地位提供帮助。

在经济方面，欧盟是科特迪瓦第一大贸易伙伴，同时也是科特迪瓦私有领域最大的投资方。科特迪瓦被欧盟视为西非国家经济共同体地区的经济发展引擎，同时也和加纳一起被视为西非经济货币联盟的轴心国。在经济贸易方面，2008 年 11 月 26 日，欧盟与科特迪瓦签订了一份《经济合作临时协议》。2014 年，在经历了长达 10 年的谈判之后，欧盟与西非国家经济共同体 15 个成员国、毛里塔尼亚、西非经济货币联盟签订了《地区合作协议》，与科特迪瓦相关的协议条文在 2016 年 8 月 12 日进行了修订，并于 2016 年 9 月 3 日试行。在这份协议的框架下，同时在欧盟的帮助下，科特迪瓦政府制定并实施了《区域一体化与商贸支持规划》。这份规划将有助于科特迪瓦改善贸易环境、加强企业竞争力和促进商贸发展。此外，在 2007 年 7 月 1 日至 2013 年 6 月 30 日，科特迪瓦还与欧盟达成了一份在渔业领域的合作协议。科特迪瓦与欧盟的经济贸易合作从 2010 年的 31567 亿西非法郎增长到 2015 年的 46534 西非法郎，在 5 年内增长了 47%。根据西非经济货币联盟的数据，2014 年，在科特迪瓦商贸交往中位居前列的国家主要有法国、荷兰、英国和卢森堡。2014 年在科特迪瓦直接投资前十位国家的投资资金达 1180 亿西非法郎，即占科特迪瓦外来投资总额的 56%。

在技术与金融合作方面，2016 年，欧盟成为科特迪瓦最为重要的技术合作伙伴，涉及基础设施建设、政府治理、性别平等、医疗卫生、农业、能源以及人道主义援助等方面。其中，通过《2014～2020 年国家资助规划》，欧盟为科特迪瓦提供 2.73 亿欧元援助，主要集中在三大领域：6000 万欧元用于科特迪瓦国家政权与和平的巩固，6000 万欧元用于科特迪瓦农业和食品领域发展，1.39 亿欧元用于科特迪瓦能源的开发。此外，欧洲发展基金还为科特迪瓦的一些特殊领域提供援助，如人权保护、民间社会组织以及地方治理等。这些援助都是以科特迪瓦"2016～2020 年国家发展计划"框架为导向。2016 年 7 月 21 日，科特迪瓦与欧盟及其成员国签订了一份《关于 2016～2020 年民间社会组织改革协议》，协议的内容主要集中在三个领域：积极为民间社会组织的发展营造良好的环境，在民间社会组织、政府以及国际合作机构三者之间建立起积极有效的对话机制，促使民间社会组织和机构成为社会与公民治理的积极因素。欧盟通过其非政府组织的引领和采取积极措施帮助科特迪瓦民间社会组织发展，以进一步促进科特迪瓦民间社会组织积极参与国家的政治、经济、社会和环境等方面的发展对话。至今，欧盟通过与非政府性民间社会组织的合作，已经建立起积极有效的对话与交往机制，尤其是关于人权保护、人文基本需求评估、民主推进与政府管理等方面的问题。这些民间社会组织在这些领域的发展起着至关重要的作用。在人道主义方面，欧共体人道主义援助司为科特迪瓦政治军事危机和自然灾害造成的难民提供了大量的帮助。欧盟对外行动署统计数据显示，2010 年 12 月，欧盟为科特迪瓦及其周边国家危机后出现的难民提供了 400 亿西非法郎的援助，难民在医疗、食品、饮水、住宿等方面得到人道主义援助。

三 与俄罗斯的外交关系

俄罗斯与科特迪瓦建交已久。早在非洲独立浪潮时期，苏联承认新独立的国家，并在 1967 年就与科特迪瓦建立了外交关系，2017 年是两国建交 50 周年。早期苏联对科特迪瓦的主要援助是对其干部进行培训，以帮助其发展，莫斯科的卢蒙巴大学①便是在这种历史背景下由苏联出资建立，帮助科特迪瓦培训干部。但两国关系很快受到政治与意识形态的影响，科特迪瓦首任总统博瓦尼决定将两国关系暂时搁置，达近 17 年，直到 1986 年，科特迪瓦对政治形势判断有所改变，两国才重启正常外交关系，至今已有 30 余年。俄罗斯一直将科特迪瓦视为西非地区的重要国家，通常在联合国行动框架下帮助科特迪瓦人民。俄罗斯对科特迪瓦的援助主要集中于高等教育教职人员的培训、为科特迪瓦提供国家奖学金。2016 年俄罗斯联邦为科特迪瓦提供的奖学金达 30 多份，增加了受惠人员的数量。科特迪瓦赴俄罗斯留学的人员中也有自费的人员。2015 年，共有 120 名留学生赴俄罗斯自费留学。俄罗斯也非常重视这些留学人员，并视这些留学生为俄罗斯在科特迪瓦的民间大使，他们为未来科俄关系的发展带来新活力和新机遇。

在经济方面的合作，尽管双方都在尝试、努力，但相对有限，主要原因在于科特迪瓦经济市场竞争激烈，很多项目一直被传统的西方合作商占据，而这些老合作伙伴不会轻易让新成员加入。2015 年，科特迪瓦对俄罗斯的出口额为 2 亿美元，而从俄罗斯的进口额仅为 4200 万欧元。另外，两国也有意在文化和体育方面开展合作。在旅游方面，双方均有意进一步吸引对方游客。在体育方面，俄罗斯对科特迪瓦的体育尤为欣赏，并且期待在足球训练方面有一些合作。但实际上，科特迪瓦赴俄罗斯的人数相对较少，平均每年发放 500 份签证，大部分是赴俄罗斯学习，仅有 200 份左右为旅游签证。在应对西非地区反恐形势方面，俄罗斯尊重西非地区的国家主权原则，并在此基础上与科特迪瓦分享反恐经验和进行反恐人员培训。2019 年 10 月 24 日，瓦塔拉携夫人赴俄罗斯参加俄非峰会，瓦塔拉在俄非峰会开幕式上的发言重点强调与俄罗斯加强军事合作尤其是萨赫勒地区的反恐合作。

---

① 卢蒙巴大学在 1993 年更名为"俄罗斯人民友谊大学"。

第三节　美洲地区

一　与美国的外交关系

美国在科特迪瓦独立之初便与其建立了友好外交关系。美国与科特迪瓦的双边关系虽然没有法国与科特迪瓦的关系密切，但美国也是科特迪瓦交好和重要的合作伙伴之一。1983 年，科特迪瓦总统博瓦尼首度访问美国华盛顿；1986 年，美国前国务卿乔治·舒尔茨访问阿比让。在科特迪瓦政治军事危机期间，两国外交关系受到一定影响，甚至停滞。但危机结束之后，两国关系迅速回升。2011 年 7 月 26～30 日，科特迪瓦总统瓦塔拉应美国总统奥巴马的邀请赴美国进行访问，两国关系进一步增强，尤其是在以下几个方面。第一，2011 年 10 月 27 日，协助科特迪瓦入选《非洲增长与机遇法案》。第二，协助科特迪瓦入选美国制订的"千年挑战计划"，为科特迪瓦的减贫与发展提供帮助。入选该计划的基本条件为政府治理能力良好、经济开放、对人力资源方面有投资等。援助方式主要是捐赠、基础设施建设、人力资源发展、政府治理、市场进入与容量的增强等。第三，美国还重新启动"美国国际开发署合作计划"。这一计划主要帮助发展中国家增加出口、创造就业和增加投资。第四，2013 年 2 月 1日，科特迪瓦成为重债穷国减债计划国家之一，美国与科特迪瓦签订协议，减免科特迪瓦对美国的 2.14 亿美元债务。第五，2012 年 10 月，在纽约，科特迪瓦与美国共同创设了科特迪瓦－美国商贸理事会，旨在促进美国在科特迪瓦的投资。第六，美国还针对科特迪瓦艾滋病问题设立了一个金额达 530 亿美元的预防艾滋病项目，该项目包含设立一个艾滋病研究中心，而该研究中心的设立就达 40 亿美元，位于特雷什维尔的大学医疗中心。当今，美国是科特迪瓦医疗卫生领域第一大外来投资方，尤其是预防艾滋病方面。

在民主政治、法制建设和人权方面，美国也给予了大力的支持。2015年，美国对科特迪瓦独立选举委员会进行了大力的技术支持。在私企领

域，美国同样也给予了巨大的支持。2015 年，美国与科特迪瓦的商贸往
来及直接投资达 14.1 亿美元。其中商贸往来达 12.9 亿美元，直接投资达
1.12 亿美元。与 2010 年比，略升了 5%，相比 2008 年则略升了 6%。
2016 年 8 月 7 日，科特迪瓦与美国政府签订了"开放天空"协议，成为
第 27 个与美国签订该协议的国家。

二 与加拿大的外交关系

科特迪瓦与加拿大的外交关系始于 1962 年，两国关系自建交以来一
直密切友好。1970 年，加拿大在阿比让设立大使馆，1972 年，科特迪
瓦在加拿大渥太华设立大使馆。两国在联合国和法语国家组织等国际机
构中的合作尤其密切。2017 年，科特迪瓦将成为第七届国家法语节的主
宾国。

在科特迪瓦长达十年的政治军事危机期间，两国关系陷入低谷，但在
危机结束之后，两国在政治、外交和经济方面的互访频繁。其中，在经济
方面，2013 年 9 月 10~12 日，魁北克外交、外贸和法语推广部部长让·
弗朗索瓦·李泽访问科特迪瓦。2013 年 10 月 2~5 日，"非洲-加拿大国
会议员协会"访问科特迪瓦，主要目的在于帮助科特迪瓦推进国内和平
与国家的重建。2013 年 9 月 25~29 日，科特迪瓦总理、经济与财政部长
同赴加拿大蒙特利尔参加第六届"非洲论坛"。2013 年 10 月 7~8 日，加
拿大前总督兼渥太华大学校长访问阿比让，增强加拿大渥太华大学与科特
迪瓦博瓦尼大学在留学交流、人员培训和科研等领域的合作。

科特迪瓦与加拿大签订了多项商贸协议。1983 年，两国签订了《双
重课税协议》；1987 年，两国签订了《航空运输协议》；2015 年，两国签
订了《促进和保护外国投资的协议》。至今，科特迪瓦与加拿大商贸交往
频繁，尤其在航空航天、农业、石油和天然气领域。2015 年，加拿大出
口到科特迪瓦的产品金额达 6790 万美元，而加拿大从科特迪瓦进口的产
品金额达 3.037 亿美元，商贸交易总额达 3.716 亿美元。加拿大出口到科
特迪瓦的产品主要为飞机、航空运输工具及其零配件、谷物（以小麦为
主）、汽车交通工具及其零配件、肥料、肉类等；科特迪瓦出口到加拿大

的产品主要是石油、可可、矿产及矿产提炼产品、橡胶及橡胶产品、木材及木制品、水果和可食用果仁等。

在文化教育领域，2015年，有1054名科特迪瓦学生获得赴加拿大留学的资格。在人文援助与发展方面，2014~2015年，加拿大对科特迪瓦的援助达3.052亿美元。与科特迪瓦密切合作的主要有加拿大国际发展合作公司、加拿大人权教育国际中心、卡普拉国际公司。

三 与拉丁美洲国家的外交关系

（一）与巴西的外交关系

科特迪瓦与拉丁美洲国家的合作主要在南南合作框架下进行。巴西与科特迪瓦在气候、农业和矿产资源等方面有着高度的相似性。科特迪瓦与巴西在1969年8月12日建立了外交关系，双方在经济、文化、体育、技术和科学等多个领域签订了10多项合作协议。早在20世纪80年代，巴西在养殖、农用机械、大豆种植等方面就为科特迪瓦提供了大量的援助。然而，两国关系发展在20世纪80年代中后期开始变得缓慢，例如曾经在科特迪瓦极为活跃的巴西雷亚尔银行和巴西银行先后关闭。另外，巴西航空公司科特迪瓦航线在科特迪瓦也遭到关停。

近几年来，两国期待重新开通连接两国的民用航空航线，在体育、培训、能源和农用工业领域也进一步增强了经验交流。在商贸领域，两国期待加强国事访问，签订经贸合作协议，重振两国的商贸交往，并力争使双边贸易回到20世纪80年代的水平。2013年2月22日，科特迪瓦总统瓦塔拉在赤道几内亚首都马拉博参加第三届"南美－非洲国家峰会"期间，会见了巴西总统迪尔玛·罗塞夫，进一步促进了两国关系的发展。

2012年，两国商贸交往达1003.282亿西非法郎，科特迪瓦出口到巴西的产品以可可、带壳的干腰果及湿腰果、经技术处理的橡胶产品为主，这些产品占出口总额的80%。

（二）与墨西哥的外交关系

科特迪瓦与墨西哥的外交关系于1975年11月13日建立。1981年，科特迪瓦在墨西哥建立大使馆。然而，1990年，由于经济原因，科特迪瓦单方关停在墨西哥的使馆。1989 年 10 月 5 日,科特迪瓦共和国与墨西哥联邦政府签订关于教育和文化领域的合作协议;1999 年 10 月 5 日,两国签订了一份谅解备忘录。除此之外,双边还签署了文化与教育合作协议,以及在农业、环境保护和商贸保护方面的合作协议。2004 年,科特迪瓦与墨西哥重启外交关系,主要基于经济方面的原因和希望在拉丁美洲建立关系据点。

科特迪瓦与墨西哥的商贸交往相对较少,并且极不平衡。2012 年,双边贸易的 86% 是科特迪瓦出口产品到墨西哥,科特迪瓦对墨西哥的出口贸易总额为 2900 万 ~310 亿西非法郎,出口产品主要为科特迪瓦的毛蚕豆和未去脂的可可膏。科特迪瓦与墨西哥的进口贸易总额则为 6.94 亿 ~17 亿西非法郎,主要为科特迪瓦购买墨西哥的矿物燃料。未来科特迪瓦将进一步稳固与墨西哥的外交关系,加强双边的经贸合作。2014 年 11 月,墨西哥参议员与科特迪瓦大使召开双边会议,商讨进一步增强两国的经济与贸易合作。2015 年,两国商贸交易总额达 1.038 亿美元,科特迪瓦出口至墨西哥的产品主要为可可、坚果、扁桃仁等;墨西哥出口至科特迪瓦的主要是石油。2016 年 2 月,墨西哥国立自治大学为科特迪瓦小说家贝尔纳·达迪耶的非洲现代文学作品颁发"联合国教科文——墨西哥国立自治大学海梅·托雷斯·博德国际大奖"。

除此之外,科特迪瓦与委内瑞拉、玻利瓦尔共和国也建立了良好的外交关系,科特迪瓦积极派遣代表团赴委内瑞拉考察,并已经准备好与对方签订在农业、能源、经济、环境、医疗卫生、科学以及文化领域等新的合作协议。

第四节　亚洲地区

一　与中国的外交关系

(一) 政治关系

中国与科特迪瓦于 1983 年 3 月 2 日建交。建交以来,两国关系发展

顺利。1983 年 8 月 30 日，中国在阿比让设立大使馆，1984 年 2 月 23 日，中国驻科特迪瓦首位大使祝成才向科特迪瓦总统递交国书；1984 年 1 月，科特迪瓦驻北京大使馆正式成立，首任驻华大使蒂耶梅莱·阿穆瓦孔于 1984 年 6 月 5 日递交国书。

表 8 - 1　中科驻对方国家大使情况

中国历任驻科特迪瓦大使		科特迪瓦历任驻华大使	
1984 年 2 月 ~ 1988 年 3 月	祝成才	1984 ~ 1991 年	蒂耶梅莱·阿穆瓦孔
1988 年 5 月 ~ 1993 年 8 月	蔡再杜	1991 ~ 1993 年	阿内·纳南·科里亚博
1993 年 9 月 ~ 1999 年 3 月	刘立德	1993 ~ 1997 年	帕特里斯·阿诺
1999 年 4 月 ~ 2003 年 11 月	赵宝珍	1997 ~ 2006 年	克拉默·科南
2003 年 11 月 ~ 2007 年 7 月	马志学	2006 ~ 2014 年	阿兰·尼凯斯·帕帕奇·科菲
2007 年 11 月 ~ 2012 年 1 月	魏文华	2014 年 9 月至今	阿达马·多索
2012 年 2 月 ~ 2015 年 6 月	张国庆		
2015 年 7 月至 2019 年 5 月	唐卫斌		
2019 年 5 月至今	万黎		

在双边政治往来方面，近年来中国的重要往访有：2014 年 5 月，中国海军第 16 批护航编队抵达阿比让港，对科特迪瓦进行为期 3 天的友好访问；2015 年 3 月，外交部副部长张明访问科特迪瓦；2015 年 12 月，瓦塔拉总统在出席中非合作论坛约翰内斯堡峰会期间，出席了习近平主席主持的早餐会；2016 年 1 月，全国政协副主席王家瑞访问科特迪瓦；2016 年 4 月，全国政协主席俞正声访问科特迪瓦；2017 年 5 月，中国外交部长王毅对科特迪瓦进行正式访问；2018 年 10 月，外交部长助理陈晓东访问科特迪瓦；等等。

近年来，科特迪瓦重要来访有：2012 年 7 月，总统阿拉萨内·瓦塔拉出席中非合作论坛第 5 届部长级会议开幕式；2013 年 11 月，国民议会议长索罗·纪尧姆访问中国；2014 年 5 月，宪法委员会主席弗朗西斯·沃迪埃访问中国；2014 年 11 月，外长夏尔·科菲·迪比访问中国；2017 年 5 月，科特迪瓦经社理事会主席迪比访问中国；2018 年 8 月科特迪瓦总统瓦塔拉对华进行国事访问并出席中非合作论坛北京峰会；等等。

（二）经贸关系

1984 年和 1996 年，两国政府先后签署贸易协定。中国投资开发贸易促进中心于 1997 年 12 月在阿比让开业。与欧盟相比，中国与科特迪瓦的贸易交往相对不足。尽管如此，2014 年，中国仍然是科特迪瓦第三大贸易伙伴，占科特迪瓦外贸市场份额的 6.9%，仅次于尼日利亚（29.5%）和法国（16.8%）。中科双边贸易总额从 2009 年的 300 多万美元，增长到 2013 年的 12.13 亿美元。其中，2013 年中方出口 9.56 亿美元、进口 2.57 亿美元。2014 年，双边贸易额为 14.4 亿美元，其中中方出口 12.2 亿美元、进口 2.2 亿美元。2015 年 1～9 月，双边贸易额为 11.9 亿美元，同比增长 16.9%。其中，中方出口 10.8 亿美元，同比增长 25.4%；进口 1.1 亿美元，同比增长 28.8%。根据中国驻科特迪瓦大使馆官网公布的数据，2018 年，中国与科特迪瓦双边贸易额为 21.4 亿美元，同比增长 15.9%。其中，中方出口 18.9 亿美元，同比增长 15.9%；进口 2.5 亿美元，同比增长 60.8%。中方主要出口化工产品、钢材、建材等，进口农产品、锰矿石、木材等。双边贸易中，科特迪瓦贸易多为逆差。2019 年，中国已成为科特迪瓦第一大进口来源国和第三大双边贸易伙伴，两国合作项目众多。未来几年科特迪瓦期待同中国在农产品加工、信息通信技术、工业园区、纺织业、人力资源培训等领域加强合作，希望更多中国企业来科特迪瓦投资兴业。

（三）技术合作与对科援助

在资金援助方面，从 1986 年至 2013 年 4 月，除中国进出口银行的借贷，中国对科特迪瓦捐赠形式的援助共计 5.10 亿元人民币（约合 428.40 亿西非法郎）。其中，仅 2011 年至 2013 年 4 月，中国对科特迪瓦援助金额就达 2.95 亿元人民币（约合 247.80 亿西非法郎）。除此之外，2010 年 10 月以来，中国还向科特迪瓦众多机构捐赠设备。

从 1986 年至 2013 年 4 月，中国政府以免息借贷形式向科特迪瓦借贷 6.84 亿元人民币（约合 657.56 亿西非法郎），其中原本于 2009 年 12 月 31 日到期的 7500 万元人民币（约合 63 亿西非法郎）债务得到中国政府的免除。而从科特迪瓦政治军事危机结束以来，中国政府向科特迪瓦提供了 5000 万元人民币（约合 42 亿西非法郎）免息借贷。

科特迪瓦

　　除此之外，2012 年以来，中国进出口银行与科特迪瓦签订了三份重要的商业借贷合同。2012 年，中国进出口银行与科特迪瓦签订两份借款协议，一份资金达 620 亿西非法郎，另一份达 420 亿西非法郎。其中，第一笔贷款用于建造阿比让—大巴萨姆高速公路；第二笔贷款则用于阿比让供水一期项目，即从博努阿含水层取饮用水至阿比让。2013 年 1 月中国进出口银行与科特迪瓦签订了一份金额达 3000 亿西非法郎的借贷协议，用于建造苏布雷水电站。

　　2014 年 3 月 19 日，中国政府向科特迪瓦赠送了价值达 1600 万元人民币（约合 16 亿西非法郎）的办公用品与办公交通工具；2014 年 9 月 23 日，中国向科特迪瓦无偿捐赠价值达 500 万元人民币（约合 4.10 亿西非法郎）的物资，用于抗击埃博拉疫情。

　　在技术项目合作方面的援助，建交以来，中国为科特迪瓦基础设施建设、教育培训、农业发展、医疗卫生等领域提供了多方面的援助。例如，阿比让文化宫，20 世纪 90 年代末由中国援建，2015 年 6 月翻新完成；科特迪瓦迪沃省的格格杜 442 公顷水稻技术试验基地（1999 年由中国援建）；亚穆苏克罗的"议员之家"大厦，于 2006 年竣工；科特迪瓦外交部多功能会议厅于 2007 年竣工；科特迪瓦外交部办公大楼的翻新于 2014 年开工，2016 年底竣工；中国－科特迪瓦疟疾防治中心修复，2009 年挂牌，2015 年修复完成后移交科卫生部；科特迪瓦阿尼亚马精英学校修缮，2009 年建成，2016 年完善；大巴萨姆精英高中（又译"科特迪瓦精英学校"），2017 年 11 月开工，2019 年 5 月竣工。

　　中科两国在建的合作项目有：太阳能照明示范项目，建立亚穆苏克罗农学院、科霍戈农学院两所农业培训学校，建立奥林匹克体育场（2016 年开工），苏布雷水电站，阿比让—大巴萨姆高速公路，阿比让供水一期项目，电网扩张项目，中国和科特迪瓦住房建设与管理公司的社会性住房合作项目，科特迪瓦西部地区杂交水稻种植项目，科特迪瓦政府电子政务网二期工程，科特迪瓦卫星电视"万村通"项目，科特迪瓦铁比苏—布瓦凯高速公路项目，阿比让四桥项目，国家电网发展和改造项目，PK24 工业园项目，科特迪瓦新城（房地产）项目，等等。

（四）文化与教育合作

中国与科特迪瓦于 1992 年签署文化合作协定。2004 年 10 月，科特迪瓦文化部长梅苏·马兰来华出席在上海举行的"世界文化政策论坛部长级年会"，并率科特迪瓦艺术团参加了上海宝山国际民间艺术节。2012 年 6 月，科特迪瓦文化与法语国家事务部长莫里斯·夸库·班达曼来华出席中非合作论坛—文化部长论坛会议。2013 年 2 月，为庆祝中科建交 30 周年，中国南京市艺术团赴科访演。

在教育方面，中国自 1985 年开始接收科特迪瓦留学生。中国每年为科特迪瓦提供一定名额的学位教育奖学金。2014 年，科特迪瓦共有 13 名学生获得中国政府奖学金。截至 2017 年底，中国共接收 298 名获得中国政府奖学金的科特迪瓦学生。2014 年，近 200 名科特迪瓦官员赴中国接受各类专业培训。2015 年 5 月，阿比让博瓦尼大学孔子学院正式挂牌成立。2018 年 2 月，为庆祝中科建交 35 周年，河南省艺术团赴科特迪瓦访问演出。2018 年 8 月，中科签署关于互设文化中心的协定。2019 年 1 月，东方歌舞团赴科特迪瓦访问演出。未来，科特迪瓦期待与中国进一步加强在高等教育、科研和职业培训等领域的经验交流及务实合作。

二 与日本的外交关系

日本在 1960 年 8 月 7 日承认新成立的科特迪瓦，1961 年，两国建立了外交关系。1964 年 2 月 22 日，日本在科特迪瓦设立的大使馆正式对外开放。几十年来两国一直保持友好的外交关系。日本与撒哈拉以南非洲国家发展关系的一个重要平台是其主办的非洲开发会议，该平台建立于 1993 年。日本期待通过这个平台为撒哈拉以南非洲国家提供资金和技术方面的援助，以帮助撒哈拉以南非洲实现发展。第 1 届非洲开发会议在日本东京召开，日本每五年举办一次，面向其所有的非洲合作伙伴。面对激烈的竞争，日本首相安倍晋三一再强调日本所提供的合作条件的"质量"，并有意在城市规划、医疗卫生、能源、水净化以及自然灾害预防方面加强合作。

2008年，双边贸易方面，科特迪瓦出口至日本的商品金额达16.2亿日元，出口的主要商品为可可油、可可豆、可可粉等。科特迪瓦自日本进口的商品金额为54.1亿日元，进口的主要商品为钢铁冶金产品、水泥、汽车等。

两国高层互访频繁。2012年11月12日，日本外务省官员冈村善文访问阿比让。2013年2月7日，日本国际协力机构副主席黑川恒男访问阿比让。2013年，日本外务大臣代表松山政司参加了第20届非盟峰会以及援助马里国际行动捐助者会议。2013年12月1～3日，日本外务省官员河野章在阿比让进行访问。在第5届非洲开发会议举办之际，科特迪瓦总统瓦塔拉带领包括外交部长迪比在内的6位部长在日本横滨进行访问。

科特迪瓦总统瓦塔拉访问日本之后，两国关系进一步升温，随后，2014年1月，日本首相安倍晋三访问科特迪瓦，对科特迪瓦进行了债务免除，提供了各种形式的捐助，对科特迪瓦的基础设施项目等提供资金支持，并且对科特迪瓦的森林保护和应对气候变化提供帮助。

2016年5月1～3日，40多位日本商人齐聚阿比让，主要来自三菱商事、丰田通商、小松集团、住友商事、三井集团、大成建设、东洋建设、东芝等跨国集团，为科特迪瓦基础设施投资和科技发展带来新机遇。在基础设施建设方面，日本计划对科特迪瓦的支持达440亿美元，主要包括建设粮食转运港口（6800万美元）、矿物航空转运港（1.27亿美元）、航空城（20亿美元）、阿比让第二条地铁线（3.382亿美元），并且将原来2000千米的光纤到2017年底扩展到7000千米。

2010～2015年，日本对科特迪瓦的资金援助达4.47亿美元。在双边贸易方面，2010年为1.6亿美元，2015年则达到了2.1亿美元，五年内增长了31.25%。

2019年10月22日，瓦塔拉夫妇赴日本参加日本第126代新天皇即位仪式。

三 与韩国的外交关系

韩国与科特迪瓦于 1962 年建立外交关系,科特迪瓦也是韩国第一个建交的非洲大陆国家。2016 年,两国建交 55 周年。几十年以来,两国一直保持友好外交关系。

2005~2009 年,韩国对科特迪瓦的直接援助达 36.05 亿西非法郎,主要用于教育、医疗卫生、资金支持以及技术人员培训等。2009 年以来,韩国将对科特迪瓦的援助重点放在减贫方面,尤其是一些大型、受益面广的项目,如建造大坝、流行病预防方面,重点支持矿产和能源的开发。2014 年,科特迪瓦总统瓦塔拉访问韩国,两国关系进一步升温。2014 年,韩国与科特迪瓦在首尔举行首届经济论坛;第 2 届经济论坛于 2015 年 12 月 1 日在阿比让举行。该经济论坛主要由韩国驻科特迪瓦大使馆与韩国投资促进会及科特迪瓦投资促进中心共同举办。2012 年韩科双边贸易额达 1.2 亿美元,2015 年上升至 2.3 亿美元。2016 年 2 月,韩国投资促进会在阿比让开设办事处。

四 与朝鲜的外交关系

科特迪瓦与朝鲜于 1983 年建立了外交关系。2007 年,科特迪瓦向朝鲜派驻了首位大使阿兰·尼凯斯·帕帕奇·科菲。总体上,科特迪瓦与朝鲜的合作主要在科教文卫领域,尤其是在体育等领域。

五 与印度的外交关系

(一)政治关系

科特迪瓦与印度的外交关系于 1962 年 11 月 30 日建立。2000 年 4 月 25 日,科特迪瓦在印度新德里、加尔各答和孟买建立荣誉领事馆。2004 年 9 月,科特迪瓦在印度新德里派遣常驻代表团,首位驻印度的大使为吉尔贝·布勒-莱纳,第 2 任大使为扎迪·巴卡·理查德,后者于 2008 年任职。第 3 任驻印度的大使为蒂耶梅莱·塞尼,于 2011 年 11 月 1 日递交国书。印度共和国于 1979 年在阿比让开设使馆,现任印度大使拉格塔哈

里·拉文德拉于 2016 年 5 月 30 日向科特迪瓦递交国书,成为印度第 10 任驻科特迪瓦大使。在合作协议方面,两国于 1993 年 2 月 17 日签订了一份商贸协定。2006 年 8 月 4 日,两国外交部签订谅解备忘录。2014 年 1 月,在印度外交国务部长普里尼特·考尔女士访问科特迪瓦期间,两国签订了关于创建合作联合委员会协议以及两国外交部之间的谅解备忘录。

建交以来,双边高层互访频繁。近些年的双边互访,科特迪瓦高层访问印度方面,例如,2014 年 11 月 4 ~ 6 日,科特迪瓦总理达尼埃尔·卡布兰·敦坎率领代表团参加在新德里举行的世界经济论坛;2015 年 6 月 25 日至 7 月 1 日,科特迪瓦交通部长加乌苏·杜尔在印度进行工作考察,并与印度灌溉行业经济运营商举行工作会议;2015 年 10 月 26 ~ 29 日,科特迪瓦工业与矿业部长让·克洛德·布鲁率领代表团参加第 3 届印非峰会,并与印度外长苏斯马·斯瓦拉杰进行了双边会谈;2016 年 3 月 14 ~ 15 日,科特迪瓦工业与矿业部长率领代表团参加在印度新德里举行的第 11 届"印度进出口银行关于印非合作伙伴会议";等等。

印度高层访问科特迪瓦方面,例如,2015 年 5 月 18 ~ 21 日,印度乡村发展部 3 人代表团参加科特迪瓦工业与矿业部的乡村技术园项目。在此期间,印度代表团同科特迪瓦工业与矿业部、通信与邮政部、农业部、动物及渔业资源的相关部门进行了多场工作交流。2015 年 5 月 25 日,印度进出口银行行长亚都范德拉·马瑟参加非洲发展银行年度会议,受到科特迪瓦总统瓦塔拉的接见。在会谈中,瓦塔拉表示期待印度进出口银行能对科特迪瓦农业、高新技术以及能源基础设施领域提供援助。马瑟表示印度进出口银行可以帮助有意到科特迪瓦发展的印度企业进行投资。2015 年 7 月 13 ~ 16 日,印度负责饮用水及污水处理的国务秘书拉姆·克里帕尔·亚戴夫访问科特迪瓦,受到科特迪瓦总理达尼埃尔·卡布兰·敦坎,科特迪瓦外交部长迪比,科特迪瓦建设、住房、卫生设施与城市规划部长马马杜·萨诺戈等的共同接见。2016 年 6 月,印度总统普拉纳布·慕克吉访问科特迪瓦,这是印度首次国家级别的对科访问。

(二)经贸关系

印科双边贸易关系紧密。其中,科特迪瓦出口至印度的商品主要有热带水果、带树皮的原木、石油产品、纸板、加工过的可可以及去籽棉花；从印度进口的产品主要为药品、肉类、动物家禽可食用内脏、机动车、粗粮、塑料材料以及塑料制品等。

表 8－2　2011～2018 年科印双边贸易额

单位：百万西非法郎

年份	2011	2012	2013	2014	2015	2016	2017	2018
出口总值	133033	183320	125429	262947	292966	221282	193068	290903
进口总值	84565	198537	162239	275285	219955	223710	263978	277782
贸易余额	48468	－15217	－36810	－12338	73011	－2428	－70910	13121
贸易总额	217598	381857	287668	538232	512921	444992	457046	568685

资料来源：科特迪瓦外交部。

在科特迪瓦有众多的印资企业，其中仅制药企业在 2018 年就达 80 余家，在矿产领域也有不少重要的印资企业。此外，印度还是科特迪瓦腰果收购大户，科特迪瓦平均每年 50% 的腰果被印度收购。

表 8－3　科特迪瓦的主要印资企业

企业名称	经营活动
OLAM（Theodore Partheeban）	腰果贸易
LeGroupe Kohinoor Manu de Soma Manoj	腰果与鸡腰果贸易
Dharni Sampda Pvt Ltd（DSTL, Ex Taurian Group）	锰矿开采
Taurian Manganèse et Ferro Allo CI	锰矿开采
Tata Steel	铁矿床开采
King Ivoire	铁矿及非铁矿加工
Comcast	锯木厂

资料来源：科特迪瓦外交部。

（三）技术合作与援助

印非技术经济协作运动于 2004 年 3 月 1 日创建。在首届印非技术经济协作运动会议上，印度为其非洲合作伙伴提供 50 亿美元的援助。科特

迪瓦从印度进出口银行申请了两笔贷款，共计 2680 万美元其中，其中 2180 万美元用于交通运输领域，阿比让索塔公交车公司利用此笔贷款购买了 300 辆 TATA 品牌公共汽车，第一批货物于 2006 年初交货；剩下 500 万美元中，150 万美元用于购买 5 台腰果加工设备，150 万美元用于购买 1 台棕榈油生产设备，200 万美元用于购买木薯葡萄糖加工设备和 1 台油炸薯片生产设备。借款协议于 2005 年 8 月 3 日在新德里由科特迪瓦国务秘书吉尔贝·布勒 – 莱纳代理签订。

正是在印非技术经济协作运动基础之上，首届印非峰会于 2008 年 4 月 7 日在新德里举行。2011 年 5 月在埃塞俄比亚首都亚的斯亚贝巴举办了第 2 届印非峰会，在峰会上，印度政府决定出资 50 亿美元用于印非合作。

2008 年 6 月，科特迪瓦向印度进出口银行借款 2550 万美元，协议由科特迪瓦经济与财政部长迪比和印度进出口银行负责人共同签订。其中，2000 万美元用于甘地生物科技园及信息和通信技术的建设，400 万美元用于安装捕鱼设备，150 万美元用于安装可果纤维加工设备。

2010 年，科特迪瓦向印度进出口银行借款两笔。其中一笔金额为 3000 万美元，用于资助科特迪瓦内部电力连接以及科特迪瓦与马里的电力连接；另一笔金额为 3000 万美元，用于资助科特迪瓦国家水稻种植计划项目。2015 年 9 月 23 日，科特迪瓦驻印度大使蒂耶梅莱·阿穆瓦孔与印度进出口银行行长纳蒂姆·潘杰坦签订了一份 2400 万美元的借款协定，主要用于马里和科特迪瓦电力连接二期工程的建设。而用于科特迪瓦国家水稻种植计划的借款金额为 6000 万美元。

科特迪瓦政府还接受了印度政府提供的 3 项援助，主要用于以下项目：腰果加工设备建设，棕榈油生产设备建设，木薯成品与半成品（木薯淀粉、木薯葡萄糖）加工设备的建设，油炸薯片生产设备的建设（木薯、薯蓣等）。

（四）文化教育与培训合作

2008 年 6 月，印度著名艺术团在科特迪瓦文化宫进行了一场免费演出。2015 年 2 月，科特迪瓦派索特卡艺术团参加印度第 29 届克久拉霍国际艺术节。此外，印度政府"印度技术经济相助项目/英联邦援助非洲特别计划"在印度为非洲国家举办了不同领域的培训。国际旅费、住宿以及培训费全部由印度政府承担，科特迪瓦共有 500 人参加了这次培训。1997 年开始，印度政府每年有 2 份针对科特迪瓦学生的奖学金。2008 ~ 2009 学年，印度决定再追加 1 份奖学金。此外，2014 ~ 2017 年，约 1000 名科特迪瓦学生自费前往印度学习商科、管理学、信息和通信技术。

未来，两国期待进一步在以下领域拓展双边关系：矿产、石油和能源，计算机与新技术，高等教育、大学合作，汽车工业，印度机动车分销与安装线，卫生设备、药品、公立与私立医院的建设和改造，经济基础设施建设，经济适用房建设，旅游接待设施的建设与改造以及旅游职业培训，垃圾的收集与处理。科特迪瓦与印度已经就一些领域的合作签订了协议。

此外，科特迪瓦与东南亚国家及东盟国家也有贸易往来，但相对薄弱。

六 与以色列的外交关系

（一）政治关系

科特迪瓦与以色列于 1961 年 3 月建交，1973 年 11 月两国外交关系中断。1986 年两国外交关系重新确立，自此两国关系进入稳定、友好合作时期。

从 20 世纪 60 年代两国确立外交关系开始，双方签订了一系列协议。特别是 1962 年 7 月科特迪瓦总统博瓦尼在拜访以色列总理戴维·本 - 古里安期间，双边签订了多项协议，这些协议成为两国友好合作的重要机制。1961 年 2 月 15 日签订双边贸易合作条约；1962 年 5 月 7 日签订双边航空运输协议；1962 年 7 月 23 日签订友好条约、文化合作协议、技术合作协议；1965 年 1 月 20 日签订技术合作协议；1965 年 8 月 19 日签订双边贸易协议；1965 年 10 月 31 日签订农业发展框架议定书；1966 年 11 月 3 日签订双边金融议定书；1968 年 10 月 19 日以色列政府颁布关于认定科特迪瓦公民驾照的法令；2002 年双边再次签订在农业领域的双边合作协议。

政治上，两国相交甚好。建交至今高层有过数次正式访问。1987 年，

以色列外交部非洲司司长阿维塔勒在阿比让进行工作访问时，两国决定重新确定双边合作基本框架。自此以色列与包括科特迪瓦在内的发展中国家的合作主要集中在人力资源培训和技术转移两大方面。随后，两国高层在互访期间还签订了国防与安全合作谅解备忘录。中东和亚洲地区的经济发展与民主的推进受到科特迪瓦的关注。中东和亚洲国家被科特迪瓦视为传统的老朋友。2012 年 6 月，瓦塔拉对以色列进行正式国事访问，随后，以色列商贸人士赴科特迪瓦进行访问。2012 年 8 月 12 ~ 16 日，沙特阿拉伯国王阿卜杜拉·本·阿卜杜勒 – 阿齐兹·阿勒沙特邀请瓦塔拉参加在以色列举办的伊斯兰合作组织峰会第四届伊斯兰特别会议。在参加此次会议期间，瓦塔拉与该组织的多个成员国首领会面，共同研究了1000 亿西非法郎经济合作协议，其中包括建设长达 134 公里的本贾利—奥迭内沥青交通干线，这条干线将来可以打通与邻国几内亚的连接。另一个项目是关于途经亚穆苏克罗、布瓦凯和费尔凯塞杜古 3 个城市的输油管道的建设。

（二）经贸、技术与文化合作

2001 年之前，科以的双边贸易以科特迪瓦顺差为主。但科特迪瓦发生政治军事危机后，两国的经贸交往近乎停滞。2007 年 11 月 12 ~ 23 日，科特迪瓦驻以色列大使馆首次在以色列举办"以色列、约旦与土耳其经促会"。科特迪瓦由能源与矿产部长莱昂·莫内率领的官方代表团与 20多家金融经济和技术机构、科特迪瓦投资促进中心、科特迪瓦国家技术研究与发展所、刚果中央银行等参与了此次活动。

在农业和畜牧业领域，根据 1965 年和 2002 年签订的两份双边协议，两国的合作主要是人员培训、对年轻农业经营者创业的扶持以及与农业和畜牧业生产相关的科学研究合作。1963 ~ 1964 年，在以色列的帮助下，科特迪瓦建立了 6 个农业站。1998 年，两国签订了一份关于对科特迪瓦农业土壤施肥与保护的协议，但最终以色列没有兑现承诺。至今，两国高层仍重点关注在农业领域的合作。

在技术领域，两国合作取得丰硕成果。从 1995 年开始，有超过 1000名科特迪瓦实习生在本国或以色列参加以色列提供的农业、医疗、工会等领域的培训或进修。以色列甚至接收部分科特迪瓦患者到以色列耶路撒冷的哈达萨医学中心接受治疗。除此之外，以色列与德国的合资企业在科特迪瓦圣佩德罗建立了一家沥青工厂，以色列控股的一家科特迪瓦市政工程公司对圣佩德罗港口的安保装置和设备进行了翻新。

科特迪瓦仍然期待在森林资源、水资源、中小企业、医疗卫生、信息和通信技术、科学研究、青少年就业、体育、手工业和旅游等领域进一步加强与以色列的技术合作。

七 与土耳其的外交关系

（一）政治关系

科特迪瓦与土耳其于 1998 年建立外交关系。建立外交关系以来，两国在经济与技术、商业以及航空服务等领域签订了双边协议。2008 年 8 月 18~20 日，科特迪瓦参加了在伊斯坦布尔举办的首届土耳其－非洲峰会。2009 年 7 月 7 日，阿里·卡亚·萨维作为土耳其共和国首任驻科特迪瓦大使递交了国书，但其官邸位于塞内加尔。亚尔辛·卡亚·埃朗索瓦则是首位官邸位于科特迪瓦的土耳其大使。他于 2010 年 1 月 5 日至 2014 年 7 月驻科特迪瓦担任大使。现任大使埃斯拉·德米尔女士于 2014 年 7 月 25 日向瓦塔拉递交国书。2013 年，土耳其合作与协调局在阿比让设立办事处。土耳其航空公司也在 2013 年开设阿比让—伊斯坦布尔航线。而科特迪瓦最早负责土耳其外事的使馆位于以色列第二大城市特拉维夫。2013 年，科特迪瓦才正式在土耳其本土即首都安卡拉设立大使馆，科特迪瓦首任大使雅库巴·阿塔于当年 2 月 18 日递交国书。

（二）文化合作与援助

土耳其为科特迪瓦提供奖学金和职业进修培训。2013 年 9 月 26 日，土耳其向科特迪瓦阿比让心脏病研究中心捐赠价值达 800 亿西非法郎的医学设备，同时赠送了救护车。2013 年 10 月 10 日，土耳其第三大城市伊兹密尔向科特迪瓦捐赠 10 万美元用于建造班热维尔妇幼医院。此外，在安全领域，土耳其还向联合国驻科特迪瓦维和部队派兵，为科特迪瓦警察提供快速行动技术培训，同时还捐赠了警务物资。

（三）经贸关系

自 1998 年两国建立外交关系以来，双边经贸关系不断加强。双边贸易额 2004 年为 343.68 亿西非法郎，2006 年为 392.23 亿西非法郎，到 2007 年增长到 581.91 亿西非法郎。2013 年，两国双边贸易总额上升至 1000 亿西非法郎。科特迪瓦出口至土耳其的产品中咖啡及其衍生产品占 95%，还有橡胶、木材等；科特迪瓦从土耳其进口的产品则非常多样化，包括植物油或动物油、铸铁、生铁和钢材，石灰和水泥，锅炉及相应设备，食品调料，橡胶制品，等等。

表 8 - 4　2011～2018 年科特迪瓦对土耳其出口与进口数据

单位：10 亿西非法郎

年份	2011	2012	2013	2014 （第一季度）	2015	2016	2017	2018
出口额	40.2	52.2	65.1	88.1	136.2	88.1	110.1	90.1
进口额	28.6	38.5	35.6	43.5	5.30	76.3	94.7	103.5

资料来源：科特迪瓦国家统计院。

在科特迪瓦，大约有 15 家土耳其跨国企业，其中比较大的企业有土耳其水泥企业 Batipro Beton、土耳其电话运营商 Lagune Mobile、土耳其汽车零配件生产大商英吉蓄电池公司、土耳其食品餐饮企业 Horeça 等。

总体上，科特迪瓦十分重视与土耳其的交往，一方面是土耳其位于连接亚欧非大陆的重要地理位置；另一方面，土耳其还是国际组织的重要成员，尤其是土耳其一直积极申请加入欧盟。同时，土耳其的技术支持将有助于科特迪瓦工业、矿产、能源、农业、交通、通信、旅游、金融等领域的发展。科特迪瓦期待进一步拓展与土耳其的双边关系。

此外，科特迪瓦与沙特阿拉伯、伊朗、黎巴嫩、巴勒斯坦、阿联酋、科威特均保持着友好的合作交往，近几年高层互访频繁。

第五节 大洋洲地区

科特迪瓦与澳大利亚于 1975 年建立了外交关系。双边合作主要集中于矿产开采、人员培训、安全以及高科技领域。

2016 年 12 月 1 日，科特迪瓦首次在澳大利亚堪培拉建立大使馆，该使馆是澳大利亚首个撒哈拉以南非洲国家大使馆，还担负科特迪瓦与新西兰的领事与外交服务。科特迪瓦驻澳大利亚首任大使为让娜·盖埃，她成为澳大利亚堪培拉首位法语非洲国家女性大使。在澳大利亚建立大使馆是根据科特迪瓦 2016～2020 年政府工作计划中"关于加强在大洋洲 - 太平洋地区影响力"，以进一步加强与该地区的商贸合作，获得新的金融市场。根据这份工作计划，科特迪瓦将在该区域开设 3 个新的使馆。

澳大利亚与科特迪瓦已经有较长时间的商贸关系，如西非黄金生产商 Equigold 就是科特迪瓦与澳大利亚共同成立的合资公司。澳大利亚还期待进一步拓展双边在生物多样性和矿产开采等领域的合作。同时，澳大利亚在争取成为联合国安理会常任理事国方面，期待获得科特迪瓦的支持，也期待在科特迪瓦阿比让建立一家大使馆。

此外，科特迪也有意与新西兰在经济、科学研究和技术方面签订新的合作协议。

第六节 非洲地区

一 与西非国家的外交关系

科特迪瓦是西非国家经济共同体的重要成员国之一，在该组织中扮演着重要的角色。科特迪瓦还在协约理事会以及马诺河联盟中扮演着重要角色。非洲联盟也是非洲国家之间开展和平与友好合作的重要平台。

（一）与尼日利亚的外交关系

1. 政治关系

科特迪瓦共和国与尼日利亚联邦共和国于 1961 年 7 月 26 日正式建交。尼日利亚总统古德勒克·乔纳森于 2013 年 3 月 1～2 日对科特迪瓦进行正式访问，两国于 3 月 2 日签订关于创建科特迪瓦 - 尼日利亚联合委员会的协议。同年 8 月 1 日，双边联合委员会在尼日利亚首都阿布贾第一次正式召开，会议上两国共签订了 7 份合作协议，主要涉及工业、商业、科学与技术、打击犯罪、旅游、体育与运动、文化、高等教育与科研。

2. 贸易关系

与尼日利亚的经贸交往在科特迪瓦的对外贸易中占据比较重要的位置。科特迪瓦出口至尼日利亚的产品主要为喷气燃料、沥青、瓦斯油、化妆品和护肤品、香皂、聚乙烯塑料袋等。科特迪瓦从尼日利亚进口的产品金额也比较大，主要进口产品为烟草、原油、沥青、矿物油、液化丁烷、杀虫剂。2004～2014 年的双边贸易数额比较大，以科特迪瓦进口为主，进口额占贸易总额的 73%（出口占 27.22%，科特迪瓦处于逆差）。

表 8 - 5　2004～2018 年科尼双边贸易

单位：西非法郎

年份	出口	进口	贸易总额	贸易平衡
2004	260945394042	504544117033	765489511075	-243598722991
2005	305122430443	759645543947	1064767974390	-454523113504
2006	307241494016	837707125852	1144948619868	-530465631836
2007	307929717835	769285944231	1077215662066	-461356226396
2008	281330101991	1034346571118	1315676673109	-753016469127
2009	337374093199	676143935666	1013518028865	-338769842467
2010	329180457701	1020643652904	1349824110605	-691463195203
2011	14391833459	41457628299	55849461758	-27065794840
2012	442476924544	1281098463770	1723575388314	-838621539226
2013	440645464823	1427039083445	1867684548268	-986393618622
2014	301530758851	1204461331321	1505992090172	-902930572470

年份	出口	进口	贸易总额	贸易平衡
2015	272148000000	854413000000	1126561000000	−582265000000
2016	106576000000	568932000000	675508000000	−462356000000
2017	85820000000	515611000000	601413000000	−429791000000
2018	110857000000	751185000000	862042000000	−640328000000

资料来源：科特迪瓦国家技术研究与发展所、科特迪瓦国家统计院。

科特迪瓦和尼日利亚是西非国家经济共同体的主要经济体，两者各具优势，两国的经贸合作在一定程度上是区域经济发展的操纵杆。科特迪瓦力争吸引更多的尼日利亚投资，努力加强两国在打击新型犯罪（如恐怖主义、网络犯罪、海盗等）和军事国防等领域的双边合作。

（二）与布基纳法索的外交关系

1. 政治关系

科特迪瓦与邻国布基纳法索的合作密切。1966 年 12 月 30 日，两国正式确立外交关系。两国自独立以来至 20 世纪 90 年代初基本保持着友好的双边关系。90 年代中后期两国关系有所转折和起伏。巴博上台后，两国元首在瓦加杜古签订了合作与友好协议，主要基于安全、领土完整、意见统一以及在重大事项上的友好协商等。

近几年两国签订的协议主要有：2008 年 7 月 29 日在瓦加杜古签订友好与合作协议；2013 年 7 月 30 日在亚穆苏克罗两国签订关于创建联合监测委员会的协议，以及加强双边市场、贸易、人员与物资的自由流通等共19 项具体的双边合作协议；2014 年 7 月 30 日在瓦加杜古签订关于加强双边刑事案件司法合作的协议；2014 年 7 月 30 日在瓦加杜古签订创建双方人数对等的联合委员会，以进一步确定两国之间边界的划分和分立边界的标志；2014 年 7 月 31 日在瓦加杜古签订关于阿比让—卡亚—唐巴奥铁路修复工程和在阿比让港建设一座矿产品码头项目。

在近期双边高层互访方面，2015 年 7 月 6 日，布基纳法索临时国家元首雅库巴·伊萨克·齐达访问科特迪瓦；2015 年 7 月 31 日至 8 月 1 日，布基纳法索临时总统米歇尔·卡凡多在科特迪瓦进行工作与友好访问；

2015 年 12 月 29 日，科特迪瓦总统瓦塔拉参加布基纳法索总统罗克·马克·克里斯蒂安·卡博雷的总统就职典礼；2016 年 7 月 12 ~ 14 日，布基纳法索外交部长阿尔法·巴里对科特迪瓦进行友好与工作访问；2016 年 7 月28 ~ 29 日，布基纳法索总统罗克·马克·克里斯蒂安·卡博雷赴亚穆苏克罗参加第五届双边友好与合作协议峰会。2019 年 7 月 31 日，科特迪瓦与布基纳法索第八届友好与合作协议峰会及首脑会议在瓦加杜古举行。科特迪瓦总统瓦塔拉与布基纳法索总统罗克·马克·克里斯蒂安·卡博雷共同主持此次首脑会议。双方就"亚穆苏克罗—瓦加杜古高速公路"、"阿比让—瓦加杜古—卡亚铁路的修复及延伸至唐巴奥"、"从科特迪瓦向布基纳法索供电"等项目以及"科布双边商贸与人员物资自由流通"、"两国边界安全与反恐合作"等问题进行了磋商。

2. 经贸关系

2014 年，双边经贸总额达 2898.85 亿西非法郎，2015 年为 2317.07 亿西非法郎，相比上一年减少了 581.78 亿西非法郎。科特迪瓦出口到布基纳法索的产品主要有石油产品、肥料、纸与纸板、精油、塑料产品、棕榈油、化工产品、咖啡或可可衍生的副产品。科特迪瓦从布基纳法索进口的主要产品为牲畜、家禽、矿物肥料或化学肥料、摩托车及自行车、焊接或钻孔机器、动物油脂或植物油及其馏分物、西红柿、洋葱和分葱。

2016 年 1 月 29 日，在埃塞俄比亚首都亚的斯亚贝巴举办的非洲联盟安全与和平理事会之后，布基纳法索总统与科特迪瓦总统会面，就双边关系做进一步探讨。2016 年 7 月 29 日，在两国第五届友好与合作协议峰会上，两国签订了 13 份双边合作协议，其中包括促进两国工业与商贸活动协议、技术教育与职业培训领域的谅解备忘录、航空服务协议、飞行器挽救与搜寻协议，以及对一份铁路开发协议进行了修正。这次峰会重新加强了两国关系，并且加强了两国在反恐怖主义领域的合作。

友好与合作协议峰会是两国重要的合作平台。未来两国关系着眼于建立在两国共同利益基础上的政治、卫生、安全和经济合作。同时，两国期待以和平友好协商的方式解决政治纷争，同时共同应对边界上的"圣战"组织和恐怖主义的威胁。

（三）与塞内加尔的外交关系

1. 政治关系

殖民主义时期，科特迪瓦与塞内加尔均为法属西非成员，并保持着密切的关系。两国独立以后，于 1978 年 3 月 18 日建立外交关系。两国的合作主要是在西非国家经济共同体、西非经济货币联盟以及萨赫勒－撒哈拉国家共同体框架下进行。1971 年 12 月 15 日，两国建立联合委员会，并签订友好合作条约。从联合委员会创建至 2015 年，两国举办了两届联合委员会会议，先后于 1971 年和 1997 年在阿比让、达喀尔召开。此外，联合委员会还有 8 个分会。2014 年 3 月 11 ~ 12 日，在达喀尔举行的一场分会上，两国共签订 16 份合作协议，涉及多个领域。近些年来，两国在海上捕捞、军事、原木进出口、海关互助合作、海上商品贸易流通等领域加强了合作。两国高层来往也比较频繁。2011 年 5 月 12 ~ 14 日，科特迪瓦总统瓦塔拉访问塞内加尔并与总统阿卜杜拉耶·瓦德会面，两国元首均表示愿意进一步加强两国在地区一体化中的核心作用。两国于 2014 年 3 月 12 日签署了水产渔业资源合作协议及旅游合作协议，2015 年 8 月 7 日两国政府在阿比让签订了军事与技术合作协议。2019 年 6 月 20 日，塞内加尔总统麦基－萨勒在就任总统后首次访问科特迪瓦。在为期 72 小时的工作访问中，两国元首就区域与双边合作问题展开了讨论。

2. 经贸关系

科特迪瓦是塞内加尔在西非国家经济共同体与西非经济货币联盟框架下的重要贸易伙伴。两国贸易关系自 2010 年以来逐年加强。

2014 年，科特迪瓦对塞内加尔的出口贸易总额为 737.51 亿西非法郎，主要出口产品是木材及木材制品、精炼棕榈油、带壳的水果、奶制品以及药品。科特迪瓦从塞内加尔的进口额为 466.02 亿西非法郎，主要进口产品是鱼、食盐、纸和纸板。2010 ~ 2014 年，双边贸易中，科特迪瓦为顺差。2015 年，双边经贸总额为 1455.35 亿西非法郎。科特迪瓦出口至塞内加尔的产品主要为加工食品（含棕榈油、咖啡提取物、香蕉、可可油）、木质加工品等。科特迪瓦从塞内加尔进口的产品主要为未加工的农产品，尤其是冻鱼。从两国经济增长速度和发展潜力来看，双边贸易还有待进一步增强。

表 8 - 6　2010～2018 年科特迪瓦对塞内加尔的出口与进口

单位：百万西非法郎

年份	2010	2011	2012	2013	2014	2015	2016	2017	2018
出口总值	55645	81527	111602	66237	73751	68200	70200	—	—
进口总值	24655	31799	35137	48077	46602	77335	78559	84382	74641
贸易余额	30990	49728	76465	18160	27149	-9135	-8359		
贸易总额	80300	113326	146739	114314	120353	145535	148759		

资料来源：科特迪瓦海关官网对外贸易统计数据。

（四）与利比里亚的外交关系

1. 政治关系

1961 年 7 月 31 日，科特迪瓦与利比里亚正式建立外交关系。两国在地区机构以及国际机构中都有紧密的政治与外交合作。1972 年 8 月 24日，两国建立联合委员会。随后，每年轮换举办一次联合委员会会议，先后共举办 5 次会议。其中第 5 次联合委员会会议也是至今最近的一次联合委员会于 1978 年 5 月 2～5 日在阿比让举行。这几次联合委员会会议极大地增进了两国在贸易、农业、林业、畜牧产品、信息、旅游、电信、公路运输、教育、能源、文化、运动和医疗方面的合作。随着两国各自政局和领土安全逐渐稳定，两国元首从 2012 年起在不同场合多次承认重启两国联合委员会机制的必要性。利比亚总统埃伦·约翰逊－瑟利夫与科特迪瓦总统瓦塔拉保持着友好的关系。2015 年，利比亚总统两次出访科特迪瓦，一次为 4 月 27 日的友好工作访问，另一次为 5 月 25～29 日出席在阿比让召开的非洲发展银行年会。2016 年 3 月 16～17 日，利比里亚总统埃伦·约翰逊－瑟利夫在科特迪瓦大巴萨姆遭遇恐怖袭击之后再次访问科特迪瓦，带来亲切慰问。2016 年 5 月 23 日，利比亚总统再度访问科特迪瓦。2016 年 9 月 8 日，科特迪瓦与利比里亚的陆地边界重新开放。未来两国将着眼于积极重启第 6 次联合委员会会议；在马诺河联盟一体化框架下两国拟定互通电网，以及加强两国在农业尤其是可可种植和森林开发等方面的合作。

2. 经贸关系

两国经贸合作总体上不足。2014 年，利比里亚仅占科特迪瓦外贸市场的 0.4%。科特迪瓦出口至利比里亚的产品主要是畜牧产品和鱼产品、谷物和油籽、石油和化工产品、油、化妆品、肥料、机械和电子设备。而科特迪瓦从利比里亚主要进口橡胶及其衍生产品、电子产品和铁制品。2011～2014 年，两国贸易总额出现急剧下降。从 2011 年的 1046.88 亿西非法郎减少到 2014 年的 463.07 亿西非法郎。主要原因是科特迪瓦大量减少了从利比里亚的进口，即从 2011 年的 175.98 亿西非法郎下降到 2014 年的 1830 万西非法郎。尽管如此，2014 年，双边贸易仍然是科特迪瓦顺差 460 亿西非法郎（见表 8 - 7）。

根据科特迪瓦商务部统计数据，2015 年双边经贸总额为 2777.24 亿西非法郎。科特迪瓦出口至利比里亚的产品主要为畜牧产品和鱼产品、谷物和油籽、机械与电子设备。科特迪瓦从利比里亚进口的产品主要是橡胶及其衍生产品、电子设备和铁制品。

表 8 - 7 2010～2016 年科特迪瓦与利比里亚双边贸易

单位：百万西非法郎

年份	2010	2011	2012	2013	2014	2015	2016
出口总值	27997	87090	46785	25888	46124	17300	23700
进口总值	6549	17598	5427	1016	183	260400	1400
贸易余额	21448	69492	41358	24872	45941	-243100	22300
贸易总额	34546	104688	52212	26904	46307	277700	25100

资料来源：科特迪瓦海关。

3. 两国边境的共同安全问题

科特迪瓦与利比里亚共有的边境安全问题是两国关系中的首要问题。两国共同面临与跨境犯罪和影响边境安全的力量做斗争。两国边境安全合作有利于科特迪瓦将本国滞留在利比里亚的叛乱分子引渡回国处理。此外，四方会议"科特迪瓦－利比里亚－联合国驻科特迪瓦行动－联合国驻利比里亚特派团"于 2012 年底，即科特迪瓦选举危机之后召开。两国

加强了在边界安全巡逻力量、信息交换等方面的合作。2013 年 10 月 17 ~ 19 日，在利比里亚绥德鲁召开第一届双边国界地区的部落首领与长老联合理事会。在两国军事力量和联合国军事力量的多方干预下，两国边境的安全袭击问题在 2016 年初基本上已经停止。

4. 科特迪瓦难民问题以及双边海岸线边界划分问题

科特迪瓦与利比里亚的政治关系还面临科特迪瓦滞留于利比里亚的战争难民问题和两国海岸线边界划分问题。在科特迪瓦选举危机时期，约有 20 万名科特迪瓦公民流入利比里亚寻求庇护。危机结束以来，在联合国难民事务高级专员办事处的协助下，绝大部分难民已经回到科特迪瓦。截至 2016 年初，滞留在利比里亚的科特迪瓦战争难民还有 3.6 万人，相比 2011 年的 20 万名难民已经减少了很多。2016 年 5 月 3 ~ 6 月，科特迪瓦社会统战与民政部长玛丽亚图·科内前往利比里亚看望战争滞留难民。

在海岸线边界划分问题上，两国决定建立技术联合委员会，以解决海岸边界划分问题。这个技术联合委员会将就这个问题的解决在利比里亚首都蒙罗维亚长期召开，由两国石油与能源部负责工作的推进。

（五）与多哥的外交关系

1. 政治关系

科特迪瓦与多哥关系亲密友好，早在两国首任总统时期，博瓦尼与纳辛贝·埃亚德马就私交甚好。然而，至今两国政治经济交往仍然缺乏正式的官方双边合作协议。在科特迪瓦政治军事危机期间，多哥总统纳辛贝·埃亚德马多方斡旋，并派驻本国部队加入联合国驻科特迪瓦行动，为科特迪瓦危机处理提供了极大的支持。今天，两国的合作关系主要是在区域组织框架下开展，如西非国家经济共同体、西非协约理事会、西非经济货币联盟等。在西非经济货币联盟框架下，科特迪瓦是多哥最大的合作伙伴。2011 年 11 月 14 ~ 15 日，科特迪瓦总统瓦塔拉率领本国各部部长对多哥进行友好工作访问，访问期间与多哥、联合国难民事务高级专员办事处签订三方协议，敦促滞留在多哥的本国难民返回自己的家园。此外，在双边关系上，两国元首均坚定表示要在政治、安全、经济、社会、文化遗迹基础设施和能源领域进一步加强双边合作。两国尤其期待途经科托努、洛美、阿克拉和阿比让 4 个城市的拉各斯—达喀尔沿海高速公路的建成，以及科特迪瓦、加纳、多哥和贝宁 4 国之间电网的联通等项目建设。2015 年 2 月 16 日，在多哥总统福雷·纳辛贝对科特迪瓦进行工作访问期间，两国在阿比让签订关于建立科特迪瓦与多哥联合委员会、建立双边联委会的监测与评估委员会议定书各一份。此外，科特迪瓦国务部、外交部同多哥外交与合作部签订谅解备忘录。2016 年 3 月 15 日，在科特迪瓦大巴萨姆发生恐怖袭击之后，多哥总统福雷·纳辛贝、贝宁总统托马·博尼·亚伊一起前往科特迪瓦慰问，带去对瓦塔拉的支持。

2. 经贸关系

根据科特迪瓦国家统计院公布的对外贸易数据，2015 年双边贸易总额为 1312 亿西非法郎，其中科方出口额为 1200 亿西非法郎，科方进口额为 112 亿西非法郎。2016 年科多双边贸易总额为 1304 亿西非法郎，其中科方出口额为 1194 亿西非法郎，科方进口额为 110 亿西非法郎。2011～2016 年科哥双边贸易中科特迪瓦均为顺差。

表 8 – 8　2011～2018 年科特迪瓦与多哥的双边贸易

单位：10 亿西非法郎

年份	2011	2012	2013	2014	2015	2016	2017	2018
出口总值	66.8	62.7	52.4	92	120	119.4	—	—
进口总值	2.6	18.8	11.9	5.5	11.2	11.0	119.7	91.5
贸易余额	64.2	43.9	40.5	86.5	108.8	108.4	—	—
贸易总额	69.4	81.5	64.3	97.5	131.2	130.4	—	—

资料来源：科特迪瓦国家统计院。

科特迪瓦近期有意在多哥开设总领事馆或大使馆。两国近期也将努力促成第一届联合委员会的召开，推进拉各斯—达喀尔沿海高速公路以及科特迪瓦、加纳、多哥、贝宁四国电网联通项目的建设。

（六）与尼日尔的关系

1. 政治关系

科特迪瓦与尼日尔于 1974 年 11 月 29 日建立外交关系。双边联合委员会于 1996 年 6 月 28 日在阿比让成立。但联合委员会创立至今未正式召开会议。双边合作协议主要有：1975 年 2 月 18 日双方签订公路交通合作协议，1986 年 1 月 7 日科特迪瓦国立大学与尼亚美大学签订合作协议，1996 年 6 月 28 日在阿比让签订的关于创建联合委员会协议，1996 年 6 月科特迪瓦工商会与尼日尔工商会签订合作议定书。

2. 经贸关系

截至 2014 年，双边贸易总额为 450 亿西非法郎。科特迪瓦出口到尼日尔的产品主要为载客运输车辆、普通碳素钢条或者普通铁条、日用肥皂。科特迪瓦从尼日尔进口的产品主要有新鲜或冷冻洋葱或分葱。

（七）与加纳的外交关系

1. 政治关系

科特迪瓦与加纳于 1961 年 3 月 15 日建立外交关系。1970 年 5 月 8 日，两国签订友好协议。近几年双边互访交流频繁：2011 年 10 月 6 日，瓦塔拉对加纳进行友好工作访问；2012 年 3 月 19 日，在加纳首都阿克拉举行第 9 届科特迪瓦 – 加纳双边合作联合委员会会议；2014 年 3 月 13 日，加纳总统约翰·德拉马尼·马哈马对科特迪瓦进行友好访问；2016 年 6 月 1～2 日，加纳总统约翰·德拉马尼·马哈马对科特迪瓦再度进行友好访问，双方签署关于两国边境大桥——诺埃—埃吕博大桥及桥头入口翻修的协议。

2. 经贸关系

两国外贸以科特迪瓦出口贸易为主。科特迪瓦海关对外贸易统计数据显示，2015 年，两国贸易总额达 2863.92 亿西非法郎，其中科特迪瓦出口额为 2597.04 亿西非法郎。2016 年，科特迪瓦与加纳的双边贸易总额达 2740 亿西非法郎，其中科特迪瓦向加纳出口 2423 亿西非法郎，从加纳进口 317 亿西非法郎。主要出口产品有浮动钻井勘探平台或潜水钻井勘探平台、石油沥青、瓦斯油、探测或钻孔机器零配件、带壳干腰果或湿腰果。而科特迪瓦从加纳进口的产品主要有石油原油或沥青矿物原油以及其他与之相关的工业制品。

表 8 – 9 2011～2018 年科特迪瓦对加纳的出口与进口

单位：百万西非法郎

年份	2011	2012	2013	2014	2015	2016	2017	2018
出口总值	143890	219958	933949	226122	259704	242300	278939	195896
进口总值	9746	29545	37936	33327	26689	31700	40290	—
贸易余额	134144	190412	896013	192795	233015	210600	238649	—
贸易总额	153636	249503	971885	259449	286392	274000	319229	—

资料来源：科特迪瓦海关官网对外贸易统计数据。

3. 边界问题

两国边界问题是影响科特迪瓦与加纳双边关系的重要因素。两国的陆地边界已经完全重新界定和划分，然而两国海上边界至今还没有界定清楚。2008 年，两国成立海上边界联合委员会。2008～2014 年，为尽快确定双方认可的画线方案，联合委员会先后召开 10 次会议。但两国关于边界划分的方法存在很大的分歧，加纳主张采用等高线距划分法，而科特迪瓦则主张采用子午线测量平分法。2014 年 9 月，加纳单方将两国海上国界划分分歧上诉至国际海洋法法庭。科特迪瓦积极做出回应，2015 年 2 月 27 日，科特迪瓦向国际海洋法法庭提交申请，请求法庭责令加纳在最终判决裁定之前停止一切对有争议海上领域的石油勘探和开发。2015 年 3 月 29～30 日，双方代表出席了位于德国汉堡的国际海洋法法庭的开庭。2015 年 4 月 25 日，国际海洋法法庭对双边海上边界争议做出初步裁定：加纳不得在争议海域进行任何新的钻井勘探；加纳有义务阻止一切对科特迪瓦不利的关于争议海域的非官方消息；加纳应加强对争议海域持续严格的管控，避免争议海域海洋环境的恶化；双方均有义务展开合作，并尽最大努力采取有效措施避免海上环境的恶化，包括对争议海域的大陆架和地下水的保护；双方应继续展开合作，避免任何致使争议严重化的单方行为。

在国际海洋法法庭初步裁决出台之后，联合国秘书长邀请两国总统至瑞士日内瓦，协调两国友好解决海上分歧。瓦塔拉表示科特迪瓦愿意与加纳积极展开对话，但对于海上边界争议他更愿意等待国际海洋法法庭的最终判决。而国际海洋法法庭的最终裁决于 2017 年出炉。2017 年 9 月，国际海洋法法庭做出了最终判决，支持加纳提出的用等高线距划分两国海上界线的主张，从而驳回了科特迪瓦关于使用子午线测量划定两国海上界线的主张，但国际海洋法法庭同时也驳回了加纳提出的针对科特迪瓦在有争议领土开发的索赔请求。

4. 科特迪瓦滞留于加纳的难民问题

根据联合国难民事务高级专员办事处的数据统计，截至 2016 年 12 月 27 日，滞留在加纳的科特迪瓦难民还有 10957 人。这些难民主要集中于难民营。两国目前正积极探索加强 2011 年 10 月 6 日签订的科特迪瓦－加纳－联合国难民事务高级专员办事处三边对话与合作机制，尽早解决难民回国问题。

（八）与贝宁的外交关系

1. 政治关系

科特迪瓦与贝宁于 1961 年建立外交关系。自建立外交关系以来，两国签订了多份协议。1992 年 2 月 27 日，在阿比让签订关于创建双边合作联合委员会的协议。第三届联合委员会会议也是最近的一届于 2014 年 5 月 15～16 日在科托努举办。1999 年 12 月 16 日，两国在阿比让签订双边工商贸易合作框架协议。2012 年 11 月 28 日，阿比让自治专区与科托努市政府签订合作和友好城市协议。2014 年 5 月 15 日，两国在科托努签订军事与技术协议；同日，双方还签订了航空运输的协议。

近几年的高层互访活动有：2016 年 3 月 15 日，托马·博尼·亚伊出席科特迪瓦的恐怖袭击悼念会；2016 年 3 月 30 日，贝宁新总统帕特里斯·塔隆于就职典礼前一周在法国南部小镇穆然镇与瓦塔拉会面；2016 年 4 月 18 日，贝宁总统塔隆以私人身份拜访瓦塔拉；2019 年 9 月 2 日，贝宁总统塔隆访问科特迪瓦，瓦塔拉正式接见塔隆总统，双方就区域一体化和恐怖主义等问题交换意见。2019 年 9 月 14 日，西非国家经济共同体成员国特别峰会及萨赫勒五国集团（毛里塔尼亚、马里、尼日尔、布基纳法索、乍得）会议同期在瓦加杜古召开，科特迪瓦总统瓦塔拉与贝宁总统塔隆等多国总统出席了本次会议，就区域安全与打击恐怖主义问题交换意见。

2. 经贸关系

2017 年，两国贸易总额为 388 亿西非法郎。科特迪瓦出口至贝宁的产品主要有矿物燃料、矿物油、沥青材料、矿物蜡，科特迪瓦从贝宁主要进口棕榈油、高辛烷值汽油、重燃油、喷气燃料、非零售杀虫剂。未来两国有意加强符合双边利益的合作，如旅游、矿产、能源、公路基础设施、不同领域的工匠经验交流；两国也有意实现穿越布基纳法索实现两国电网连接，通过科托努实现阿比让—拉各斯高速公路的建设，实现阿比让—瓦加杜古—尼亚美—科托努环线地铁的建设，以及召开首届两国联合委员会监测委员会会议。

表 8-10　2011～2017 年科特迪瓦对贝宁双边贸易

单位：10 亿西非法郎

年份	2011	2012	2013	2014	2015	2016	2017
出口总值	46.1	70.1	33.3	35.1	37.9	20.5	31.2
进口总值	4.6	7	6.5	6.3	5	7.3	7.6
贸易余额	41.5	63.1	26.8	28.8	32.9	13.2	2.36
贸易总额	50.7	77.1	39.8	41.4	42.9	27.8	38.8

资料来源：科特迪瓦海关。

（九）和几内亚的外交关系

科特迪瓦与几内亚于 1961 年 3 月 21 日建立外交关系。1994 年 7 月 4日，两国建立合作联合委员会。最近一次双边联合委员会于 2012 年 4 月11～13 日在几内亚首都科纳克里召开。联合委员会监测与评估委员会于2014 年 7 月 2～3 日在阿比让召开第一次会议，会议由两国的外交部总秘书共同主持。自建交以来，两国签订了多项双边协议。1978 年 4 月 14日，签订双边友好与合作条约、双边经贸合作协议、双边友好睦邻协议；1994 年 7 月 4 月，签订关于创建双边合作联合委员会协议；1996 年 12 月20 日，签订关于划分两国边界的框架协议。

最近几年双边高层互访有：2011 年 12 月 1 日，瓦塔拉对几内亚进行友好和工作访问；2015 年 5 月 22 日，科特迪瓦总统瓦塔拉与几内亚总统阿尔法·孔戴共同出席连接两国的"博爱大桥"落成典礼；2015 年 12 月

4 日，在 2015 年巴黎气候变化大会期间，科特迪瓦总统接见几内亚总统阿尔法·孔戴；2017 年 10 月 26 日，科特迪瓦总统瓦塔拉赴几内亚首都科纳克里正式访问几内亚总统孔戴，双方就 2017 年 11 月底在阿比让举办第五届欧非峰会的筹办交换意见；2018 年 10 月 26～29 日，科特迪瓦与几内亚在科特迪瓦山区首府马恩举行国防边界管理高层见面会，对两国 610 公里共有边界安全与管理问题展开讨论；2019 年 4 月 27 日，几内亚总统孔戴访问科特迪瓦，与瓦塔拉就两国边界安全问题进行讨论，承诺互相交换边界安全情报，并决定建立共同边界联合警署。

2014 年双边贸易总额为 286 亿西非法郎，2017 年双边贸易总额为 310 亿西非法郎。2011～2016 年科特迪瓦对几内亚的贸易均为顺差。科特迪瓦出口至几内亚的产品主要有石油产品、塑料制品、精油、罐头蔬菜、烹饪调料以及少量的棕榈油、含糖的苏打水、加工过的咖啡、加工过的木材、可可豆和水泥等；科特迪瓦从几内亚进口的产品主要有鱼、动物肉食及其衍生产品和其他消费品等。

表 8 – 11　2011～2016 年科特迪瓦对几内亚双边贸易

单位：10 亿西非法郎

年份	2011	2012	2013	2014	2015	2016
出口总值	27.7	45.6	45.0	27.4	17.0	30.0
进口总值	7.8	11.5	21.9	1.2	1.4	1.0
贸易余额	19.9	34.1	23.1	26.2	15.6	29.0
贸易总额	35.5	57.1	66.9	28.6	18.4	31.0

资料来源：科特迪瓦海关。

未来，两国期待进一步加强合作，包括建设连接科特迪瓦圣佩德罗和几内亚科纳克里两个港口的铁路，以促进进出口产品的运输，改善两国间的公路基础设施，加强两国间的能源开发合作，以及召开第三届双边合作联合委员会等。

（十）与马里的外交关系

科特迪瓦与马里于 1967 年 4 月 11 日建交。两国签订的协议主要有：

1962 年 8 月 30 日，签订双边互助合作友好条约；1977 年 2 月 19 日，在阿比让签订关于创建双边合作联合委员会协议。随后，两国先后召开了 3 届双边合作联合委员会，最近一次于 2004 年 7 月 24～25 日在巴马科举行。

近几年双边高层互访主要有：2013 年，易卜拉欣·凯塔拜访科特迪瓦总统瓦塔拉，对瓦塔拉的支持表示感谢；2013 年 9 月 19 日，科特迪瓦总统瓦塔拉参加易卜拉欣·凯塔的就职典礼；2015 年 5 月 15 日，瓦塔拉参加马里政府与马里北方图阿格雷族武装的《和平与和解协议》签字仪式。

根据科特迪瓦海关数据，两国商贸总额从 2011 年的 1147 亿西非法郎增长到 2016 年的 2543 亿西非法郎，科特迪瓦顺差表现明显。科特迪瓦主要向马里出口高辛烷值汽油、喷气燃料、瓦斯油、煤油、棕榈油、加工木材、加工咖啡、矿物肥料或化学肥料；科特迪瓦主要从马里进口棉线、染色麻纱或者花纹麻纱、肥料、烟草。2018 年 5 月，"马里—科特迪瓦电网互联"项目正式启动，该项目由印度进出口银行、西非开发银行、西非国家经济共同体投资和发展银行、西非经济货币联盟、马里政府、科特迪瓦政府共同出资 808.66 亿西非法郎。

表 8 – 12　2011～2018 年科特迪瓦对马里双边贸易

单位：10 亿西非法郎

年份	2011	2012	2013	2014	2015	2016	2017	2018
出口总值	114.5	150.4	180.4	182.4	192	252.1	278.4	316.3
进口总值	0.2	5.8	3.9	3.1	1.9	2.2	—	—
贸易余额	114.3	144.9	176.5	179.3	190.1	249.9	—	—
贸易总额	114.7	156.2	184.3	185.5	193.9	254.3	—	—

资料来源：科特迪瓦海关。

目前两国积极促进第 4 届双边联合委员会的召开，加强两国在海上、陆地与航空领域的交通合作，能源合作，农业合作，以及推进科特迪瓦西北部地区区域一体化政策的实施。两国加强在安全、反恐和其他边境犯罪方面的合作，以及对边界稳定的共同管理。

科特迪瓦

（十一）与佛得角的外交关系

1983 年 2 月 1 日，科特迪瓦驻佛得角的首任大使于勒·耶·内阿向佛得角总统阿里斯蒂德斯·佩雷拉递交国书。科特迪瓦在塞内加尔的大使馆覆盖佛得角的外事工作，佛得角在阿比让也设立了一个荣誉领事馆。2014 年 3 月，两国政府签订了多份重要的合作协议，主要包括旅游合作、创建双边协商机制、航空运输合作、海上合作、投资互促和保护。2014 年 3 月 31 日，科特迪瓦圣佩德罗自由港与佛得角明德卢–圣文森特港口在阿比让签订合作协议。

近几年的高层互访有：2014 年 3 月 10～11 日，科特迪瓦外交部长迪比在佛得角进行友好和工作访问；2014 年 3 月 30 日～4 月 1 日，佛得角总理若泽·马里亚·佩雷拉·内韦斯对科特迪瓦进行友好和工作访问；2015 年 1 月 11～12 日，佛得角总统特使，即佛得角前总统安东尼奥·马斯卡雷尼亚斯·蒙特罗访问科特迪瓦，受到科特迪瓦总统与财政部长的接见。

2014 年两国的双边贸易总额为 40.40 亿西非法郎，以科特迪瓦出口为主。科特迪瓦出口至佛得角的产品主要为木材和石油产品。而科特迪瓦从佛得角进口的产品量小且不规律，主要有大米、可可果、腰果、玉米或者玉米食品、服装、甘蔗或甘蔗制品、盐或盐制品、葡萄酒或葡萄酒衍生产品。

未来两国期待能进一步加强双边在侨民、渔业、旅游、防止海岸线风化、打击海盗、农业以及职业培训等领域的合作，以及期待开设一条阿比让—普拉亚直飞航线。

（十二）与冈比亚的外交关系

科特迪瓦与冈比亚于 1976 年 1 月 2 日建立外交关系。科特迪瓦对冈比亚的外交事务通过其驻塞内加尔的使馆进行，冈比亚则在科特迪瓦设立了荣誉领事馆。2012 年 9 月 27 日，两国在纽约签订关于创建双边合作联合委员会的协议，但至今为止两国还没有召开过一次联合委员会会议。在双边经贸关系方面，科特迪瓦向冈比亚出口可可豆、可乐饮料、橡胶、罐装蔬菜和调料，同时主要从冈比亚进口日常消费品。两国经贸交往不足，2011 年双边贸易总额为 318.94 亿西非法郎，并且以科特迪瓦出口为主。未来两国期待在农业、捕捞、旅游和高等教育方面进一步加强合作。

二 与北非国家的外交关系

（一）与摩洛哥的关系

1. 政治关系

科特迪瓦与摩洛哥于 1962 年 8 月 16 日建立外交关系。自建交以来，两国关系友好。1973 年两国签订友好协议，同时签订了 68 份合作协议。近几年来，双方签订了众多合作协议，例如，2013 年，摩洛哥国王访问科特迪瓦时签订了 6 份双边合作协议；2014 年 2 月 23 日至 3 月 2 日，摩洛哥国王第二次访问科特迪瓦时签订了 26 份合作协议；2015 年 1 月 20 ~ 24 日，科特迪瓦总统瓦塔拉访问摩洛哥时双方签订了 40 份合作协议；2015 年 5 月 31 日至 6 月 5 日，摩洛哥国王访问科特迪瓦时双方签订了 38 份合作协议；2018 年 1 月 9 日，两国在摩洛哥首都拉巴特签订体育合作双边协议；等等。

此外，在科特迪瓦政治军事危机问题的解决上，摩洛哥派遣 800 名士兵参与联合国安理会驻科特迪瓦机构协助科特迪瓦渡过危机。自科特迪瓦走出危机以来，摩洛哥国王在 2013 年、2014 年和 2015 年连续访问科特迪瓦，科特迪瓦总统瓦塔拉也于 2014 年和 2015 年访问摩洛哥王国，其他双边互访也比较频繁。例如，2015 年 2 月 26 ~ 27 日，摩洛哥外交部长萨拉赫丁·迈祖阿尔和摩洛哥财政与经济部长穆罕默德·布塞德一同对科特迪瓦进行友好访问；2015 年 4 月 2 ~ 3 日，摩洛哥总理阿卜杜拉·本·基兰带领代表团赴阿比让参加 2015 年第 3 届阿比让动物资源与农业沙龙，摩洛哥作为沙龙主宾国参加此次活动。

2. 经济合作与往来

在经济投资领域，摩洛哥中央人民银行与科特迪瓦签订了 5 份重要协议，其中 2 份同科特迪瓦财政与经济部签订，金额达 900 亿西非法郎，主要用于建造 5500 间国民教育及技术教育教室。摩洛哥非洲水泥公司于 2011 年在阿比让建立一家水泥分公司，在此基础上，2014 年起准备建造社会性住房。该公司还准备在圣佩德罗开设另一家分公司。摩洛哥阿多哈房地产集团计划在科特迪瓦建造超过 8000 套住房，其中 7500 套在科特迪瓦洛科吉约，占地 26 公顷，在科特迪瓦库玛西建造 530 套经济适用房，占地 3 公顷。工程总投入达 22 亿迪拉姆，约合 1305 多亿西非法郎。

在金融领域合作方面，2014 年 2 月，摩洛哥对科特迪瓦妇女援助基金会追加一份 5 亿西非法郎的援助协议，另有 25 亿西非法郎用于科特迪瓦妇女小额借贷。同年，摩洛哥与科特迪瓦还签订了一份关于科特迪瓦建造 1500 千米高速公路（北部、东部和西部高速公路）的援助协议。摩洛哥工业矿业集团与科特迪瓦国家矿业发展公司签订了矿产合作协议；2013 年 3 月 19 日，双方还在阿比让签订了关于促进投资方面的议定书以及投资保护与推广协议。

此外，马格里布最大的银行摩洛哥阿提哈利瓦法银行于 2010 年在科特迪瓦建立了分支机构；摩洛哥中央人民银行与科特迪瓦大西洋银行建立了合作关系，摩洛哥商业出口银行与科特迪瓦非洲银行也建立了合作关系。此外，摩洛哥阿提哈利瓦法银行与科特迪瓦政府签订了框架协议书，主要用于援助科特迪瓦实现其 2014 年发展目标以及 2012～2015 年发展计划的 3 个关键领域——工业用地的改造、能源、城市化以及住房建设等。

在双边贸易往来方面，2014 年科特迪瓦出口至摩洛哥的贸易总额达 103 亿西非法郎，进口额大约为 856 亿西非法郎，科特迪瓦贸易逆差达 753 亿西非法郎，双边进出口贸易总额为 959 亿西非法郎。科特迪瓦主要进口产品为冻鱼、面粉、水泥、药品、过磷酸钙、磷酸氢铵等产品。科特迪瓦出口到摩洛哥的产品主要为香蕉、未加工的棕榈油。

表 8-13   2011～2018 年科特迪瓦对摩洛哥双边贸易

单位：10 亿西非法郎

年份	2011	2012	2013	2014	2015	2016	2017	2018
出口总值	6.8	8.2	6.9	10.3	5.5	4.1	103.2	95.2
进口总值	29.4	41.0	70.0	85.6	121.9	106.0	—	—
贸易余额	-22.6	-32.8	-63.1	-75.3	-116.4	-101.9	—	—
贸易总额	36.2	49.2	76.9	95.9	127.4	110.1	—	—

资料来源：科特迪瓦海关。

3. 文化交往

摩洛哥政府为科特迪瓦学生发放奖学金，提供培训机会。2015 年，摩洛哥为科特迪瓦学生发放了 50 份奖学金，主要涉及安全、传媒、农业、医疗卫生以及阿拉伯语学习等领域。此外，科特迪瓦也接收部分摩洛哥籍学生在科特迪瓦接受第三产业的培训，他们主要在马克西 – 阿比让工商管理学院接受培训。

穆罕默德六世以来，两国双边关系得到进一步增强。近年来科特迪瓦与摩洛哥还建立了经济展销会，吸引了两国大批投资商，签订了一系列合作协议。其中第 1 届经济展销会于 2014 年在阿比让举办，两国在基础设施、社会性住房、港口、渔业、农业、矿产以及旅游、金融和药品行业签订了 26 份合作协议。第 2 届经济展销会于 2015 年在马拉喀什举行，双方在贸易、安全、司法、伊斯兰事务、教育、医疗卫生、环境等领域签订了 16 份合作协议。众多的摩洛哥的金融、能源、不动产企业在科特迪瓦建立。教育是两国合作的重要领域，至 2016 年在摩洛哥的科特迪瓦留学生达 3000 余人。同时，摩洛哥也为科特迪瓦军官提供培训。

（二） 与埃及的关系

1. 政治关系

科特迪瓦与埃及于 1973 年 12 月 7 日建立外交关系，此后在多边和双边领域两国均保持着友好关系。两国在非洲大陆内部机构以及法语国家组织下均有多项多边合作。两国关系一直友好，并先后签订了多项双边协议。例如，1985 年 1 月 15 日，签订了合作与友好协议；1998 年 3 月 7日，签署关于创设合作联合委员会协议，并在阿比让举办了第 1 届会议；1998 年 2 月 25 日，签订了双边贸易协定；1985 年 1 月 15 日，签订了技术、科学与文化合作协定；2002 年 7 月 27 日，签订了药品生产与医疗卫生议定书。2015 年底，在埃及开罗举行了第 2 届科特迪瓦 – 埃及合作联合委员会。2019 年 4 月 10 ~ 11 日，埃及总统阿卜杜勒·法塔赫·塞西赴科特迪瓦进行正式友好工作访问，受到科特迪瓦总统瓦塔拉及其政府高层的接见。

2. 经贸关系与文化合作

2004~2014 年，双边贸易总额在 2005 年达到峰值，为 310 亿西非法郎。科特迪瓦出口至埃及的产品主要为咖啡和可可粉，2004 年出口金额达 20 亿西非法郎，2007 年为 30 亿西非法郎，2010 年为 50 亿西非法郎，2014 年约 10 亿西非法郎；科特迪瓦从埃及的进口额相对较小，主要进口谷物、燃油、沥青材料、食用油、矿产、盐、硫黄、石灰、水泥等，2004 年进口总值为 130 亿西非法郎，2013 年则达到了 210 亿西非法郎。总体上，两国的双边贸易还不充分。埃及在科特迪瓦最大的投资商为市政工程领域的阿拉伯建筑公司（The Arab Contractors）。该公司在科特迪瓦的第一项工程为雅克维尔大桥，于 2015 年 3 月 21 日竣工。

在文化领域，埃及政府向科特迪瓦提供奖学金和培训实习机会。众多的科特迪瓦籍学生及学员赴埃及学习安全与反恐方面的知识或接受这方面的培训，以及传媒、农业、医疗卫生、贸易、工业和阿拉伯语的学习等。

（三）与阿尔及利亚的关系

1. 政治关系

1964 年 7 月 14 日，科特迪瓦与阿尔及利亚在友好、团结、互助以及互相尊重独立的基础上建立了外交关系。1981 年 4 月双方在阿尔及尔签订关于创建科特迪瓦 – 阿尔及利亚合作联合委员会协议。1996 年，双方在阿比让召开第 2 届科特迪瓦 – 阿尔及利亚合作联合委员会。双方准备进一步深化双边合作关系，有意让地方结交友好城市。

2. 经贸关系

由于两国工商会没有签订双边协定以及双方商贸界缺乏交往，科特迪瓦与阿尔及利亚的商贸关系非常薄弱。科特迪瓦出口至阿尔及利亚的产品主要为咖啡和木材；科特迪瓦从阿尔及利亚进口的产品很少，主要为正丁烷、棉纺织品、生铁、铸铁和钢材。2004~2013 年，双边贸易关系以科特迪瓦出口占优势，主要出口产品为咖啡，因此在净出口中，科特迪瓦为顺差。2016 年双边贸易总额为 572 亿西非法郎。为了进一步推进双边经贸关系，阿尔及利亚国家展览和出口公司在科特迪瓦阿比让举办阿尔及利亚产品展销活动。2015 年 4 月 28 日至 5 月 10 日，在阿比让举行的国际展览会上，阿尔及利亚以主宾国身份参加。

表 8 – 14　2011 ~ 2016 年科特迪瓦对阿尔及利亚双边贸易

单位：10 亿西非法郎

年份	2011	2012	2013	2014	2015	2016
出口总值	17.3	57.6	63.6	43.3	45.8	53.5
进口总值	5	5.5	0.4	3.1	7.2	3.7
贸易余额	12.3	52.1	63.2	40.2	38.6	49.9
贸易总额	22.3	63.1	64.0	46.4	53.0	57.2

资料来源：科特迪瓦海关。

3. 文化、教育交往

阿尔及利亚平均每年为科特迪瓦学生提供 35 份奖学金，主要资助科特迪瓦通过高考的学生，涉及医学、药学、牙外科手术、计算机技术、经济与管理科学等领域。至 2015 年，超过 300 名科特迪瓦籍大学生在阿尔及利亚大学深造。除了针对全日制科特迪瓦大学生，阿尔及利亚每年还为科特迪瓦提供职业和技术培训领域的奖学金名额。此外，科特迪瓦还受邀参加阿尔及利亚的各类重要文化节日或活动，例如，2009 年科特迪瓦有 115 名代表参加了第 2 届阿尔及尔泛非文化节。科特迪瓦的艺术团（Groupe Artistique FMDE）每年还会参加在阿尔及利亚提济乌祖市举办的阿拉比非洲民间舞蹈文化节。

（四）与突尼斯的关系

科特迪瓦与突尼斯建立了友好的合作关系。2013 年，在突尼斯总统蒙塞夫·马尔祖基的邀请下，科特迪瓦总统瓦塔拉访问突尼斯。2016 年 4 月 25 ~ 26 日，突尼斯总理哈比卜·埃西德访问科特迪瓦阿比让，并于 27 日与科特迪瓦签订了 13 份合作协议，主要包括高等教育、科学研究、职业培训和就业、社会工作、医疗卫生、林业资源、农业、中小型企业、手工艺、旅游、城市规划等方面。至 2016 年，双方已经召开了 8 届合作联合委员会会议。双方期待进一步拓展在金融领域的合作。此外，2016 ~

2017 年，突尼斯为科特迪瓦学生发放 100 份奖学金，另赠 50 份职业培训奖学金。

（五）与毛里塔尼亚的关系

科特迪瓦与毛里塔尼亚于 1962 年 8 月 15 日正式确立外交关系。1958 年，毛里塔尼亚加入法兰西共同体，2000 年开始，毛里塔尼亚退出西非国家经济共同体。在退出这一机制后，毛里塔尼亚积极利用其在科特迪瓦的侨民以保持与科特迪瓦在经济和人员等方面的自由流通。2013 年 10 月 18 日，毛里塔尼亚伊斯兰共和国大使穆罕默德·埃尔·布卡里·埃尔·维拉利受到科特迪瓦国务总秘书的接见。当年，双方签订了 4 份合作协议。科特迪瓦与毛里塔尼亚之间的贸易数据很少，以至于难以统计。但应指出，有众多的毛里塔尼亚商人在生活必需品方面的贸易占有优势。

此外，近年来，在解决马里危机问题中，科特迪瓦联合阿尔及利亚、毛里塔尼亚、乍得和利比亚共同为地区稳定做出努力。

三　与中部非洲国家的外交关系

（一）与刚果共和国的关系

1. 政治关系

科特迪瓦与刚果共和国不论在双边还是多边均保持着友好合作的关系。两国于 1975 年 1 月 19 日创建合作联合委员会，由科特迪瓦总统博瓦尼亲自签署协议。2013 年 6 月 7 ~ 9 日，瓦塔拉对刚果共和国进行正式访问，两国元首决定进一步加强双边合作，但原定于在阿比让举办的首届双边联合委员会没有如期举行。2014 年 5 月 7 日，刚果共和国在阿比让首次设立大使馆。两国在一些领域签订了一系列合作协议，例如，2013 年 7 月 10 日，在阿比让签署双边航空运输协议；2013 年 10 月 14 日，签署双边高等教育、科学研究以及技术革新合作协议；2014 年 2 月 10 日，签署农业合作协议。

2. 经贸关系

2010 ~ 2014 年，科特迪瓦与刚果共和国的经贸交往呈逐年上升趋势，从 2010 年的 251.61 亿西非法郎增长到 2014 年的 341.44 亿西非法郎，2014 年的双边贸易中科特迪瓦顺差 334.06 亿西非法郎。

（二）与刚果民主共和国的关系

1. 政治关系

刚果民主共和国与科特迪瓦在 1960 年各自独立以来保持着双边和多边合作。在多边关系领域，两国在非盟、法语国家组织、联合国等国际组织框架下实现多边合作。在双边关系上，尽管两国签署了不少双边合作协议，但往来相对有限。相关协议有：1981 年 12 月 21 日，两国在金沙萨签订贸易协议，双边经济、技术、科学、社会和文化全面合作协议，以及关于创建双边联合委员会的协议，同日，两国确定双边联合委员会的内部规则；1985 年 4 月 11 日，在金沙萨签署关于两国外交和公务人员互相免签的协议；1985 年 4 月 13 日，两国签署关于开通航空领域的协议；等等。

2. 经贸关系

科特迪瓦是刚果民主共和国重要的贸易伙伴。2011 年以来，科特迪瓦出口至刚果民主共和国的贸易总量逐渐上升。

表 8 - 15 2010 ~ 2014 年科特迪瓦与刚果民主共和国贸易平衡

单位：百万西非法郎，%

年份	2010	2011	2012	2013	2014
出口总值	26342	17285	27012	54640	62266
进口总值	262	249	412	115	98
贸易余额	26080	17036	26600	54525	62167
贸易总额	26604	17534	27424	54755	62364
出口占比	0.5	0.3	0.5	0.8	1.0
进口占比	0.01	0.01	0.01	0.00	0.00
贸易总额占比	0.3	0.2	0.3	0.4	0.5

资料来源：科特迪瓦海关。

2014 年，科特迪瓦对刚果民主共和国的出口额为 622.66 亿西非法郎，而 2011 年仅为 172.85 亿西非法郎，出口产品主要为石油产品和精油

等。科特迪瓦从刚果民主共和国进口的产品则包括原油、纸与纸板以及其他消费品。2010~2014 年的双边贸易关系中，科特迪瓦处于顺差。总体上，两国的贸易总额与各自的经济潜力相比，还相对较弱。未来两国关系在很大程度上与两国政权的稳定及国内形势相关联，同时双边关系将进一步在南南合作的框架下展开。

（三）与喀麦隆的关系

科特迪瓦与喀麦隆多年来一直保持着友好的双边与多边合作关系。两国主要是在非洲内部多边组织如非盟、法语国家组织等机构下开展多边合作。两国于 1962 年 9 月 3 日正式建立外交关系。1978 年，两国签订了三份协议，即友好与合作条约，技术、科学合作与文化合作协议，建立双边合作联合委员会协议。1981 年，两国首届联合委员会会议在雅温得召开，第二次分会则于两年后在阿比让召开。2011 年 5 月，喀麦隆总统保罗·比亚赴科特迪瓦出席瓦塔拉总统就职典礼。2014 年 3 月 4~6 日，两国召开第二届联合委员会会议。

在经贸关系方面，两国主要在农业领域开展合作，尤其是促进两国均盛产的咖啡、棕榈油和菜籽油的品种改良。两国经贸关系在 1990 年之前几乎处于停滞状态，但自 1990 年开始得到改善。1990 年双边贸易额达 3.669 亿西非法郎，2006 年双边贸易额已经超过 36 亿西非法郎，2006 年的双边贸易中，科特迪瓦为贸易顺差，从喀麦隆进口额仅为 1.027 亿西非法郎。科特迪瓦主要向喀麦隆出口农产品、加工食品和化学产品，并从喀麦隆进口食品、石油产品和相关装备设施。

此外，科特迪瓦与南部非洲也保持着友好往来。

（四）与加蓬的外交关系

1. 政治关系

从 1960 年科特迪瓦和加蓬各自独立以来，两国外交关系密切。1966 年 12 月 31 日，两国正式建交。2013 年 6 月 15~17 日，受加蓬总统邀请，瓦塔拉赴利伯维尔参加利伯维尔军官学校第 12 期学员授衔典礼。2014 年 7 月 22~25 日，受科特迪瓦总统瓦塔拉的邀请，加蓬国防部长厄内斯特·姆布欧·埃皮亚代表总统参加科特迪瓦第 44 期赞巴克罗①现役军人学员的授衔仪式，并进行工作访问。两国于 1974 年 6 月 7 日签订关于建立双边联合委员会的合作协议。自联合委员会协议签订至今，两国共召开了两届联合委员会会议。第一届会议于 1998 年在阿比让举行，双方签署了 6 份协议，涉及贸易、高教与科研、捕捞与养鱼技术培训、就业以及中小企业发展领域。第二届联合委员会会议则于 2014 年 1 月 18～19 日在利伯维尔召开，双方共签署 27 份合作协议，具体涉及外事备忘录，建立联合委员会监测委员会及联合委员会内部规则，公务外交与军官免签，海上商品及人员流通，国界的划分，旅游、工商合作议定书，公路基础设施建设与安全，森林与野生动物资源合作，加蓬高级植物产品引进与研究办公室和科特迪瓦国家农艺研究中心的合作，水利基础设施的管理与发展合作议定书，养殖业与渔业合作，以及环境、高教与科研、技术与职业教育、文化、体育娱乐、国民义务教育等多个方面。

2. 经贸关系

两国经贸交往相对薄弱。2009 年双边贸易总额为 119 亿西非法郎，2013 年则为 4562.05 亿西非法郎。科特迪瓦出口到加蓬的产品主要为肥料、精油、塑料制品、水泥、石油产品和化工产品以及纸和纸板。科特迪瓦几乎很少从加蓬进口产品，因此总体上在贸易平衡上科特迪瓦是顺差。

---

① 赞巴克罗是位于科特迪瓦中部地区的城镇，即属于政治首都亚穆苏克罗的辖区。

大事纪年

10 世纪	塞努福族扎根于科特迪瓦。
12 ~ 18 世纪	鲍勒族抵达科特迪瓦并逐步安顿。
16 世纪起	曼迪族扎根于科特迪瓦南部地区,贝特族扎根于科特迪瓦中西部地区。
1649 年	葡萄牙航海家在大巴萨姆和萨桑德拉两地建立商业据点。
1692 年	法国路易十四国王派出的使节乘坐"金桥号"海船抵达阿西尼。
1750 年	鲍勒族传奇人物阿布拉·波库去世。
1843 ~ 1844 年	桑维国王与法国签订一系列条约,为科特迪瓦历史上第一次与西方国家签订不平等条约。
1863 年	法国殖民者阿蒂尔·韦迪耶在阿西尼建立第一家工厂。
1881 年	法国殖民者阿蒂尔·韦迪耶在阿博伊索和埃利马地区开辟科特迪瓦首批咖啡种植园。
1889 年	法国在科特迪瓦建立保护领地。
1893 年	科特迪瓦正式沦为法国独立殖民地,大巴萨姆被定为殖民首府,路易 – 古斯塔夫·班热为首任科特迪瓦殖民行政长官。
1895 ~ 1898 年	民族英雄萨姆里·杜尔持续抵抗法国殖民侵略但最终失败。

1895 年 10 月	法国首批传教士抵达科特迪瓦。
1899～1903 年	大巴萨姆发生大规模鼠疫与黄热病，殖民行政首都因此于 1900 年迁至班热维尔。
1904 年	科特迪瓦成为法属西非殖民地的省份之一。1 月，阿比让铁路项目动工，连接阿比让与布埃港。
1908～1915 年	鲍勒族、贝特族等多个民族奋起反抗法国殖民统治，遭到法国殖民统治的残酷镇压。
1910 年	法国正式在科特迪瓦引进并种植可可豆。
1933 年 8 月	阿比让被定为新的殖民行政首都，于 1934 年正式迁都。
1944 年 7 月	非洲农业工会正式成立，博瓦尼成为首任工会主席。
1944 年	博瓦尼创立佃农工会。
1946 年	"科特迪瓦民主党"在佃农公会基础上成立，并成为非洲民主联盟的一个分支机构。
1946 年 4 月	在博瓦尼积极呼吁和推动下，法国通过取消殖民地强制劳役的法律。
1950 年	弗里迪运河建成完工，打通了阿比让至大西洋的海上运输。
1956 年 2 月	博瓦尼成为法国部长议会机构代理部长，成为法国政府的议员，直至 1959 年。
1956 年	科特迪瓦成为法国海外省。
1958 年	科特迪瓦成为法兰西共同体成员。
1959 年 3 月 26 日	科特迪瓦共和国成立。
1960 年 8 月 7 日	科特迪瓦共和国宣布独立。
1961 年 11 月	博瓦尼被选举为共和国总统。
1961 年	科特迪瓦与法国签订了国防合作协定。
1962 年	阿比让承办全非运动会。
1963 年 5 月	科特迪瓦加入非洲及马达加斯加共同组织。
1970 年	科特迪瓦西部贝特族在反对党领袖克拉戈贝·尼

	亚戈贝带领下发生民族内部起义,但很快遭到镇压。
1972 年	科苏水电站建成竣工,圣佩德罗港口建成竣工。
1980 年	原定总统继承者菲利普·亚塞遭到贬黜,其议会主席职位被迫让与亨利·科南·贝迪埃。同年,科特迪瓦实现了其历史上第一次民主选举。
1983 年 3 月	博瓦尼将自己的出生城市亚穆苏克罗设为科特迪瓦政治首都。
1984 年	非洲国家杯足球赛在阿比让和布瓦凯两个城市举行。
1985 年	和平圣母大教堂开工,1990 年竣工。
1986 ~ 1988 年	科特迪瓦咖啡与可可价格出现断崖式下跌。
1990 年 5 月	科特迪瓦建立多党民主制度。
1993 年	博瓦尼总统逝世。同日,国民议会主席贝迪埃宣称根据宪法规定,他今后将执行共和国总统的职务。咖啡与可可价格危机持续,国家私有化进程继续推进。
1995 年 10 月	总统选举设立新杠杆:要求总统候选人必须双亲为科特迪瓦人,并且在选举之前在科特迪瓦连续居住满 5 年。这一条件实际上是让前总理瓦塔拉出局总统选举。
1999 年 12 月	科特迪瓦军队发生叛乱,随后演变成军事政变。罗贝尔·盖伊将军声称将组建国家公共安全委员会,并承诺无窥视总统权力的野心。贝迪埃逃往国外。
2000 年 10 月	罗贝尔·盖伊将军违背诺言并参与总统选举。巴博最后以 59.4% 的结果胜出总统选举,但是投票率非常之低。
2002 年 9 月	巴博在国外访问期间,国内发生一起军事政变,

	随后转变为武装起义。叛军大部分都来自北方。科特迪瓦被一分为二。
2003 年 1 月	科特迪瓦争端各派政治势力汇集在巴黎附近的马库锡签订《利纳－马库锡协定》。在多方力量的干预下，新政府终于在当年 3 月成立，塞杜·迪亚拉任总理，国防和内政等重要职位则由一些非叛军人员担任。
2005 年 12 月	西非国家中央银行行长夏尔·科南·班尼被任命为总理，替换塞杜·迪亚拉。
2007 年 3 月	巴博总统与原反对派武装领导人索罗签署《瓦加杜古和平协议》
2010 年 8 月 5 日	新的总统选举最终定于 2010 年 10 月 31 日举行。
2010 年 10 月 31 日	2005 年以来先后推迟了 5 次的总统选举终于在和平氛围中进行。
2010 年 12 月 1~28 日	科特迪瓦因选举而发生政治危机。瓦塔拉以 54.1% 的选票战胜巴博（45.9%）。但巴博拒绝让出总统职位，形成一国两主的对峙形势。
2011 年 4 月 11 日	巴博被捕，瓦塔拉上任。
2011 年 11 月 29 日	巴博被秘密送至海牙国际刑事法庭监狱。
2012 年 1 月 25~27 日	瓦塔拉总统访问法国，科特迪瓦与法国签订新的防务协定。
2015 年 10 月 25 日	瓦塔拉在总统选举中再次获胜，连任科特迪瓦总统。
2016 年 1 月 28 日	巴博"反人类罪行"在荷兰海牙国际刑事法庭开庭，前总理夏尔·布莱·古德与巴博同时出庭，辩称无罪。
2016 年 4 月 28 日	瓦塔拉正式宣布进行宪法修订。同日，联合国取消对科特迪瓦的制裁。
2016 年 8 月	瓦塔拉新修订的宪法获得 93.42% 的投票，新宪法

正式通过。

2016 年 12 月 3 日	科特迪瓦卫生部发起"大城市"行动，呼吁抵制城市垃圾污染对公共卫生健康造成的严重影响。
2016 年 12 月 18 日	瓦塔拉总统所在政党以 34.1% 的参与率获得立法选举的绝对多数。
2017 年 2 月	联合国驻科特迪瓦行动军事机构撤离科特迪瓦，联合国恢复驻科特迪瓦普通办事处。
2017 年 6 月	科特迪瓦被选为联合国安理会非常任理事国成员。
2018 年 3 月	依据 2016 年新修订宪法的规定，科特迪瓦首次正式设立参议院，反对派抵制参加参议会选举，总统阵营因而未获得参议院的绝对多数票数。
2018 年 4 月 10 日	科特迪瓦共和人士联盟、科特迪瓦民主党、科特迪瓦民主和平联盟、未来力量运动联盟、科特迪瓦劳工党、科特迪瓦联盟党五大党派共同签署协议同意合并成立新政党"乌弗埃民主与和平联盟"。
2018 年 7 月	乌弗埃民主与和平联盟正式成为科特迪瓦右派党，瓦塔拉被任命为政党主席。
2018 年 10 月	科特迪瓦进行全国大区与市政选举，在市政选举中，乌弗埃民主与和平联盟以 46% 的选票赢得了 92 个市镇的选举胜利。
2019 年 1 月 15 日	在海牙监狱关押了 7 年之后，巴博被海牙国际刑事法庭宣布无罪释放，前总理夏尔·布莱·古德也被宣布无罪释放。1 月 17 日，海牙国际刑事法庭又宣布暂缓释放巴博与夏尔·布莱·古德，直至检察官调查工作全部结束。
2019 年 1 月 26 日	乌弗埃民主与和平联盟召开首届例会。
2019 年 2 月 1 日	巴博与夏尔·布莱·古德再次被宣布无罪释放。
2019 年 2 月 8 日	因拒绝加入乌弗埃民主与和平联盟，纪晓姆·索

罗主动辞去国会主席职务。

2019 年 3 月 7 日	阿马杜·苏马霍罗替代索罗成为新一任国会主席。
2019 年 3 月 9 日	科特迪瓦现代文学先驱贝尔纳·达迪耶逝世，享年 103 岁。
2019 年 9 月 16 日	海牙国际刑事法庭参与审判的第三位法官珐杜·本苏达对巴博与夏尔·布莱·古德的无罪释放再次提出上诉。根据国际刑事法院的案文，上诉程序的最终期限未定，但检察官需在 2019 年 12 月之前提交陈述。
2019 年 9 月 18 日	科莫埃专区的因德尼埃城市立交桥项目动工。
2019 年 10 月 22 日	科特迪瓦总统瓦塔拉与夫人赴日本参加新一任天皇即位仪式。
2019 年 10 月 24 日	科特迪瓦总统瓦塔拉赴俄罗斯参加首届"俄非峰会"。
2019 年 12 月 16 日	由日本资助的连接阿比让特雷什维尔到机场的"科-日友谊立交桥"建成。
2019 年 12 月 20 日	法国总统马克龙赴科特迪瓦进行国事访问。
2019 年 12 月 22 日	瓦塔拉与马克龙总统在阿比让共同正式宣布非洲法郎改革开始，西非法郎更名为"埃科"（Eco），继续与欧元挂钩，保持之前固定汇率。埃科将作为西非国家经济共同体 15 个成员国的统一唯一货币，计划于 2020 年 7 月 1 日正式生效使用。
2020 年 1 月 6 日	瓦塔拉宣称将进行新一轮宪法修订。
2020 年 3 月 5 日	瓦塔拉宣称放弃将于 2020 年 10 月 31 日举办的总统换届选举的候选人资格，将总统权力交给年青一代。

参考文献

中文文献

A. 阿杜·博亨主编《非洲通史　第七卷：殖民统治下的非洲（1880～1935 年）》，中国对外翻译出版公司，1991。

〔肯尼亚〕A. A. 马兹鲁伊主编《非洲通史　第八卷：1935 年以后的非洲》，中国对外翻译出版公司，2003。

郑家馨主编《殖民主义史：非洲卷》，北京大学出版社，2000。

〔英〕马丁·梅雷迪思：《非洲国：五十年独立史》，亚明译，世界知识出版社，2011。

李建平、李闯榕、王金南主编《全球环境竞争力报告（2015）》，社会科学文献出版社，2015。

李安山：《论中国非洲学研究中的"部族"问题》，《西亚非洲》1998年第 4 期。

朱伦：《西方的"族体"概念系统——从"族群"概念在中国的应用错位说起》，《中国社会科学》2005 年第 4 期。

TOURE Ange-Mariette、林波、孟晓清、刘琪璟、KOUADIO Kouakou-Bob、TIHO Tagouelbe：《科特迪瓦林业概况》，《世界林业研究》2013 年第 4 期。

外文文献

Ben Yahmed, Danielle, *Atlas de Côte d'Ivoire*, Paris : Éd. du Jaguar,

2013.

Cornevin，Marianne，*Histoire de l'Afrique Contemporaine*，*des origines à la 2ᵉ Guerre mondiale*，Payot，1978.

Europa Publications，*Africa South of the Sahara 2016*，Routledge，2015.

Guide Fatom，*Abidjan*，*Bouaké*，*Yamoussoukro*，*Daloa*，*San Pedro*，Ed. Sépia，2014.

Loukou，Alain François，"La diffusion de l'Internet en Côte d'Ivoire，Obstacles et implications"，*Networks and Communication Studies*，Vol. 26，n° 3 – 4，2012.

Rémy，Mylène，*La Côte d'Ivoire*，Paris：les Éd. du Jaguar，2012.

主要网站

科特迪瓦电信暨信息技术与传媒监管署官网：http：//www. artci. ci/。

科特迪瓦经济与财政部官网：http：//www. finances. gouv. ci/。

科特迪瓦高等教育与科学研究部官网：http：//www. enseignement. gouv. ci/。

科特迪瓦工业与矿业部官网：http：//www. industrie. gouv. ci/。

科特迪瓦国家旅游局官网：http：//www. cotedivoiretourisme. ci/。

科特迪瓦国家社会人寿保险基金官网：http：//www. cnps. ci/。

科特迪瓦国家税务总局官网：http：//www. dgi. gouv. ci/。

科特迪瓦国家统计院官网：http：//www. ins. ci/。

科特迪瓦海关官网：http：//www. douanes. ci/。

科特迪瓦国防部官网：http：//www. defense. gouv. ci/。

科特迪瓦投资促进中心官网：http：//www. cepici. gouv. ci/。

科特迪瓦外交部官网：http：//www. diplomatie. gouv. ci/。

科特迪瓦环境与可持续发展官网：http：//www. environnement. gouv. ci/。

科特迪瓦政府官网：http：//www. presidence. ci/。

欧洲与国际社会保障联络中心：http：//www. cleiss. fr/。

世界银行官网：http：//donnees. banquemondiale. org/。

西非经济货币联盟法郎区投资网：http：//www. izf. net。

西非国家中央银行官网：http：//www. bceao. int/。

中华人民共和国驻科特迪瓦共和国大使馆经济商务参赞处官网：http：//ci. mofcom. gov. cn。

索　引

新版《列国志》总书目

非洲

阿尔及利亚

埃及

埃塞俄比亚

安哥拉

贝宁

博茨瓦纳

布基纳法索

布隆迪

赤道几内亚

多哥

厄立特里亚

佛得角

冈比亚

刚果

刚果民主共和国

吉布提

几内亚

几内亚比绍

加纳

加蓬

津巴布韦

喀麦隆

科摩罗

科特迪瓦

肯尼亚

莱索托

利比里亚

利比亚

卢旺达

马达加斯加

马拉维

马里

毛里求斯

毛里塔尼亚

摩洛哥

莫桑比克

纳米比亚

南非

南苏丹

尼日尔

尼日利亚

塞拉利昂

塞内加尔

塞舌尔

圣多美和普林西比

斯威士兰

苏丹

索马里

坦桑尼亚

突尼斯

乌干达

赞比亚

乍得

中非

欧洲

阿尔巴尼亚

爱尔兰

爱沙尼亚

安道尔

奥地利

白俄罗斯

保加利亚

北马其顿

比利时

冰岛

波斯尼亚和黑塞哥维那

波兰

丹麦

德国

俄罗斯

法国

梵蒂冈

芬兰

荷兰

黑山

捷克

克罗地亚

拉脱维亚

立陶宛

列支敦士登

卢森堡

罗马尼亚

马耳他

摩尔多瓦

摩纳哥

挪威

葡萄牙

瑞典

瑞士

塞尔维亚

塞浦路斯

圣马力诺

斯洛伐克

斯洛文尼亚

乌克兰

西班牙

希腊

匈牙利

意大利

英国

美洲

阿根廷

安提瓜和巴布达

巴巴多斯

巴哈马

巴拉圭

巴拿马

巴西

玻利维亚

伯利兹

多米尼加

多米尼克

厄瓜多尔

哥伦比亚

哥斯达黎加

格林纳达

古巴

圭亚那

海地

洪都拉斯

加拿大

美国

秘鲁

墨西哥

尼加拉瓜

萨尔瓦多

圣基茨和尼维斯

圣卢西亚

圣文森特和格林纳丁斯

苏里南

特立尼达和多巴哥

危地马拉

委内瑞拉

乌拉圭

牙买加

智利

大洋洲

澳大利亚

巴布亚新几内亚

斐济

基里巴斯

库克群岛

马绍尔群岛

密克罗尼西亚

瑙鲁

纽埃

帕劳

萨摩亚

所罗门群岛

汤加

图瓦卢

瓦努阿图

新西兰

国别区域与全球治理数据平台

www.crggcn.com

"国别区域与全球治理数据平台"（Countries，Regions and Global Governance，CRGG）是社会科学文献出版社重点打造的学术型数字产品，对接国别区域这一重点新兴学科，围绕国别研究、区域研究、国际组织、全球智库等领域，全方位整合基础信息、一手资料、科研成果，文献量达30余万篇。该产品已建设成为国别区域与全球治理数据资源与研究成果整合发布平台，可提供包括资源获取、科研技术服务、成果发布与传播等在内的多层次、全方位的学术服务。

从国别区域和全球治理研究角度出发，"国别区域与全球治理数据平台"下设国别研究数据库、区域研究数据库、国际组织数据库、全球智库数据库、学术专题数据库和学术资讯数据库6大数据库。在资源类型方面，除专题图书、智库报告和学术论文外，平台还包括数据图表、档案文件和学术资讯。在文献检索方面，平台支持全文检索、高级检索，并可按照相关度和出版时间进行排序。

"国别区域与全球治理数据平台"应用广泛。针对高校及国别区域科研机构，平台可提供专业的知识服务，通过丰富的研究参考资料和学术服务推动国别区域研究的学科建设与发展，提升智库学术科研及政策建言能力；针对政府及外事机构，平台可提供资政参考，为相关国际事务决策提供理论依据与资讯支持，切实服务国家对外战略。

数据库体验卡服务指南

※100元数据库体验卡，可在"国别区域与全球治理数据平台"充值和使用

充值卡使用说明：
第1步 刮开附赠充值卡的涂层；
第2步 登录国别区域与全球治理数据平台（www.crggcn.com），注册账号；
第3步 登录并进入"会员中心"→"在线充值"→"充值卡充值"，充值成功后即可使用。

声明

最终解释权归社会科学文献出版社所有

客服QQ：671079496
客服邮箱：crgg@ssap.cn

欢迎登录社会科学文献出版社官网（www.ssap.com.cn）和国别区域与全球治理数据平台（www.crggcn.com）了解更多信息

图书在版编目（CIP）数据

科特迪瓦/刘天南编著. --2版. --北京：社会
科学文献出版社，2020.5（2022.3重印）
　（列国志：新版）
　ISBN 978 - 7 - 5201 - 4323 - 3

　Ⅰ.①科…　Ⅱ.①刘…　Ⅲ.①科特迪瓦–概况　Ⅳ.
①K944.6

中国版本图书馆 CIP 数据核字（2019）第 028294 号

·列国志（新版）·
科特迪瓦（第二版）（Côte d'Ivoire）

编　　著／刘天南

出 版 人／王利民
责任编辑／郭红婷
责任印制／王京美

出　　版／社会科学文献出版社·当代世界出版分社（010）59367004
　　　　　地址：北京市北三环中路甲29号院华龙大厦　邮编：100029
　　　　　网址：www. ssap. com. cn
发　　行／社会科学文献出版社（010）59367028
印　　装／三河市尚艺印装有限公司

规　　格／开本：787mm×1092mm　1/16
　　　　　印张：19.75　插页：0.75　字数：293千字
版　　次／2020年5月第2版　2022年3月第2次印刷
书　　号／ISBN 978 - 7 - 5201 - 4323 - 3
定　　价／89.00元

读者服务电话：4008918866